20° 22° 50°

(Krakau)

P O L E N

Wisła (Weichsel)

Dunajec

San

Dnister

Dunajec

Poprad (Popper)

Bardejovské Kúpele
(Bad Bartfeld)

Miková

Medzilaborce

Pribylina

ptovský Mikuláš
iptau Sankt Nikolaus)

Torysa

Hornád

Humenné
(Homenau)

Ptičie

UKRAINE

(Gran)

A   K   E   I

Ondava

Laborec

Už

Slaná

Košice
(Kaschau)

Uh

48°

Sajó

Hernád

Bodrog

Tisza

Tysa

N

Szamos

Tisza-tó

Someş

RUMÄNIEN

Tisza (Theiß)

© 2009, Florian Partl

km

0   50   100

20° 22°

Dietmar Grieser

Der Onkel aus Preßburg

Dietmar Grieser

Der Onkel aus Preßburg

Auf österreichischen Spuren
durch die Slowakei

Mit 59 Abbildungen

Amalthea

Bildnachweis

APA picturedesk, Wien: 15, 39, 117, 181, 205; Archiv Christian Ludwig: S 61;
Bildarchiv der Österreichischen Nationalbibliothek, Wien: 9, 29, 33, 71, 83,
114, 223, 239, 244, 246, 255, 265; Buff, Juliane: 121, 129, 137, 139, 140, 144;
Bildarchiv Bratislava: 59; Chieh, Shih: 150, 156, 157, 161, 171, 172, 176, 187;
Erzherzog Franz Ferdinand Museum, Artstetten: 23; Franz Schmidt-
Gesellschaft, Wien: 42; Horváth, Géza: 195; Imagno, Wien: 108;
Pressburger Zeitung: 51, 53; Vörös, Attila: 225; Wesolofsky, Inge: 97;
Sämtliche andere Abbildungen stammen aus dem Archiv des Autors

Der Verlag hat alle Rechte abgeklärt. Konnten in einzelnen Fällen
die Inhaber der reproduzierte Bilder nicht ausfindig gemacht werden,
bitten wir Sie, dem Verlag bestehende Ansprüche zu melden.

Für Werner, Kathi und Leni

Besuchen Sie uns im Internet unter:
www.amalthea.at

Die stilisierte Landkarte auf dem Vorsatz markiert
die im vorliegenden Buch dargestellten Schauplätze.

© 2009 by Amalthea Signum Verlag, Wien
Alle Rechte vorbehalten
Umschlaggestaltung: Kurt Hamtil, verlagsbüro wien
Umschlagmotiv: Edouard Charlemont/IMAGNO
Bildredaktion: Maria Hutter
Herstellung und Satz: VerlagsService Dr. Helmut Neuberger
& Karl Schaumann GmbH, Heimstetten
Gesetzt aus der 11/14 Punkt New Caledonia
Druck und Bindung: CPI Moravia Books GmbH
Printed in the EU
ISBN 978-3-85002-684-0

Inhalt

Vorwort 7

Zum Gansl-Essen nach Preßburg 11

Das Medaillon 17

In Preßburg fing alles an 26

Der Schachtürke des Herrn von Kempelen 34

Die Orgel der Franziskaner 41

p wie Portisch 49

Hoch hinaus 57

Soufflé Stephanie 64

Tafel, Griffel, Schwamm 75

»Sie soll gleich dableiben!« 82

Das schwarze Gold von Gbely 91

Der Mond von Dolná Krupá 98

Unter Freunden 106

Inhalt

Der Karpaten-Dämon *116*

Sami und die Bücher *126*

Bei den Schäfern von Liptau *134*

Fromme Lügen *147*

Im Land der Varcholas *155*

Kognak für Oberleutnant Lukasch *165*

Mamas Marmelade *175*

Andenken an »ranz« *183*

Das Sacherhaus von Zelis *191*

Auf dem Zugdach zur Aufnahmsprüfung *200*

Lehár und der Europaplatz *209*

Dr. Stress *217*

Tornisterkind *224*

Vertreibung und Aussöhnung *234*

Trauung im Exil *242*

Der slowakische Großvater *252*

Tilgner kann alles *260*

… und zur Melange ein Beugel *266*

Vorwort

Nur sechzig Kilometer trennen Bratislava von Wien, zwei Stunden Fahrzeit brauchte die gute alte »Preßburgerbahn« von der einen Stadt zur andern. Heute geht das in 50 Minuten. Doch abgesehen vom steten Näherrücken der beiden *Twin Cities* und der einen oder anderen touristischen Stippvisite, die uns etwa zu den Naturwundern der Hohen Tatra oder zu den Kunstschätzen der Zips führt, ist Österreichs Nachbarland Slowakei für viele von uns eine *Terra incognita*. Warum wissen wir so wenig von den tausenderlei Verbindungen zwischen den beiden, einst im Vielvölkerreich der k. u. k. Monarchie miteinander vereinigten Nachbarstaaten?

Der Komponist Franz Lehár und der spätere Bundespräsident Theodor Körner sind als »Tornisterkinder« in der Festungsstadt Komorn, Hotelkönig Sacher im Eszterházy-Schloß Zelis, Opernsängerin Lucia Popp in einem kleinen Dorf am slowakischen Ufer der March zur Welt gekommen. Der Hauptstadt Preßburg verdankt die Welt die Komponisten Johann Nepomuk Hummel und Franz Schmidt, die Musikerdynastie der Dohnányi sowie die Gesangstars Edita Gruberová und Peter Dvorský. Der Bischof von Linz, Ludwig Schwarz, hat seine Kindheit in Most pri Bratislave (Bruck an der Donau) zugebracht, der Maler Anton Lehmden ist in Žilina (Sillein), der Schriftsteller Andreas Okopenko in Košice (Kaschau) zur Schule gegangen, und wer Andy Warhols bzw. Arnold Schönbergs Herkunft nachspürt, landet im einen Fall in einer ruthenischen Kleinbauernkeusche und im anderen in einer Preßburger Schusterwerkstatt.

7

Im Dom zu Preßburg hat Constanze Mozart ihre zweite Ehe geschlossen, und in der dortigen Burg hat Herzog Albert von Sachsen-Teschen jene weltberühmte Kunstsammlung angelegt, aus der die Wiener Albertina hervorgegangen ist. Im selben Preßburg ist die geheime Romanze des österreichischen Thronfolgers Franz Ferdinand mit Gräfin Sophie Chotek aufgeflogen; ebenfalls hier hat Kronprinz Rudolfs letzte Liebe, Baronesse Mary Vetsera, ihre familiären Wurzeln, und in Rusovce, wenige Kilometer außerhalb der Stadt, steht das Schloß, in dem Kronprinzessin Stephanie nach der Katastrophe von Mayerling ein neues Leben begonnen hat.

Der Filmschauspieler Peter Lorre ist in der Textilmetropole Ružomberok (Rosenberg), der Wiener Photopionier Joseph Petzval im Bezirk Kežmarok (Kesmark) aufgewachsen, die Hollywood-Größen Paul Newman und Steve McQueen entstammen Auswanderersippen aus entlegenen Dörfern der Ostslowakei. Nur bei der Biographie von Karajans Mutter Martha Kosmač ist Vorsicht geboten: Hier sind die Genealogen dem Irrtum aufgesessen, Slowakei und Slovenien miteinander zu verwechseln.

In seinem Preßburger Atelier hat der Bildhauer Raphael Donner die meisten seiner Werke geschaffen, der Schiefersteinbruch von Marianka hat ganz Österreich-Ungarn mit Schultafeln versorgt, und auf einem Acker im Gemeindegebiet von Gbely (Egbell) ist – ebenfalls noch zu Zeiten der Donaumonarchie – das erste Erdöl aus dem Boden gesprudelt. Beethovens Mondscheinsonate »spielt« in der Gegend um Trnava (Tyrnau), auf den Schafalmen um Liptovský Mikuláš wird der berühmte »Liptauer« hergestellt, und wie das Sisi-Denkmal von Bardejovské Kúpele (Bad Bartfeld) sämtliche politischen Stürme des 20. Jahrhunderts überstanden hat, ist überhaupt ein Capriccio für sich.

Apropos Kaiserin Elisabeth: Das Mausoleum ihres Vertrauten Julius Andrássy kann der Slowakei-Tourist in der Nähe von Trebišov (Trebischau) besichtigen, und die Maria-Himmelfahrt-

8

*Die Kunstsammlung Albertina (links im Bild eine Ansicht um 1900)
hat ihre Wurzeln in Preßburg*

Kapelle von Spišský Štvrtok (Donnersmarck) erinnert an den Stammsitz jenes altösterreichischen Adelsgeschlechts, dessen jüngster Sproß, Florian, im Jahr 2006 mit seinem »Oscar«-gekrönten Kino-Hit »Das Leben der Anderen« Filmgeschichte geschrieben hat.

Trotz aller dieser Gemeinsamkeiten und auch trotz seiner 1992 errungenen Eigenstaatlichkeit und seiner elf Jahre später vollzogenen Eingliederung in die EU steht Österreichs Nachbarland Slowakei nach wie vor im Schatten seines großen Bruders Tschechien – zu Unrecht. Um diesem Defizit gegenzusteuern, habe ich 2008/09 das Land, das im Westen an Österreich, im Süden an Ungarn, im Norden an Tschechien und Polen und im Osten an die Ukraine grenzt, monatelang bereist und dessen mannigfaltigen Bezügen zu *Rakúsko* nachgespürt – jenem Vielvölkerreich

9

Österreich-Ungarn, dem das Staatsgebiet der heutigen Slowakischen Republik jahrhundertelang einverleibt gewesen ist.

Dazu zwei lesetechnische Hinweise. Die einzelnen Kapitel des
Buches sind – je nach ihren »Stationen« – im Uhrzeigersinn ge-
reiht. Beginnend in Preßburg, geht es also zunächst in Richtung
Westen, sodann nach Norden, Osten und Süden und schließlich
wieder zurück in den Raum Preßburg. Daß ich bei der Nennung
der diversen Ortsnamen auch die deutschsprachigen Varianten
von anno dazumal heranziehe, hat nichts mit Habsburg-Nostal-
gie zu tun, sondern soll ausschließlich der leichteren Orientie-
rung dienen. So, wie es in unserem Sprachgebrauch unsinnig
wäre, Budweis als Budějovice zu apostrophieren oder Mailand als
Milano, sollte auch der Rückgriff auf Topoi wie Preßburg und
Kaschau, Bartfeld und Neutra zulässig sein. Nichts läge mir fer-
ner, als die Autonomie unseres östlichen Nachbarvolkes zu rela-
tivieren. Im Gegenteil: Die Slowaken haben allen Grund, stolz
darauf zu sein, nach Jahrhunderten der Bevormundung – sei es
durch das einstige Großmährische Reich, durch die ungarische
Krone, durch das faschistische Deutschland oder durch das Bru-
dervolk der Tschechen – endlich ihre Unabhängigkeit gewonnen
zu haben, und ich teile diesen ihren Stolz. Umso herzlicher mein
Dank an all jene, die mir bei den Recherchen für das vorliegende Buch mit Auskünften und Ratschlägen, mit Verständnis, ja
Gastfreundschaft beigestanden haben. Sie haben es dabei nicht
immer leicht gehabt mit mir: Wo *sie*, die Bürger eines mit be-
wundernswerter Vitalität ihre Zukunft gestaltenden Staates,
stramm nach vorn blicken, habe *ich* mich ihrer (und unserer gemeinsamen) Vergangenheit zugewandt. Doch auch dies mit dem
ausschließlichen Ziel, Brücken zu bauen zwischen dem Einst und
dem Heute: Brücken zwischen Nachbarn, die einander nicht nur
vertrauen, sondern in beidseitiger Freundschaft zugetan sein
sollten.

Zum Gansl-Essen nach Preßburg

Zumindest in Europa ist es ein Unikum: zwei Hauptstädte, die kaum sechzig Kilometer voneinander entfernt sind. Und seitdem die Ostgrenzen gefallen sind, ist mancherlei im Gange, die *kartographische* Nähe zwischen Wien und Preßburg auch zur *logistischen*, vielleicht sogar zur *mentalen* Nähe auszubauen. Gemeinschaftsprojekte beherrschen die mutuelle Fremdenverkehrswerbung, sogar von *Twin Cities* kann man lesen, und Bahnkunden werden mit dem kecken Wortspiel »BratisLover« auf Tagesfahrten in die Nachbarmetropole eingestimmt. Im Stundentakt verkehren die Züge zwischen Wien Südbahnhof und Bratislava hlavná stanica, und das heißt nicht nur: *alle* sechzig Minuten, sondern auch *in* sechzig Minuten. Da mag älteren Wienern, die schon in Kindertagen auf den Kahlenberg geführt worden sind, um bei klarem Wetter bis zur Preßburger Burg zu blicken, das alte Sprichwort einfallen: Wenn einer in Wien niest, antwortet einer in Preßburg mit »Haptschi«.

Mein Gott, was war das alles kompliziert, als noch der Eiserne Vorhang Österreich und die Slowakei voneinander trennte: schlechte Straßen, umständliche Züge, lästige Grenzkontrollen. Jetzt hingegen günstige Pauschaltickets, die auch die freie Nutzung der Preßburger Straßenbahnen und Stadtbusse einschließen – Fahrradmitnahme gratis, Kinder zahlen die Hälfte. Fehlt nur noch der Begrüßungscocktail im Coupé oder am Perron. Fast könnte man glauben, die gute alte Zeit sei wiedergekehrt. Die gute alte Zeit der »Preßburgerbahn« …

Hundertzehn Jahre ist es her, daß die ersten Pläne zum Bau einer »Elektrischen« diskutiert werden, die Wien mit Preßburg verbinden soll. Josef Tauber heißt der Mann, der am 17. November 1899 der zu einer Sondersitzung einberufenen Wiener Verkehrskommission seine Vorschläge bezüglich Trassenführung, Abriß bestehender Bauten und Einleitung von Ablöseverhandlungen unterbreitet. Die für den niederösterreichischen Abschnitt der Neunzig-Kilometer-Strecke vorgesehenen Haltestellen finden durchwegs lebhafte Zustimmung: Welche der zahlreichen Gemeinden zwischen Wien und dem Grenzort Berg wäre nicht glücklich über eine ebenso rasche wie bequeme Verkehrsanbindung an die Hauptstadt!

Einwände kommen nur von zwei Seiten: Die Schifffahrtsgesellschaften, die ihre Passagiere zwar um vieles langsamer, doch dafür preiswert ans Ziel bringen, befürchten eine existenzbedrohende Konkurrenz, und auch die Preßburger Kaufleute legen sich quer: Was ist, wenn dadurch noch mehr Kunden nach Wien abwandern? Die erhoffte Einigung bleibt also aus, Ingenieur Taubers Pläne werden fürs erste ad acta gelegt.

Neuen Auftrieb erhält das Projekt fünf Jahre darauf von seiten des Militärs: Für den Fall einer Generalmobilmachung oder gar eines Waffenganges – so die Argumentation des Kriegsministeriums – wäre eine effiziente Bahnverbindung zwischen Wien und Preßburg nicht nur eine wertvolle Unterstützung bei der Abwicklung der Truppen- und Materialtransporte, sondern diente zugleich der Versorgung der Bevölkerung.

Diesmal gehen die Pläne durch, am 12. November 1904 übernimmt der Niederösterreichische Landtag die Zinsengarantie für die mit 10,7 Millionen Kronen veranschlagte Prioritätsanleihe; als Ablöse für Ingenieur Taubers Vorkonzession macht die Niederösterreichische Landesbahn 43000 Kronen locker. Weitere fünf Jahre später wird auch die für den ungarischen Streckenabschnitt zuständige Gegenseite in das Projekt eingebunden, und am 3. Juni 1911 kann die mit dem Auftrag betraute Firma AEG Union mit den Bauarbeiten beginnen. Den für den Bahnbetrieb erforderlichen Strom sollen das gemeindeeigene Elektrizitätswerk Simmering bzw. die Preßburger Straßenbahn-AG liefern.

Das Neue an der Preßburgerbahn ist ihre Kombination aus Tramway und »Vollbahn«: Die 12,5-Kilometer-Strecke zwischen Wien und Schwechat wird per Straßenbahn, der fünfzig Kilometer lange Überlandabschnitt zwischen Schwechat und Kittsee per Vollbahn und das sieben Kilometer lange Reststück auf ungarischem Boden wieder per Straßenbahn abgewickelt. Ausgangspunkt ist das Hauptzollamt im 3. Wiener Gemeindebezirk: Großmarkthalle, Bürgertheater sowie die schon bestehenden Stadtbahn-, Straßenbahn- und Verbindungsbahnhaltestellen bieten sich als der ideale Knotenpunkt an. Ebenso befindet sich auch die Preßburger Endstation in zentraler Lage – es ist der dortige Krönungshügelplatz. Die Überlandstrecke folgt im großen und ganzen der Route der alten römischen Heerstraße längs der Donau; wichtige Haltepunkte sind die Ortschaften Fischamend, Maria Ellend, Regelsbrunn, Wildungsmauer, Petronell, Deutsch Altenburg, Hainburg und Wolfsthal.

Nach zweieinhalb Jahren Bauzeit können die ersten Testfahrten stattfinden, denen am 22. Jänner 1914 ein Pressetermin und zehn Tage später die offizielle Eröffnung folgen. Obwohl in Wien dreißig Zentimeter Schnee liegt, verläuft alles klaglos: Eisenbahnminister Freiherr von Forster, Fürsterzbischof Piffl und die übrigen Honoratioren finden sich auf dem festlich geschmückten Platz in der Gigergasse ein, wo die zwei aus je einem II. und III.-Klasse-Waggon bestehenden Zugsgarnituren zur Abfahrt bereitstehen. Nach den üblichen Ansprachen und der nach katholischem Ritus vorgenommenen Weihe setzen sich um 10.25 Uhr die beiden Festzüge in Bewegung. Sämtliche Stationen sind dem Anlaß entsprechend geschmückt, zwecks Begrüßung sind die jeweiligen Ortsbürgermeister zur Stelle. Im Grenzbahnhof Berg gibt Staatssekretär Lers

13

in ungarischer Sprache das Zeichen zur Weiterfahrt – er faßt es in die pathetischen Worte:»Es gibt keine zwei Staaten auf der Welt, die sich so glücklich ergänzen wie Österreich und Ungarn.«

Auch auf der Preßburger Seite wird nicht mit Jubel gespart: In den Straßen der Stadt stehen die Leute Spalier und winken dem Eröffnungszug zu, Bürgermeister Brolly bittet die Ehrengäste zum Festmahl ins Carlton-Hotel. Am Abend wird die Rückfahrt nach Wien angetreten.

Für die vier Tage später anberaumte Aufnahme des regulären Personenverkehrs stehen elf Zugspaare zur Verfügung; die gelbbraunen Waggons mit den großzügig bemessenen Fenstern, den elegant gestalteten hölzernen Sitzbänken und den jeweils sechzehn Elektrolampen erregen allgemeine Bewunderung. Kein Geringerer als Stararchitekt Otto Wagner zeichnet für die Innenausstattung verantwortlich.

Der Fahrplan sieht sowohl Personenzüge wie Schnellzüge vor. Erstere brauchen je nach Zahl der Halte bis zu drei Stunden, letztere eine Stunde und 54 Minuten. Der Fahrpreis beträgt 220 bzw. 340 Heller. Während der Inflationsjahre schnellt der Preis bis auf 25 000 Kronen hinauf; nach der Währungsumstellung zahlt man 2,50 Schilling. Sehr beliebt beim Bildungsbürgertum ist der sogenannte Theaterzug, der seine Passagiere noch zu später Stunde heimbringt.

Auch das »normale« Publikum macht von der neuen Verbindung zwischen Wien und Preßburg reichlich Gebrauch: Schon im ersten Betriebsjahr werden über drei Millionen Billets verkauft, was zur Folge hat, daß der Wagenpark um siebzig Prozent erweitert und von Zwei-Wagen-Zügen auf Garnituren mit vier oder fünf umgestellt werden muß. Die Bilanz für das Jahr 1915 weist einen Gewinn von 335 000 Kronen aus. Nur auf der (kurzen) ungarischen Strecke kommt es zu Verlusten, die dazu führen, daß aus Ersparnisgründen vorübergehend sogar der Direktor der

Halb Tramway, halb »Vollbahn«:
die Preßburgerbahn anno 1915

Betreibergesellschaft sowie dessen Sohn und Tochter als Lokführer eingesetzt werden müssen.

Eine wichtige Rolle kommt der Preßburgerbahn zu, was die Eßgewohnheiten der Wiener betrifft – und zwar im guten wie im schlechten: Sind es vor Ausbruch des Ersten Weltkrieges die niedrigeren Gasthauspreise in Preßburg, die die Wiener in hellen Scharen zu Tagesfahrten in die Nachbarstadt locken, so führt die 1915 einsetzende allgemeine Lebensmittelverknappung zu einer dramatischen Zunahme der Einkaufsfahrten. Brot und Mehl, Zucker, Fett und Kaffee gibt es nur noch auf Lebensmittelkarten, zur Erzeugung von Ersatzprodukten wird auf Beimengungen aus Rüben und Mais zurückgegriffen. Da ist es immerhin ein Trost, wenn man sich bei den Bauern draußen auf dem Lande mit Kartoffeln und Gemüse eindecken kann: Die Züge der Preßburgerbahn sind bis auf die Trittbretter mit Hamsterfahrern besetzt.

Mit dem Zusammenbruch der Monarchie und der Ausgliederung Ungarns setzt auch der vormals so florierende »Kleine Grenzverkehr« aus und wird erst im Winter 1920/21 wieder aufgenommen. 1935 ist es mit dem durchgehenden Bahnverkehr Wien-Preßburg vollends vorbei: Die Passagiere müssen an der Station Berg aussteigen, ihre Formalitäten erledigen, die Grenze zu Fuß überschreiten und das letzte Stück der Strecke per Autobus zurücklegen.

Auch der Zweite Weltkrieg bringt für die Preßburgerbahn eine Reihe einschneidender Veränderungen. Jetzt sind es vor allem die Fronturlauber, später auch die Flüchtlinge, die die chaotisch überfüllten Züge bevölkern; die Bombenangriffe, die Brückensprengungen und der Einmarsch der Russen schränken den Verkehr weiter ein. Erst 1946/47 beginnen sich die Verhältnisse wieder halbwegs zu normalisieren – allerdings nur bis zum nunmehrigen Endbahnhof Wolfsthal. Im Grenzstreifen der slowakischen Seite wird auf den fortan verwaisten Gleisresten eine Betonmauer errichtet – ein trauriges Symbol für das Ende der vielgeliebten Preßburgerbahn. Die alten Waggons werden ausgemustert – nur ein einziges Exemplar überlebt: als Klublokal, das die ÖBB dem Verein der Eisenbahnfreunde zum Geschenk machen. Um einen der originalen Triebwagen zu inspizieren, müßte man sich ins Schwechater Eisenbahnmuseum bemühen, wo unter den vielerlei Ausstellungsstücken übrigens auch ein vergilbtes Exemplar der »Arbeitsordnung für den Streckenbau« zu bestaunen ist. Die Verfasser dieses umfangreichen Kataloges von Rechten und Pflichten der Werktätigen haben wirklich an alles gedacht – sogar an das Recht auf freie Religionsausübung. »An Feiertagen«, so lesen wir da, »ist den Arbeitern die nötige Zeit einzuräumen, um den ihrer Konfession entsprechenden Verpflichtungen zum Besuche des Vormittagsgottesdienstes nachzukommen ...«

Das Medaillon

Es hat einen Hauch von Buckingham, wenn sich vor dem Gras-salkovich-Palast in Preßburg die Neugierigen drängen, um durch die goldschimmernden Gitter der schmiedeeisernen Umzäunung das Ritual der Wachablöse zu beobachten. Gar so viele sind es an diesem Tag freilich nicht: ein paar Schulkinder, ein paar Touristen, der Rest Rentner. Im Stechschritt und mit gezücktem Säbel paradieren die fünf Jungmänner in ihrer pittoresken Uniform aus leuchtend blauem Rock, mausgrauem Beinkleid und schwarzem Tschako vor dem Amtssitz des slowakischen Staatspräsidenten, zu dessen eigentlichem Schutz eine Handvoll Beamte in Zivil aufgeboten sind, die geschäftig hin und her eilen, um dafür zu sorgen, daß kein Unbefugter in das Allerheiligste der Republik vordringt. Auch ich, der ich da allzu auffällig mit Kamera und Notizblock hantiere, werde ins Visier genommen – freilich längst nicht mehr mit jenem habituellen Mißtrauen, das hier zu Zeiten des kommunistischen Regimes geherrscht haben mag.

Nach Kriegsende zunächst Sitz des Slowakischen Nationalrates und ab 1950 unter dem systemkonformen Etikett »Klement-Gottwald-Palast der Pioniere« Schulungszentrum der Parteijugend, wird in den neunziger Jahren der Prunkbau im Norden Preßburgs unter großem Kostenaufwand restauriert und zählt heute zu den Schmuckstücken der slowakischen Hauptstadt. Wenn man von der unmittelbaren Umgebung der Anlage absieht, die zur Zeit ihrer Errichtung noch aus satten Wiesen und sanft ansteigenden Weinbergen bestanden hat, die inzwischen dicht herandrängenden Autostraßen und Wohnvierteln gewi-

17

chen sind, kann man sich mit einiger Phantasie ausmalen, wie es hier zugegangen sein mag, als um 1760 Graf Anton Grassalkovich, Vorsitzender der Königlich Ungarischen Hofkammer und Berater Maria Theresias, das Gelände erwarb und sich von den besten Baumeistern des Landes seine Residenz errichten ließ. Im nachfolgenden Jahrhundert als Gästehaus des Hofes genützt (vor allem, wenn sich die Crème de la Crème zu den Krönungsfeierlichkeiten in Preßburg einfand), ging der Palast nach dem Aussterben des Grassalkovich-Geschlechts in den Besitz einer habsburgischen Nebenlinie über, deren letzter Repräsentant, Erzherzog Friedrich, zwischen 1882 und 1918 mit seiner Gemahlin Isabella in den luxuriös ausgestatteten Rokokosalons Hof hielt. »Besonders bei Anlässen, die das Getriebe des Alltags in festlicher Weise erhöhen«, so lesen wir in der von Kronprinz Rudolf herausgegebenen Buchreihe »Die österreichisch-ungarische Monarchie in Wort und Bild«, »verleiht der erzherzogliche Hofstaat dem städtischen Leben keine geringe Anregung.«
Eine große Rolle spielte dabei der dem Palast nachgelagerte, im französischen Stil angelegte Park. Auch ihm (beziehungsweise dem, was davon übriggeblieben ist) mache ich meine Aufwartung: Die Kieswege und Baumalleen, die Blumenrabatten und Sitzbänke sind heute für jedermann frei zugänglich; nur eine respektgebietende massive Glas-Stahl-Konstruktion trennt sie hermetisch von den Amtsräumen des Staatsoberhauptes ab. Was sich an der Ostseite der Anlage wie eine Gräberfront ausnimmt, erweist sich bei näherem Hinsehen als eine Art Imponiermeile der jungen Republik: Es sind die ins Erdreich eingelassenen Marmortafeln mit den Namen und Besuchsdaten jener Staatsoberhäupter von nah und fern, die ihre Visite im heutigen Bratislava mit einer symbolischen Baumpflanzung bekräftigt haben: die Monarchen Juan Carlos, Albert und Carl Gustaf, die Präsidenten Havel, Klestil und Rau. Dazu, ein paar Schritte seitab, das eine und andere Beispiel neuzeitlicher Skulpturkunst, reizvoll

kontrastiert von einer 1992 rekonstruierten Maria Theresia hoch zu Roß.

Zu der Zeit, da das Erzherzogspaar Friedrich und Isabella samt Anhang und Gästeschaft den Grassalkovich-Palast innehat, kommt dem Park gesteigerte Bedeutung zu: Hier frönt man dem geselligen Lustwandeln, hier geben sich die fürstlichen Kinder ihren Spielen hin, und hier treibt man Sport. Tennissport vor allem. Auf meine Frage nach einem präzisen Wo? erhalte ich allerdings keine Auskunft: Zu lange ist es her, daß die hohen Herrschaften an diesem Ort ihr Racket geschwungen haben. Die Erinnerung an die illustren Turniere von anno dazumal ist ausgelöscht – und so auch die Erinnerung an jenen folgenreichen Eklat, der im Sommer 1898 von der Umkleidekabine des Tennisplatzes im Park von Schloß Grassalkovich seinen Ausgang nimmt und die österreichisch-ungarische Monarchie für einen Moment den Atem anhalten läßt.

Welchen Eklat? – Drehen wir die Zeituhr um vier Jahre zurück. Prag 1894. In den prachtvollen Räumen der böhmischen Statthalterei lädt Graf Franz von Thun-Hohenstein zu einer Soirée dansante, an der als Ehrengast Erzherzog Franz Ferdinand teilnimmt. Vor fünf Jahren hat die Tragödie von Mayerling das Habsburgerreich erschüttert; der dreißig Jahre alte Kaiserneffe, zur Zeit als Befehlshaber der 38. Infanteriebrigade in Budweis stationiert, gilt als der voraussichtliche Thronfolger. Nicht nur bei Hof ist das Rätselraten groß, wen der noch immer Ledige eines Tages zur Frau nehmen wird. Kaiser Franz Joseph sähe ihn gern an der Seite seiner Schwiegertochter, der seit fünf Jahren verwitweten Kronprinzessin Stephanie. Doch bei aller Sympathie für die fünf Monate Jüngere: Franz Ferdinand mag davon nichts wissen. Auch alle anderen »Kombinationen«, die von den Hofschranzen in Umlauf gesetzt werden, haben keinerlei Chance auf Verwirklichung.

Da begegnet der allseits Begehrte bei dem erwähnten Ballfest im Hause des Prager Statthalters einer Frau, die er wohl schon bei früheren Gelegenheiten flüchtig kennengelernt hat: Es ist die etwas über vier Jahre jüngere Gräfin Sophie Chotek. Ihr Vater, der Diplomat Graf Bohuslav Chotek von Chotkowa und Wognin, befindet sich bereits im Ruhestand und lebt mit seiner Frau, einer geborenen Kinsky, an seinem letzten Standort als Botschafter: in Dresden. Tochter Sophie ist mit ihren sechsundzwanzig Jahren ebenfalls noch unverheiratet, dient seit einiger Zeit der in Preßburg residierenden Erzherzogin Isabella als Hofdame.

Über ihr Zusammentreffen mit dem designierten Thronfolger existieren selbstverständlich keinerlei Aufzeichnungen. Wir müssen uns also mit der überlieferten Legende begnügen, und diese Legende besagt: Schon bei ihrem ersten Blickkontakt springt bei beiden der berühmte Funke über, beim Tanzen kommt man einander noch um einiges näher, und bei dem anschließenden Tête-à-tête in einem der Nebenräume bahnt sich an, was zunächst noch viele Monate ein streng gehütetes Geheimnis bleiben wird: Franz Ferdinand und Sophie sind einander in innigster Liebe zugetan und streben um jeden Preis den Bund fürs Leben an. Beide sind sich freilich im klaren darüber, daß der Kaiser niemals einer Ehe zwischen seinem Nachfolger und einer unebenbürtigen Partnerin, wie es die böhmische Landgräfin Sophie Chotek ist, seine Zustimmung erteilen wird. Alle Begegnungen der heimlich Verlobten müssen also im Verborgenen stattfinden, ihre Korrespondenz unter Pseudonym und postlagernd abgewickelt werden.

Eine weitere Erschwernis bildet der Umstand, daß Sophie in ihrer persönlichen Bewegungsfreiheit stark eingeschränkt ist: Die Sechsundzwanzigjährige, ihres verarmten Elternhauses wegen ohne nennenswerte Mitgift ausgestattet, dient seit August 1888 der im Grassalkovich-Palast zu Preßburg residierenden Erzherzogin Isabella als Hofdame. Die dem deutschen Adelshaus Croy-Dülmen entstammende, ihres üppigen Wuchses wegen gern als »Busabella« Apostrophierte ist mit dem einer habsburgischen Nebenlinie angehörenden Erzherzog Friedrich verheiratet; aus der Ehe gehen sieben Kinder hervor – durchwegs Mädchen.

Da bleibt für eine Bedienstete wie Sophie eine Menge zu tun, auch wenn fürs Grobe drei weitere Hausangestellte zur Verfügung stehen: Sie begleitet ihre Herrin bei den Spaziergängen und Ausfahrten, sie regelt deren Post- und Geschenkverkehr, sie liest ihr aus den jeweils neuesten Büchern vor, und auf kürzeren Reisen werden ihr aus Ersparnisgründen mitunter sogar die Agenden der Kammerfrau übertragen. Zwar besteht zwischen Isabella und Sophie ein im allgemeinen gutes Einvernehmen, dennoch gebietet die Etikette, daß die Hofdame bei den gemeinsamen Mahlzeiten einen Platz am Ende der Tafel einnimmt – noch hinter den Kindern. Daß Isabella ihrer Gesellschafterin ab und zu eines ihrer abgelegten Kleider zum Geschenk macht, kann sowohl als großzügige Geste wie als subtiler Akt der Demütigung verstanden werden.

Franz Ferdinand, mit seinen Preßburger Verwandten auf freundschaftlichstem Fuße stehend, nützt die Situation, um sich mit seiner Geliebten an deren Arbeitsplatz zu treffen. Besuche in Preßburg sind für den Thronfolger nichts Besonderes: Schon früher ist er zu wiederholten Malen von Erzherzog Friedrich zur Jagd eingeladen worden. Jetzt aber häufen sich seine mitunter mehrtägigen Aufenthalte im Grassalkovich-Palast. Allerdings hat er sich dabei vorzusehen, daß es im Umgang mit Hofdame Sophie Chotek unauffällig zugeht, absolut unverfänglich.

Hausherrin Isabella, nichts Böses ahnend, fördert die Besuche des hohen Gastes und denkt dabei wohl auch an die Möglichkeit, Franz Ferdinand als Bräutigam ihrer erstgeborenen Tochter, der achtzehnjährigen Maria Christina, einzufangen. Ob sie sich viel-

leicht sogar schon als Schwiegermutter des künftigen Kaisers
fühlt?

Am 10. September 1898 wird Kaiserin Elisabeth ermordet. Die
daraufhin für den Rest des Jahres verhängte Hoftrauer samt Ab-
sage sämtlicher Jubiläumsfeiern räumt Franz Ferdinand noch
mehr Zeit ein als sonst, Abstecher nach Preßburg einzuplanen.
Im Palast sind für ihn und den ihn begleitenden Kammerdiener
Janaczek stets mehrere Zimmer freigehalten. Damit das eigentliche Ziel seiner Besuche, seine Rendezvous mit der Verlobten,
unaufgedeckt bleiben, bringt Franz Ferdinand seine Sportsachen
mit, geht mit den Töchtern seiner Gastgeber schwimmen und
reiten, trifft sich mit ihnen zum Tennis. Da er außerdem ein pas-
sabler Geigenspieler ist, läßt er sich bei der üblichen Hausmusik
von der Ältesten am Klavier begleiten.

Für Franz Ferdinand, der sich von seiner schweren Erkrankung
– die Ärzte hatten einen gefährlichen Lungenspitzenkatarrh diagnostiziert – erholt hat, läuft alles nach Wunsch, abgesehen von
dem lästigen Zwang zur Heimlichtuerei. Aber gegen das eine
oder andere gemeinsame Tennisspiel mit der Hofdame kann
niemand etwas haben, und so gönnen sich Franz Ferdinand und
Sophie auch an jenem Herbsttag des Jahres 1898 (das genaue
Datum ist nicht überliefert) eine Partie auf dem dafür adju-
stierten Gelände im Grassalkovich-Park.

Das Match hat – um des ungestörten Beisammenseins der beiden Liebenden willen vielleicht sogar ganz bewußt in die Länge
gezogen – mehr Zeit in Anspruch genommen als sonst, und so
passiert in der Eile des Aufbruchs ein Malheur, das ungeahnte
Folgen haben wird: Der Erzherzog läßt in der Umkleidekabine
versehentlich seine Uhr liegen. Es ist eine schwere goldene Ta-
schenuhr, an der auch sein Siegel und sein Zigarrenabschneider
befestigt sind.

Franz Ferdinand hat bereits die Rückreise angetreten, als der
Diener, der die Umkleidekabine des Tennisplatzes aufräumt, auf

*Verhängnisvolles
Match: Erzherzog
Franz Ferdinand und
Gräfin Sophie Chotek
auf dem Tennisplatz
des Palais Grassal-
kovich*

das vergessene Objekt stößt: Pflichtgemäß liefert er es bei seiner
Dienstgeberin ab, damit diese es für die Zeit bis zu Franz Ferdinands nächstem Besuch in Verwahrung nimmt. Doch bevor
Erzherzogin Isabella noch dazu kommt, die Uhr in das dafür vorgesehene Schmuckkästchen zu legen, fällt ihr Blick auf den goldschimmernden Deckel, hinter dem sich ein Medaillon zu ver-
bergen scheint. Ob es vielleicht gar ein Bild ihrer Tochter Maria
Christina ist, das der Erzherzog da mit sich herumträgt? Neugie-
rig öffnet sie den Uhrdeckel – und fällt aus allen Wolken: Statt
einer Haarlocke oder eines Konterfeis ihrer Ältesten blicken sie
die Augen ihrer Hofdame an: Das Medaillon enthält ein Minia-
turporträt von Sophie Chotek!
Schlagartig werden ihr die Zusammenhänge klar: Franz Ferdi-

nand hat ihr und den ihren eine unerhörte Komödie vorgespielt, hat alle Beteiligten über Wochen und Monate hinters Licht geführt. Augenblicklich weiß Isabella, was sie zu unternehmen hat: Sie stellt die »falsche« Person zur Rede, überhäuft Sophie mit den heftigsten Vorwürfen und spricht deren unverzügliche Kündigung aus. Um die »Form« zu wahren, einigt man sich allerdings auf einen zweiwöchigen Scheinurlaub, nach dessen Ablauf die schriftliche Entlassung folgen werde. Und Isabella tut noch ein Weiteres: Sie ersucht den Kaiser um einen Audienztermin, begibt sich nach Wien und unterrichtet Seine Majestät von dem Vorgefallenen. Franz Joseph I., über das infame Spiel seines Neffen nicht minder bestürzt, reagiert gleichwohl kühl auf den Bericht seiner Besucherin und sichert Isabella lediglich zu, er werde mit Franz Ferdinand über die Angelegenheit reden.

Gräfin Sophie Chotek hat inzwischen ihrerseits die »Flucht« nach Wien angetreten und sucht fürs erste Unterschlupf bei ihrer Schwester Zdenka, die gerade im Begriff ist, ihren Dienst als Hofdame bei Kronprinzessin Stephanie zu quittieren und sich auf den Eintritt in ein Nonnenkloster vorzubereiten.

Der Rest der hochnotpeinlichen Geschichte darf als bekannt vorausgesetzt werden: Kaiser Franz Joseph scheint in der Beziehung seines Neffen nichts weiter als eine Affäre zu erblicken, und Affären kann man den Beteiligten ausreden – vom zunächst gütlichen Appell an Vernunft und Staatsräson bis hin zur offenen Drohung. Man geht dabei »arbeitsteilig« vor: Um auch Sophie von der Unmöglichkeit ihrer Liaison zu überzeugen, tritt der in allen Ränken wohlgeübte Obersthofmeister Graf Montenuovo in Aktion.

Doch es hilft alles nichts: Auch die dem »verbotenen« Paar eingeräumte Bedenkzeit verstreicht, ohne daß dies an Franz Ferdinands Entschlossenheit das Geringste ändern könnte: »Von meiner Sopherl laß ich nicht!« Es endet mit einem Sieg des Erzherzogs: Da sich dieser zur Unterzeichnung einer Renunziationserklärung bereitfindet, die sowohl seine künftige Gemahlin wie auch die aus der geplanten Ehe hervorgehenden Kinder von der Thronfolge ausschließt, gibt Kaiser Franz Joseph notgedrungen grünes Licht, und Franz Ferdinand kann aufatmen: »Ich schwimme in einem Meer von Glück!« schreibt er in einem Brief an einen seiner engsten Vertrauten. Am 1. Juli 1900 findet in der Schloßkapelle zu Reichstadt (die näheren Umstände dieses in jeder Hinsicht ungewöhnlichen Ereignisses habe ich in meinem Buch »Die böhmische Großmutter« geschildert) die Trauung statt. Dem somit auch offiziell legalisierten Liebesglück von Franz Ferdinand und Sophie ist allerdings nur eine Dauer von vierzehn Jahren beschieden: Es endet, wie es schlimmer nicht enden könnte – mit dem Doppelmordattentat von Sarajewo.

In Preßburg fing alles an

Wieso heißt die Albertina Albertina?
Quizfrage Nr. 2: Wo hat die weltberühmte Kunstsammlung ihren Ursprung?
in Wien
in Dresden
in Venedig

Antwort: In keinem der drei. Sondern in Preßburg.

Wien mit seinen vielen Museen verfügt über zwei Häuser, die miteinander im Wettstreit liegen, die Nummer eins zu sein: das »Kunsthistorische« und die Albertina. Allein letztere bringt es im Schnitt auf 600 000 Besucher pro Jahr – Tendenz weiter steigend. Kunstfreunde aus allen Teilen der Welt stürmen den aus dem Palais Taroucca und Teilen des Augustinerklosters hervorgegangenen Musentempel hinter der Staatsoper, um sich an deren Ausstellungen zu delektieren, auch wenn gerade keiner der Superstars der Albertina auf dem Programm steht: Dürer oder Rembrandt, Michelangelo oder Leonardo da Vinci, Raffael oder Rubens, Cranach oder Goya, Munch oder Picasso, Schiele oder Klimt. Mit ihren über 50 000 Zeichnungen und anderthalb Millionen Druckgraphiken gilt die Albertina als die größte graphische Sammlung der Welt, und seit der in den letzten Jahren unter enormem Kostenaufwand durchgeführten Restaurierung der prunkvollen Ausstellungsräume würde sich eine Besichtigung selbst dann lohnen, hinge kein einziges Bild an der Wand.

26

Doch zurück zu den Eingangsfragen nach dem Gründer der Albertina und dem Ort ihrer Gründung. Daß es sich bei ersterem wohl um irgend einen Albert handelt, legt der Name nahe, den das Institut seit Jahr und Tag trägt. Doch Preßburg als Keimzelle – wieso Preßburg?

Kurfürst Friedrich August II. von Sachsen und die österreichische Erzherzogin Maria Josepha haben vierzehn Kinder. Albert Casimir, am 11. Juli 1738 in Schloß Moritzburg bei Dresden geboren, ist ihr elftes. Der junge Prinz wächst am Dresdner Hof auf; die pädagogische Strenge und das religiöse Eiferertum seines Erziehers Freiherr von Wessenberg mögen die Gründe dafür sein, daß sich der Heranwachsende schon früh dem Geist der Aufklärung zuwendet, ja später sogar zu einem der Anführer der Freimaurerbewegung aufsteigen wird. Auch seine ersten Kriegserfahrungen tragen wesentlich dazu bei, ihn seiner Geburtsheimat zu entfremden: Aus Abneigung gegen alles Preußische flüchtet der Einundzwanzigjährige nach Wien und bietet den Habsburgern seine Dienste an.

Kaiserin Maria Theresia nimmt den jungen Offizier mit offenen Armen auf, und da er ihr auch persönlich äußerst sympathisch ist, gibt sie Albert ihre Lieblingstochter Marie Christine zur Frau: Am 6. April 1766 wird in Schloßhof bei Wien geheiratet. Die beiden Brautleute passen vorzüglich zusammen: Wie Albert ist auch seine vier Jahre jüngere Gemahlin eine sensible, hochgebildete, kunstinteressierte Person.

Jetzt braucht man nur noch eine standesgemäße »Verwendung« für das vielversprechende Paar: Maria Theresia überantwortet Herzog Albert das Fürstentum Teschen (also das seinerzeitige Österreich-Schlesien) und setzt ihn zum Statthalter von Ungarn ein. Um die beiden möglichst in ihrer Nähe zu haben, bestimmt die Kaiserin die ungarische Krönungsstadt Preßburg zur künftigen Residenz des geliebten Schwiegersohnes: Von hier aus, sechzig Kilometer vom Wiener Hof entfernt, soll Albert an der Seite

27

seiner Marie Christine das vom Haus Habsburg verfügte Reformprogramm durchsetzen: die Verbesserung der landwirtschaftlichen Bodennutzung und die Aufhebung der Leibeigenschaft.

Maria Theresia, der Nachbarstadt und deren Adel und Bürgerschaft ohnedies von Herzen zugetan, läßt das Preßburger Burgschloß großzügig ausbauen und ausstatten: Albert, als Sohn eines verschwenderischen Vaters, der Sachsen in den Staatsbankrott führt, von Haus aus mittellos, soll es an seinem neuen Wirkungsort an nichts fehlen. An die 700000 Gulden beträgt die Mitgift, die Marie Christine in die Ehe einbringt – es ist die höchste Summe, die jemals einer habsburgischen Prinzessin gewährt worden ist.

Auf dem Gelände des Burgschlosses wird für das junge Paar ein eigenes Palais errichtet (das später den Namen Theresianum führen wird); der zweistöckige Bau im Stil des Wiener Frühklassizismus enthält neben den Wohnräumen auch Bibliothek, Waffensammlung und Ahnengalerie. Ziergärten werden angelegt, natürlich Stallungen und eine überdachte Reitschule, Unterkünfte für die Schloßgarden, sogar ein Theater und – nicht zu vergessen! – eine Reihe von Kabinetten, die die Kunstsammlung des Hausherrn aufnehmen sollen. Doch davon später, denn das ist bereits die Urgeschichte der Albertina ...

Der Einzug des Statthalterpaares in Preßburg gestaltet sich festlich: Die Magnaten und der Klerus der Stadt sowie die Beamten der Hofkammer bereiten Albert und Marie Christine ein herzliches Willkommen. Um die Zufahrt zum Schloß zu erleichtern, hat man eigens die alte Befestigungsmauer durchbrechen lassen. Auffallend auch die extreme Breite der Marmortreppen: Die Pferdenärrin Maria Theresia soll – laut Volksmund – die Angewohnheit gehabt haben, bei ihren häufigen Besuchen im Schloß das obere Stockwerk hoch zu Roß zu erklimmen ...

28

*Gründer und
Namensgeber einer der
bedeutendsten Kunst-
sammlungen der Welt:
Herzog Albert von
Sachsen-Teschen*

»Meine Frischvermählten sind in Preßburg überglücklich!«
schreibt die Kaiserin in einem Brief an eine ihrer Vertrauten, und
ihrer Tochter Marie Christine, die sich an das neue Domizil erst
noch gewöhnen muß, macht sie mit den Worten Mut: »Alle Welt
zeigt sich entzückt von Preßburg, man sieht nur breite Mäuler.«
Auch rät sie ihr zu Ausfahrten durch Stadt und Land: »Ihr tut
recht daran, Euch am ersten Mai öffentlich zu zeigen; das macht
immer einen guten Eindruck.«
Wann genau Herzog Albert mit dem Erwerb und systematischen
Sammeln von Kunstwerken beginnt, ist schwer zu datieren. Den
ersten Hinweis liefert das Tagebuch des aus Hessen stammenden
und seit 1736 in Paris ansässigen Kupferstechers und Kunsthänd-
lers Johann Georg Wille, der ab August 1768 laufend über nach
Preßburg adressierte Lieferungen zeitgenössischer Stiche Buch

führt. Alberts Kunstsinn paart sich hierbei aufs schönste mit den Interessen seiner Gemahlin, die selber eine passionierte Malerin ist, ja vor ihrer Eheschließung sogar ganze Zimmerausstattungen in Schönbrunn mit ihren Handzeichnungen bereichert hat. Richtig in Schwung kommt Herzog Alberts Sammeltätigkeit mit dem Auftrag, den er 1774 dem kaiserlichen Gesandten in Venedig, Graf Jacopo Durazzo, erteilt: Der Siebenundfünfzigjährige, der zehn Jahre lang die Wiener Hoftheater geleitet (und nach seiner Heimkehr nach Italien unter anderem Mozart zu Besuch gehabt) hat, soll ihm eine möglichst vollständige Kollektion zeitgenössischer italienischer Kupferstiche beschaffen. Durazzo, übrigens derselben Freimaurerloge angehörend wie Albert, unterzieht sich seiner Aufgabe mit geradezu fieberhaftem Fleiß: Binnen zwei Jahren hat er an die 30 000 zum Teil erlesenste Stiche beisammen, dazu die Lebensläufe und Werkverzeichnisse von 1400 Künstlern, sowohl chronologisch wie nach den diversen Schulen aufgegliedert. Am 4. Juli 1776 erfolgt in Venedig die feierliche Übergabe: Es ist der Höhepunkt der knapp siebenmonatigen Italienreise, die Herzog Albert und Gemahlin Marie Christine des weiteren auch nach Ferrara, Bologna, Turin, Florenz, Rom und Neapel führt. Man ist inkognito unterwegs, nur zwei Adjutanten und zwei Hofdamen begleiten das Statthalterpaar.
Wie stolz Herzog Albert auf seine »Beute« ist, die ihm Graf Durazzo im Palazzo Loredan, dem Sitz der kaiserlichen Gesandtschaft in Venedig, ausfolgt, belegt jene Aquarellminiatur des Wiener Hofmalers Friedrich Heinrich Füger, die das Wiedersehen der nach Wien Zurückgekehrten mit Maria Theresia im Bild festhält: Schwiegersohn und Tochter führen der tiefbeeindruckten Kaiserin ihren Schatz vor, der im Anschluß daran an seinen Zielort Preßburg geschickt wird. Im Obergeschoß des Schlosses sind die für die Aufbewahrung der Bilder vorgesehenen Räumlichkeiten hergerichtet – sie werden dereinst den Grundstock der Wiener Albertina bilden …

Auch, als Herzog Albert nach zehnjährigem Wirken in Preßburg dem Ruf folgt, die Statthalterschaft in Brüssel anzutreten, setzt der inzwischen Einundfünfzigjährige seine Sammeltätigkeit in großem Stil fort: Allein in der Zeit von 1783 bis zu seinem Tod im Jahr 1822 wird es ein Gesamtbetrag von knapp 1,3 Millionen Gulden sein, den der Ahnherr der Albertina für den Erwerb von Kupferstichen und Handzeichnungen aufwendet. Daß davon – verursacht durch eine Vielzahl sowohl politisch wie verkehrstechnisch bedingter Verluste – nur ein verschwindend geringer Teil in den Bestand der Wiener Albertina Eingang finden wird, mindert nicht die außerordentliche Bedeutung der zwischen 1766 und 1780 in Preßburg angelegten Sammlung: Von hier, den Kunstkabinetten des kaiserlichen Statthalters, hat das Unternehmen seinen Ausgang genommen. Wie aber gelangt der mittlerweile unermeßlich reiche Schatz nach Wien, und vor allem: Wie gelangt er an seinen endgültigen Standort, in die künftige, nach ihrem Begründer benannte Albertina?

Natürlich ist es wieder einmal die hohe Politik, die den Stein ins Rollen bringt. Am 20. April 1792 hat Frankreich Österreich den Krieg erklärt, die französische Armee fällt in Belgien ein, der österreichische Generalstatthalter muß fluchtartig das Land verlassen. Albert und Marie Christine reisen rheinaufwärts, während drei schwerbeladene Schiffe das Mobiliar, die Bibliothek und die Kunstsammlungen von Rotterdam nach Hamburg bringen sollen. Ein Sturm im Ärmelkanal vernichtet eines der Schiffe und mit ihm einen Teil der kostbaren Ladung.

Dresden, wo das plötzlich heimatlose Paar fürs erste Unterschlupf findet, kann keine Dauerlösung sein – da schaltet sich der junge Kaiser Franz I. ein und lädt seine Tante, die Erzherzogin, und deren Gemahl ein, sich in Wien niederzulassen. Ein kleines, an die Hofburg angrenzendes Palais, mehrere leerstehende alte Häuser und einen Teil des aufgelassenen Augustinerklosters bietet er Albert und Marie Christine zum Umbau an: 1801 sollen sie samt ihrer Kunstsammlung in den neuen Räumen Einzug halten.

Doch der Plan geht nur zum Teil auf: Mitten während der Bauarbeiten stirbt die erst sechsundfünfzigjährige Marie Christine. Dem trauernden Witwer bleibt nur, das Testament der geliebten Gattin zu erfüllen: Selber kinderlos, setzt er den von ihm adoptierten Erzherzog Carl (den späteren Sieger von Aspern) als Alleinerben ein.

Eingedenk des Umstandes, daß Marie Christine sich mit dem Genuß unreinen Wassers den Tod geholt hat, läßt Albert eine Wasserleitung errichten, die über ein System von 16 000 Doppelrohren Wien mit Trinkwasser von der Hohen Wand versorgt. Außerdem erteilt er einem der führenden Bildhauer der Zeit, Antonio Canova, den Auftrag, für den Betrag von 20 000 Gulden ein marmornes Grabmal für die verstorbene Erzherzogin zu errichten – es ist jenes für die benachbarte Augustinerkirche bestimmte Monument, das Jahre später Napoleon, wenn er es persönlich in Augenschein nimmt, unter die drei bedeutendsten Kunstwerke der Welt reihen wird.

Herzog Albert selbst hat noch vierundzwanzig Lebensjahre vor sich; er nützt sie dazu, seine Kunstsammlung weiter auszubauen, sein Lebenswerk zu vollenden. Gerührt liest man in den Berichten eines Zeitgenossen, »wie der Greis seine Tage in diesen geheiligten Räumen vom frühen Morgen bis zu vorgerückten Nachtstunden verbrachte und sich nur so viel freie Zeit gönnte, als die Mahlzeiten und Spaziergänge erforderten. Durchreisende Gelehrte und Künstler fanden ihn immer daselbst, stets beschäftigt mit der Anordnung und Vergrößerung seiner Kunstschätze. Die Empireperücke auf dem schmalen Haupt, im blauen Frack und hohen Stiefeln, nur gefolgt von seinem weißen Hündchen, schritt der einsame Mann durch die Räume ...«

Ab 1801 im endgültigen Quartier:
die Albertina in Wien (hier ein Blick auf die Schätze)

Als Herzog Albert von Sachsen-Teschen am 10. Februar 1822 vierundachtzigjährig stirbt, geht der gesamte Besitz an seinen Adoptivsohn Erzherzog Carl über, wird jedoch vom Hof zum Fideikommiss erklärt, was beim Zusammenbruch der Monarchie anno 1918 den Anspruch der Republik Österreich begründet, die komplette Sammlung in Staatsbesitz zu überführen. Und dabei bleibt es für alle Zeiten: Die Albertina ist unser.

Und was wird aus ihrer Preßburger Keimzelle? Ein Haufen Schutt und Asche. Die Schloßburg samt dem Prunkbau Theresianum, in dessen Obergeschoß Herzog Albert in jungen Jahren den Grundstein für seine nachmals weltberühmte Kunstsammlung gelegt hat, geht 1811 in Flammen auf: Der durch Unachtsamkeit der in der Preßburger Burg stationierten Soldaten ausgelöste Großbrand vernichtet die gesamte Anlage. Volle anderthalb Jahrhunderte bleibt sie Ruine, erst 1953 setzt allmählich ihr Wiederaufbau ein.

Der Schachtürke des Herrn von Kempelen

W er beim Flanieren durch die Preßburger Altstadt, vom Hauptplatz kommend, in die schmale Rybárska brána einbiegt, um zum Theaterplatz zu gelangen, und vor lauter Sehenswürdigkeiten nicht auf seine Schritte achtet, stolpert über zwei Typen, die fest auf dem Straßenpflaster verankert sind. Was den unterschiedlichen Mannsbildern gemeinsam ist: Sie sind beide von Künstlerhand geschaffen, beide aus Erz gegossen und beide örtliche Originale, denen vor allem die Aufmerksamkeit der photographierwütigen Touristen sicher ist.

Der eine, gleich beim Eingang zu der altberühmten Konditorei Mayer postiert, stellt eine Art Nobelsandler dar, der vor den Passanten galant den Zylinder lüftet. Daß ihn die Einheimischen den »schönen Náci« nennen, darf zu keinen Fehlschlüssen verleiten: Sein Name leitet sich von »Ignaz« ab, und hinter diesem Ignaz verbirgt sich ein vormals angesehener Wohlstandsbürger, der in späteren Jahren sein gesamtes Vermögen durchbringt und als Edelschnorrer endet, dessen Spezialität darin besteht, sich von seinen Mitmenschen zu einer Kaffeejause oder auch einem warmen Essen in einem der umliegenden Lokale einladen zu lassen. Da er seinem Tagwerk mit ausgesuchter Höflichkeit nachgeht, genießt er die volle Achtung der Preßburger – sehr im Gegensatz zu dem ruppigen Bettlervolk von heute, das an allen strategischen Punkten der slowakischen Hauptstadt den Bessergestellten auflauert.

Die zweite (und lustigere) der beiden Figuren hört auf den tschechischen Namen Čumil (Gaffer) und lugt aus einem der Kanal-

löcher der Nebenstraße hervor. Angetan mit einer Phantasie-
montur aus Uniform und Helm, stellt er nur Oberkörper und
Hände zur Schau; sein süffisantes Grinsen kennzeichnet ihn als
abgeklärt-stillen Beobachter der Straßenszene, der zudem den
Vorzug genießt, den seinen Weg kreuzenden Passantinnen unter
die Röcke blicken zu dürfen. Nichts scheint diesen Trottoir-
Philosophen aus der Ruhe bringen zu können – nicht einmal jene
rüden Lieferwagenchauffeure, die ihm, wie man hört, schon zwei
Mal den Kopf abgefahren haben.

Wem dieses Duo aus Náci und Čumil noch immer nicht genügt,
begebe sich auf den Hauptplatz zurück und kehre in dem schönen Art-Déco-Lokal *Café Roland* ein, wo ihn gleich hinter dem
Eingang ein weiterer Preßburger Sonderling willkommen heißt.
Es ist eine wohlgelungene Nachbildung jenes sogenannten
Schachtürken, den vor rund zweihundertvierzig Jahren das Preßburger Universalgenie Wolfgang von Kempelen ersonnen, konstruiert und allen Großen seiner Zeit vorgeführt hat.

Die Szene erinnert in mancher Weise an das Wiener *Café Cen-
tral*, wo seit vielen Jahren ein mannsgroßes Pappmaché-Imitat
des Dichterbohemiens Peter Altenberg die Gäste begrüßt. Doch
während das Wiener Gegenstück sich damit begnügt, grämlich
vor sich hin zu starren, verbreitet die mit pelzverbrämtem Kittel,
vielfarbigem Turban und überlanger Tabakpfeife ausgestattete
Wächterfigur am Portal des Preßburger Innenstadtlokals eine
Atmosphäre scheinbar-hektischer Betriebsamkeit: Hinter einer
tiefschwarzen, mit allerlei Türchen und Schubladen versehenen
Kommode thronend, auf der ein Schachbrett ruht, könnte der
geheimnisvolle Typ mit den weitaufgerissenen schwarzen Augen
und dem dichten Schnauzbart jeden Moment loslegen und seine
Schachfiguren in Bewegung setzen – so wie es damals, gegen
Ende des 18. Jahrhunderts, der gute Herr von Kempelen mit seiner weltweit aufsehenerregenden Maschine getan hat, bis diese
anno 1854 bei einem Großbrand in Flammen aufging.

Vom Original hat sich also nichts erhalten, doch auch dessen Double im Preßburger *Café Roland* bietet ausreichend Anschauungsmaterial, um sich in die Geschichte eines der berühmtesten Magiers seiner Zeit zu vertiefen, der die besondere Gunst Kaiserin Maria Theresias genossen hat, über den ganze Bücher geschrieben worden sind und der sogar im heutigen Wien (und zwar seit 1935) mit einer eigenen Gasse verewigt ist, die seinen Namen trägt.

Eine der vielen Prunkbauten, die auf unserem Rundgang durch die Preßburger Altstadt den Blick auf sich ziehen, ist das Palais de Pauli; es befindet sich in nächster Nähe des noch eindrucksvolleren Palais Pálffy in der Ventúrska-Straße, wo der örtlichen Überlieferung nach der sechsjährige Mozart konzertiert hat (und heute die Österreichische Botschaft untergebracht ist). Im Vorgängerbau dieses Palais de Pauli, einem der königlichen Herrenhäuser der Stadt, kommt am 23. Jänner 1734 Wolfgang von Kempelen zur Welt. Der Vater ist in leitender Funktion in der Ungarischen Hofkammer tätig; in der Ortschaft Gomba, dem heutigen Hubice, fünfundzwanzig Kilometer südöstlich von Preßburg, hat die Familie ihren Landsitz.

Wolfgang besucht die Schule im ungarischen Raab (dem heutigen Györ), in Wien studiert er Philosophie und Jurisprudenz. Durch seine Übersetzung des kaiserlichen Gesetzbuches weiß er schon frühzeitig die Aufmerksamkeit des Hofes auf sich zu lenken; Maria Theresia läßt sich den vielversprechenden Jungmann vorstellen und ernennt ihn zum »Concipisten« der Ungarischen Hofkammer. Binnen weniger Jahre steigt er zum Hofsekretär und Kammerrat auf; die Neuordnung des Salzwesens wird ihm ebenso übertragen wie das Arbeitsbeschaffungsprogramm für die in der Batschka und im Banat angesiedelten Neubürger. In Preßburg gründet er eine Manufaktur für Stoffdrucke und entwirft Pläne für eine Pontonbrücke, für Schönbrunn schafft er die wassertechnischen Voraussetzungen zur

Errichtung des Neptun-Brunnens, für die blinde Musikerin Maria Theresia Paradis, Patenkind der Kaiserin und Freundin Mozarts, konstruiert er eine mit Blasebalg betriebene Sprachmaschine, für die Hainburger Zigarettenmanufaktur einen Tabakschneideapparat. Auch ein Spezialbett für Ihre Majestät die Kaiserin zählt zu seinen Erfindungen (da wüßte man gern Näheres, doch Kempelens Biographen üben sich leider in Diskretion).

1769 rufen den Fünfunddreißigjährigen dringende Geschäfte nach Wien, und bei dieser Gelegenheit lädt ihn die Kaiserin ein, den »mathematischen Vorstellungen« des französischen »Magnetiseurs« Pelletier beizuwohnen. Kempelen ist Feuer und Flamme: Schon die einschlägigen Experimente des gleichaltrigen, in Wien praktizierenden Arztes Franz Anton Mesmer haben ihn tief beeindruckt. Kempelen verspricht der zweiundfünfzigjährigen Maria Theresia, binnen weniger Monate eine Maschine zu konstruieren, »die alles, was Höchstdieselbe eben anzusehen gewürdiget haben, weit übertreffen werde«.

Am 28. Juli 1769 kann die »Preßburger Zeitung« unter »Inländische Vorfälle« über ein »noch nie sichtbar gewesenes Kunststück des k. k. Hofkammerrats Wolfgang von Kempelen« berichten. Es ist die Geburt seiner »Schachmaschine«: eines »türkischen Mannes von natürlicher Größe, so vor einem Tische in Bereitschaft sitzet, mit jedermann Schach zu spielen«.

Die allgemeine Verblüffung ist groß: Wie ist es möglich, daß dieses künstliche Wesen, einem Roboter gleich, mit seinem mechanischen Arm stets nach den jeweils richtigen Figuren greift, den jeweils richtigen Zug vollführt und am Ende gegen jeden lebendigen Partner, der sich auf ein Match mit dem »Schachtürken« einläßt, den sicheren Sieg davonträgt?

Damit keiner der Beteiligten, die dem Kunststück beiwohnen, auf den Gedanken kommt, im Inneren des Apparates könnte eine den Verlauf der Schachpartie lenkende lebende Person

verborgen sein, sind die Füße des Spieltischs mit Rollen versehen; zusätzliche Spannung geht von dem dumpfen Rasseln aus,
das bei jedem Schachzug aus dem Inneren des Automaten
dringt.

Der Kaiserin ist das gelungene Experiment, für das auch die
klügsten Köpfe bei Hof keine Erklärung haben, eine Anerken-
nungsprämie von tausend Dukaten wert, und ihr Sohn und
Nachfolger, Joseph II., erteilt dem genialen Erfinder sogar die
Bewilligung, für die Dauer von zwei Jahren – bei fortlaufendem
Bezug seines Gehaltes als Hofkammerrat – mit seiner Attraktion
auf Reisen zu gehen und sie den Großen dieser Welt vorzu-
führen. Regensburg und Augsburg sind die ersten Stationen seiner Tournee, es folgen Auftritte in Paris und London, und da
Kempelen auch dem späteren Präsidenten der Vereinigten Staa-
ten von Amerika, dem zu dieser Zeit als US-Gesandter in Euro-
pa weilenden Benjamin Franklin, eine Einladung zu einer seiner
Vorführungen zukommen läßt, könnte dies der Anstoß zu dem
Amerika-Gastspiel des Schachtürken sein, der Wolfgang von
Kempelens Lebenswerk krönt.

Da ist er selber allerdings nicht mehr mit von der Partie: Das
Wunderwerk aus der Preßburger Bastelwerkstatt des Herrn Hofkammerrats ist inzwischen in den Besitz des Wiener Erfinder-
kollegen Johann Nepomuk Mälzel übergegangen, der seinerseits
mit der Konstruktion des ersten Metronoms Furore macht.
Zu dieser Zeit weilt Kempelen bereits unter der Erde; Sohn
Carl führt das Werk in der elterlichen Wohnung am Wiener
Kohlmarkt fort; die Erträge aus den Eintrittsgeldern fließen
einem Hilfsfonds für bedürftige Familien zu. Erst 1838, vierunddreißig Jahre nach Kempelens Tod, gelingt es, das Geheimnis des Schachtürken zu lüften: Die »Revue mensuelle des
Échecs« teilt einem schon die längste Zeit skeptischen Fach-
publikum mit, Kempelen habe im Inneren seines Gerätes einen
genialen Schachspieler von extrem winzigem Körperwuchs ver-

*Von Maria Theresia
»gesponsert«:
Wolfgang von
Kempelens Schach-
türke*

steckt. Warum es so lange bis zu dieser Enthüllung dauert? Nun,
es wird wohl daran liegen, daß es niemand wagt, einer so
hochgestellten Persönlichkeit wie dem adeligen Herrn Hofrat zu
Lebzeiten auf die Finger zu schauen …

Und wie verhält es sich mit dem weiteren Schicksal des Schach-
automaten? Höchst banal: In der Nacht vom 5. auf den 6. Juli
1854 fällt er in Philadelphia, wo sich Kempelens Wunderding zuletzt befunden hat, einem Großbrand zum Opfer.
Die Faszination, die über Jahrzehnte von ihm ausgegangen ist,
hält gleichwohl weiter an. Auch nach dem Tod des gebürtigen
Preßburgers (der in Wien und zwar auf dem – heute aufgelassenen – Währinger Friedhof beigesetzt wird) greifen etliche Gei-
stesgrößen den reizvollen Stoff auf: E.T.A. Hoffmann äußert sich
dazu in einer in der »Zeitung für die elegante Welt« veröffentlichten Studie »Die Automate«, Edgar Allan Poe macht in seiner
Erzählung »Die Entdeckung des Herrn von Kempelen« aus dem

Protagonisten sogar einen gebürtigen Amerikaner, und auch das neue Medium Film verschafft Kempelens Geniestreich mehrmals breiten Raum – so mit dem 1923 gedrehten US-Stummfilmkrimi »White Tiger« oder mit der tschechoslowakischen Produktion »Kreuz drei«, für die 1946 der Schönberg-Schüler Hanns Eisler die Musik schreibt.

Kann es da ausbleiben, daß eines Tages ein begabter Bastler auf die naheliegende Idee kommt, den guten alten Schachtürken nachzubauen? 1989, also hundertzwanzig Jahre nach Kempelens Erfindung, ist es soweit: Der amerikanische Automatensammler und Erzeuger von Zaubererrequisiten John Gaughan unterzieht sich der ebenso reizvollen wie heiklen Aufgabe, ein originalgetreues Imitat des berühmten Objekts herzustellen und dem staunenden Publikum von Los Angeles zu präsentieren. Und so, wie einst Wolfgang von Kempelen seinen Preßburger Prototyp von Stadt zu Stadt, von Land zu Land ziehen läßt, schickt auch Mister Gaughan sein spätes Double auf die Reise – er allerdings in der umgekehrten Richtung: von Amerika nach Europa. Sogar die ehrwürdige Budapester Kunsthalle öffnet ihm 2007 ihre Pforten.

Der Ursprungsort Preßburg hat schon früher für »Nachschub« gesorgt: Noch in den achtziger Jahren macht sich ein einheimischer Folklorekünstler an die Arbeit und stellt eine Nachbildung des Schachtürken her – es ist jenes Konstrukt, das heute im Eingangsbereich des *Café Roland* die Gäste begrüßt. Und auf der Promenade, direkt gegenüber der martialisch befestigten Amerikanischen Botschaft, haben findige Köpfe der Preßburger Stadtverwaltung ein überdimensionales Schachbrett ins Gehsteigpflaster einfügen lassen, auf dem spielfreudige Passanten vor aller Leute Augen ihrem Hobby frönen können. Und einer der täglich zwischen Preßburg und Wien verkehrenden Reisezüge ist auf den offiziellen Namen »Kempelen« getauft worden.

Die Orgel der Franziskaner

Die Slowakei ist ein guter Boden für Musikanten, Sänger und Komponisten und ein besonders guter für die frühreifen unter ihnen. Bei Franz Schmidt, dem die Musikwelt zumindest *zwei* Klassiker verdankt, nämlich die Oper »Notre Dame« und das Oratorium »Das Buch mit sieben Siegeln«, setzt die musikalische Ausbildung schon im Alter von sechs Jahren ein: Mutter Maria, geborene Ravasz, ist es, die ihrem Sprößling, bevor er noch in der Volksschule eingeschrieben wird, ein Kinderklavier ins Spielzimmer stellt und den ersten Unterricht erteilt.

Die Familie lebt zu dieser Zeit – es ist das Jahr 1880 – im sogenannten Reidner-Haus am Grünen Platz, dicht am alten Zentrum von Preßburg. Der Vater betreibt ein gutgehendes Speditionsunternehmen (und versucht sich in seiner Freizeit an diversen Blasinstrumenten); die Mutter, ungarischen Geblüts, ist eine hervorragende Pianistin.

Noch bevor der kleine Franz Notenlesen gelernt hat, macht er sich daran, auf seinem Instrument die Tasten zusammenzusuchen, die er braucht, um die Kirchenlieder, die er bei der Sonntagsmesse oder bei einer der Festtagsprozessionen aufgeschnappt hat, zu »repetieren«. Ganz besonders hat es ihm das Orgelspiel in der Preßburger Domkirche angetan: Statt an der Seite seiner Kameraden bei der sogenannten Volksschulmesse im Chor mitzusingen, schleicht er sich auf die Empore und schaut dem Organisten über die Schulter.

Mutters Klavierunterricht ist höchst ambitioniert: Allen Ernstes hat sie vor, dem begabten Anfänger binnen kurzem ein strenges Pensum abzuverlangen – jeden Tag ein Präludium und jeden zweiten eine Fuge aus dem »Wohltemperierten Klavier«. Franz besucht die deutsche Grundschule – auch im Elternhaus wird Deutsch gesprochen. In einer gemischtsprachigen Stadt wie Preßburg weiß man sich allerdings auch auf ungarisch zu verständigen, und für den Umgang mit dem aus dem Umland stammenden Hauspersonal bedient man sich des Slowakischen.

Als es Maria Schmidt im Lauf der Zeit mit der Hausarbeit zuviel wird, beschließt sie, den Klavierunterricht ihres Sohnes in fremde Hände zu übergeben: Rudolf Mader, Volksschullehrer und Domorganist, soll sich des Siebenjährigen annehmen. Zwei Jahre steht der freundliche alte Herr dafür zur Verfügung, dann beginnt er zu kränkeln und zieht sich aus seinem Beruf zurück: Man muß nach einem Nachfolger Ausschau halten.

Dieser erweist sich allerdings als keine glückliche Wahl: Der fünfunddreißigjährige Ludwig Burger stammt aus Deutschland;

Von der Preßburger Gesellschaft als Wunderkind gefeiert: Franz Schmidt

er war eine Zeitlang Kapellmeister am Preßburger Stadttheater und hält sich für ein verkanntes Genie. Schlimm genug, daß er beim Unterrichten planlos vorgeht und seine Schüler – wie Franz Schmidt später in seinem Lebensrückblick beklagen wird – »alles Mögliche durcheinanderspielen« läßt, verleidet der notorische Choleriker seinem Schützling die Klavierstunden auch dadurch, daß er in einem fort über seinen Vorgänger herzieht – und das in den wüstesten Tiraden. Kein Wunder, daß Franz bei seinen Eltern auf Ablöse drängt: Der Unterricht des aufbrausenden Herrn Burger sei »ergebnislos und gänzlich unerfreulich«.

Als der Zwölfjährige dann auch noch – hinter dem Rücken seines Lehrers – am Hof von Erzherzog Friedrich eingeführt, von dessen Gemahlin, der kunstsinnigen Erzherzogin Isabella, zu Wohltätigkeitskonzerten ins Grassalkovich-Palais eingeladen und vom dortigen Auditorium als Wunderkind gefeiert wird, kommt es endgültig zum Bruch: Franz erhält abermals einen neuen Musiklehrer. Es ist der junge Franziskanerfrater Felician. Und diese Verbindung erweist sich vom ersten Augenblick an als ideal.

Kloster und Kirche der Preßburger Franziskaner sind von Franz Schmidts Elternhaus in wenigen Minuten Fußmarsch erreichbar. Ihre Bibliothek, ihr Musikalienarchiv und vor allem ihre Orgel können es ohne weiteres mit der Konkurrenz des St.-Martin-Domes aufnehmen. Die 1297 geweihte Franziskanerkirche, eine einfache einschiffige Basilika im gotischen Stil, ist der älteste erhaltene Sakralbau der Stadt – bei den Feierlichkeiten zur Krönung der ungarischen Könige, die traditionell in Preßburg stattfindet, ist auch sie in das diesbezügliche Zeremoniell einbezogen. Was den Gymnasiasten Franz Schmidt an diesem Gotteshaus besonders anzieht, ist die wunderbare Klöckner-Orgel, von der er später sagen wird, ihr Ton sei »so unbeschreiblich schön und von einem so eigenartigen Silberglanz«, daß er sich gar nicht von ihr trennen mag, sondern jede freie Minute in ihrer Nähe zubringt.

Dieses starke, für die weitere Entwicklung Franz Schmidts so entscheidende Erlebnis läßt sich heute, 125 Jahre danach, nur mit viel Phantasie nachvollziehen: Beim 600-Jahr-Jubiläum der Franziskanerkirche anno 1897 wird im Zuge einer Totalrenovierung auch die Orgel ausgetauscht, und diese neue, eine Kreation der Jägerndorfer k. u. k. Hoforgelfabrik Rieger, kann es mit der Klangschönheit der früheren in keiner Weise aufnehmen. Der junge Franziskanerfrater, der für mich, den schweren Schlüsselbund in der Hand, die Kirche aufsperrt und mich auf die Empore begleitet, läßt sich nur auf nachdrückliches Bitten dazu überreden, sich am Spieltisch niederzulassen und mir ein paar Takte vorzuspielen. Da er nur slowakisch spricht, darf ich von ihm keinerlei Auskünfte über seinen Vorvorvorgänger Felician erwarten.

Umso liebevoller geht die einschlägige Literatur, die mir zur Verfügung steht, auf die überragende Rolle dieses hochmusikalischen Kirchenmannes ein; sie beschreibt den 1861 geborenen Josef Móczik, der den Ordensnamen Felician annimmt, als Preßburger Arbeitersohn, der an und für sich eine akademische Malerausbildung absolviert hat, seine eigentliche Bestimmung jedoch im Orgelspiel findet. Obwohl ihm im Franziskanerkloster auch ein vorzüglicher Bösendorfer zur Verfügung steht, ist das Klavierspielen seine Sache nicht: Frater Felician und sein Schützling sind sich vom ersten Augenblick an darin einig, daß für sie ausschließlich die Beschäftigung mit der Königin der Instrumente in Betracht kommt.

Hier also werden dem jungen Franz Schmidt im täglichen Zusammenspiel alle jene Kenntnisse vermittelt, die ihn viele Jahre später dazu befähigen werden, die Aufnahmeprüfung für Anton Bruckners Kontrapunktklasse am Wiener Konservatorium zu bestehen.

Auch Felician profitiert von der Freundschaft zwischen Lehrer und Schüler: Franz weiht den dreizehn Jahre Älteren, der sich nur radebrechend auf deutsch verständigen kann, in die Feinheiten seiner Muttersprache ein. Umgekehrt vervollkommnet er im Umgang mit dem Herrn Lehrer seine eigenen Lateinkenntnisse.

Preßburg hat zu dieser Zeit ein reiches Kulturleben: Aus den Privatsalons der Aristokratenfamilien verlagert sich die Musikausübung mehr und mehr in die öffentlichen Konzertsäle. Schon 1871 wird an der örtlichen Oper Richard Wagners »Lohengrin« aufgeführt, es folgen »Tannhäuser« und ein weithin gerühmter »Fidelio«; Stars wie Anton Rubinstein, Pablo de Sarasate und das Hellmesberger-Quartett absolvieren Gastspiele.

Daß der junge Franz Schmidt ihnen allen lauschen, ja sogar ihre persönliche Bekanntschaft machen kann, verdankt er einer Preßburger Musikenthusiastin, zu deren Kreis er im Herbst 1887 Zutritt findet. Es ist die Klavierlehrerin Helene von Bednarics, die nicht nur die höheren Töchter der Stadt unterrichtet und in ihrem Salon die Musikprominenz aus aller Welt um sich schart, sondern auch Franz Schmidts überragendes Talent erkennt. Glühende Wagner-Verächterin, läßt sie allerdings nur Schumann und Chopin gelten. In puncto Urteilskraft schwört sie auf einen Konzertpianisten, der zu dieser Zeit weltweit als die Nummer eins unter den Klavierpädagogen gilt: der aus Polen stammende und seit 1840 in Wien wirkende Theodor Leschetizky. Wer sich die stolzen Honorare des Meisters leisten kann, schickt seine Kinder zu Leschetizky in die Weimarerstraße; einer von ihnen ist der amerikanische Schriftsteller Mark Twain, der sich seiner Tochter Clara zuliebe fast zwei Jahre in Wien aufhält.

Auch Franz Schmidt läßt sich – über Vermittlung von Fräulein von Bednarics – bei ihm zum Vorspielen anmelden. Daß dies ein schwerer Fehler ist, der den Kandidaten um Jahre zurückwerfen wird, kann niemand ahnen: Leschetizky, dem Franz Schmidt später vorwerfen wird, nur an weiblichen Schülern interessiert gewesen zu sein (die er dann umso mehr umschmeichelt, getät-

schelt und liebkost habe), moniert an Franz Schmidts Talent-
probe dessen Mangel an »Charme« und läßt sich sogar zu dem
geschmacklosen Verdikt hinreißen: »Wenn einer Schmidt heißt,
soll er nicht Künstler werden.«

Schon vor diesem Vorfall sind im Hause Schmidt einschlägige
Überlegungen angestellt worden: Franz könnte den magyari-
schen Namen seiner Mutter annehmen. Leschetizkys Entglei-
sung hat zur Folge, daß diese Pläne von einer Minute auf die andere vom Tisch sind. Eines allerdings läßt sich nicht aus der Welt
schaffen: Franz ist von dem vernichtenden Urteil des »Meisters«
so tief betroffen, daß er ernstlich mit dem Gedanken spielt, das
Klavierspielen, ja überhaupt jegliche Beschäftigung mit Musik
aufzugeben.

Noch ein zweiter böser Vorfall wirft dunkle Schatten auf das
Leben des Dreizehnjährigen. Franz besucht die dritte Klasse
Gymnasium; Professor Dohnányi, sein Physiklehrer, erteilt ihm
nebenbei auch Violinunterricht. Die Dohnányis führen in Preßburg ein musikfreudiges Haus: Sohn Ernst, drei Jahre jünger als
Franz Schmidt, ist ein beachtliches Klaviertalent. Schon spricht
sich in Preßburg herum, in dem erst Zehnjährigen reife ein wah-
res Wunderkind heran. Seiner geringen Körpergröße wegen muß
er zum Spielen auf den Sessel gehoben werden, und damit die zu
kurzen Beine das Pedal erreichen, lassen ihm die Eltern eine
eigene Spezialvorrichtung konstruieren.

Zum Abschluß des Unterrichtsjahres wird in der Aula des Gym-
nasiums ein Festkonzert veranstaltet, an dem alle beide, Franz
Schmidt und Ernst von Dohnányi, mitwirken. Doch obwohl ersterem die schwierigere Aufgabe (eine Liszt-Rhapsodie) zufällt,
während letzterer nur den Solo-Part von Mozarts Klavierquar-
tett g-Moll zu spielen hat, ist es ebendiese Programmnummer,
die die besondere Aufmerksamkeit des Auditoriums auf sich
zieht. Noch schlimmer die Presseberichterstattung: Dohnányi

wird als noch nie dagewesenes Genie bejubelt, Schmidt fast mit keinem Wort erwähnt.

Dabei wird es übrigens auch in späteren Jahren bleiben: Die Hinwendung zum Komponistenberuf, die im Fall Schmidt erst im reifen Alter erfolgen wird, tritt bei Dohnányi sehr viel früher ein – ganz zu schweigen von der allgemeinen Strahlkraft des Namens Dohnányi (Ernst von Dohnányi wird sowohl als Dirigent wie als Komponist Karriere machen; sein Sohn Hans, eine der Spitzen des Berliner Reichsjustizministeriums, wird vor Kriegsschluß 1945 als Widerständler von den Hitler-Leuten hingerichtet werden; auch die Enkelsöhne Klaus und Christoph gehen in die Geschichte ein – der eine als SPD-Spitzenpolitiker, der andere als Dirigent von Weltruf; und Oliver Dohnányi ist der Name des derzeitigen Preßburger Operndirektors).

Doch zurück ins Schicksalsjahr 1888. In Franz Schmidts Elternhaus bahnt sich eine Katastrophe an: Der väterliche Betrieb, das Preßburger Speditionsunternehmen, bricht zusammen. Angesichts der akuten Existenzsorgen, die aus der eben noch wohlhabenden über Nacht eine bettelarme Familie machen, ist an eine weitere musikalische Ausbildung des Sprößlings nicht zu denken. Damit auch dieser seinen Beitrag zum Lebensunterhalt im elterlichen Haushalt leisten kann, tritt der erst Vierzehnjährige eine Stelle als Hauslehrer bei einem Preßburger Gymnasiasten an – gegen Kost und Logis. Da ist es für den zutiefst Irritierten fast eine Erlösung, daß die Familie Schmidt ihren angestammten Wohnort aufgibt, in die Nähe Wiens übersiedelt und in der Wienerwaldgemeinde Perchtoldsdorf einen Neuanfang versucht.

Es wird sich tatsächlich als Franz Schmidts Rettung erweisen – wenn auch nur als Rettung auf lange Sicht. Sein Violinstudium beim Wiener Hofkapellmeister Joseph Hellmesberger, sein Engagement als Solo-Cellist der Wiener Philharmoniker und seine Lehrtätigkeit an Konservatorium und Hochschule führen ihn schließlich (und auf vielen Umwegen) seiner eigentlichen Berufung zu: seiner Selbstverwirklichung als Komponist, die im durchschlagenden Erfolg seiner Symphonien, seiner Oper »Notre Dame« und vor allem seines Oratoriums »Das Buch mit sieben Siegeln« (sehr zu empfehlen: Franz Welser-Mösts CD-Einspielung mit dem Bayerischen Radio-Symphonieorchester) ihre späte Krönung finden wird. Doch das ist schon wieder ein eigenes Kapitel. Die behütete Preßburger Kindheit hat dafür allerdings die Voraussetzungen geschaffen.

p wie Portisch

Wenn eine Zeitung an exponierter Stelle der Seite 1 das Wort an ihre Leser richtet, bedeutet das in der Regel nichts Gutes. Das Mindeste, was man den Verschreckten in gewundenen Formulierungen begreiflich zu machen versucht, ist die unumgänglich gewordene Anhebung des Verkaufs- bzw. Abonnementpreises. Das Schema, nach dem die Sache abläuft, ist stets das gleiche: In bewegten Worten wird die allgemeine Teuerung beklagt, es folgt ein meist schwammiges Versprechen, in Hinkunft die Blattqualität noch weiter zu steigern, und es endet mit der Formel, die wir aus den Lautsprecherdurchsagen bei Zugsverspätungen kennen: »Wir bitten um Verständnis.«

Auch der Verfasser der Rubrik »An unsere Leser«, die am 25. August 1929 die Titelseite der »Preßburger Zeitung« beherrscht, bittet um Verständnis. Aber nicht um Verständnis für Preiserhöhung, Umfangsverringerung oder Chefredaktionswechsel. Sondern um Verständnis für die Einstellung des Blattes.
»Editorial« nennt man heute diesen Modus der Weitergabe von Betriebsinterna; mehr als eine volle Spalte nimmt sie im gegenständlichen Fall ein: Wir erfahren von den »schweren Zeiten«, die die »Preßburger Zeitung« in den letzten Jahren durchlitten, von den finanziellen Engpässen, die das Unternehmen in seiner Existenz bedroht und auch von den vielerlei Rettungsversuchen, die die Geschäftsführung unternommen habe. Auch dem aufopferungsvollen Idealismus der Mitarbeiter, die keine Anstrengung unterlassen hätten, das bedrohte »Kulturwerk« vor dem Unter-

49

gang zu bewahren, werden Worte des Dankes und der Anerkennung gewidmet. An konkreten Gründen, die die Katastrophe herbeigeführt haben, werden ein Buchdruckerstreik, ein »unglückliches Vertragsverhältnis« mit dem für die Herstellung des Blattes verantwortlichen Geschäftspartner, der plötzliche Tod des wichtigsten Förderers sowie das Ausbleiben fest zugesagter Überbrückungshilfen angeführt. Die Folge: »*Das Unternehmen war nicht mehr zu halten, das Gericht mußte um die Einleitung des Zwangsausgleichsverfahrens ersucht werden.*«

Trotzdem – so der Schlußabsatz des hundertzwanzig Druckzeilen langen Artikels – solle es nicht ein endgültiger Abschied von der »Preßburger Zeitung« sein: Mit aller Kraft arbeite man daran, dem Verlag zu einer neuen finanziellen Basis zu verhelfen, und für diese Übergangsphase bitte man die verehrten Leser um Geduld: »*Es handelt sich nur um eine ganz kurze Zeit, dann wird das alte Blatt wieder in einer neuen Form und in solcher Aufmachung erscheinen, daß alle Wünsche der Leser volle Befriedigung finden werden.*« Unterzeichnet ist der »in dieser schweren Stunde« verfaßte Beitrag mit einem Namen, der auch dem heutigen Zeitungsleser – also achtzig Jahre nach jenen Ereignissen – durchaus bekannt vorkommt: mit dem Namen Portisch.

Es ist Chefredakteur *Emil* Portisch, der zweieinhalb Jahre davor Vater eines Sohnes geworden ist, den jeder heutige Österreicher aus den Medien – insbesondere aus dem Fernsehen – kennt: *Hugo* Portisch, der ehemalige Chefredakteur der Wiener Tageszeitung »Kurier«, Starkommentator des ORF, Gestalter überragender zeitgeschichtlicher TV-Dokumentationen und Autor von Sachbuchbestsellern wie »Hört die Signale«, »So sah ich China«, »Österreich I« und »Österreich II«.

Die Portischs sind Preßburger, auch der am 19. Februar 1927 geborene Sohn Hugo ist in der slowakischen Hauptstadt aufge-

Preßburger Zeitung — Nutz und Lust

Preßburger Zeitung

Jahrgang 166   Unabhängiges Tagblatt   Gegründet 1764

Zahl 77700   Preßburg, Sonntag, 25. August 1929   Morgenblatt

An unsere Leser!

Vorgeschende Einstellung der „Preßburger Zeitung.“

England entsendet Kriegsschiffe nach Palästina

Neue schwere Unruhen — Die Zahl der Opfer schon auf zwanzig gestiegen

Die zweite Etappe des Weltfluges

Die Hälfte des Weges zurückgelegt

In 24 Stunden 2500 Kilometer

Die stürmische Fahrt

„Fünfzig Knoten durch dichten Nebel“

Amerika in Erwartung des „Graf Zeppelin“

Eine Vorstadt brennt

Portisch.

Ab 1924 Chefredakteur der »Preßburger Zeitung«:
Emil Portisch (hier die letzte Ausgabe mit Portischs Abschiedsartikel)

wachsen und zur Schule gegangen. Vater Emil tritt am 4. August 1924 seinen Posten als Chefredakteur der »Preßburger Zeitung« an (nach deren Schließung – fünf Jahre später – er sein Lebenswerk mit der Gründung des »Neuen Preßburger Tagblatts« und der bis 1939 erscheinenden »Neuen Preßburger Zeitung« fortzusetzen versucht).

Sein Neuanfang nach Kriegsende führt den dann Achtundfünfzigjährigen nach Österreich, wo Emil Portisch 1945 in St. Pölten die Zeitungen des dortigen Preßvereins aufbaut; er stirbt 1985 im hohen Alter von achtundneunzig Jahren.

Als 1999 die slowakische Historikerin Danuša Serafínová die Monographie »Preßburger Zeitung – Nutz und Lust« herausbringt, widmet sie ihr 158-Seiten-Werk der »Erinnerung an Emil Portisch und alle vom Schicksal verwehten Preßburger«, und Sohn Hugo Portisch wird in seinem Vorwort der Autorin für ihre Leistung Dank bekunden, schlage sie doch mit dieser Studie eine Brücke über jene lange Zeit, »in der das alte, das geschichtliche Preßburg vom jetzigen total abgekoppelt schien. So als ob die Identität der damaligen Stadt mit der heutigen nichts zu tun hätte.« Und Hugo Portisch fährt fort: »Preßburg war immer eine Stadt aller ihrer Bürger, welcher Sprachgemeinschaft oder Religionsgemeinschaft sie auch angehörten. Gewiß gab es da Leidenschaften genug, nicht selten Konfrontation, und auch Preßburg hatte traurige Kapitel in seiner Geschichte aufzuweisen. Aber in kaum einer anderen Stadt nahm man einander mit so lebhaftem Interesse wahr wie in diesem alten Preßburg.« Emil Portischs Ziel sei es gewesen, der deutschsprechenden Bevölkerung der Stadt, zu der auch deren große jüdische Gemeinde gezählt habe, eine liberale, tolerante und demokratische Zeitung zu erhalten. »Dies gelang ihm bis zum 14. März 1939 – dem Tag, an dem die Tschechoslowakei zugrunde ging.«

Preßburger Zeitung,

Erstes Stück.

Sonnabend, den 14. Julii 1764.

Madrid, den 12ten Junii.

Seit einiger Zeit ist der Ab- und Zulauf der Courtiers zwischen unserm, und dem Hofe zu Versailles sehr stark, und ihre Depeschen ziehen öftere und lange Berathschlagungen nach sich. Die Ursachen, die dazu Gelegenheit geben, lassen sich noch nicht errathen, dennoch glaubt man, daß das genaue Einverständniß welches zwischen Portugall, und England herrschet, dazu einige Gelegenheit gebe.

Londen, den 23. Junii.

Das neulich ausgebreitete Gerüchte, als ob zwischen dem Französischen, und Engländischen Hofe, verschiedene Schwürigkeiten sich hervorthäten, ist ohne allem Grunde. Der Französische Ambassadeur Herr Graf von Guerchy stehet bey unserm Hofe in besonderem Ansehen, und wird zu allen feyerlichen Begebenheiten gezogen. Die in allen Zeitungen gemeldte Abreise dieses Ministers ist auch nicht gegründet,

und er wird sich noch einige Zeit hier aufhalten, nach seiner Abreise aber, wird der Oberste Placet die Angelegenheiten seines Hofes besorgen.

Neapel, den 15. Junii.

Nachdem noch in der lezten Woche des May 150000. Tomoli Getreid, sowohl aus Frankreich, als andern Reichen allhier angelanget, so ist nun die Hofnung allgemein, daß endlich die Klagen über den Mangel vollkommen aufhören werden. Hingegen siehet man noch nicht voraus, wie bald die Krankheiten, welche leztgedachtermaßen durch die Hungersnoth veranlasset worden, ihr Ende nehmen werden. Dieselbe reisset noch eine Menge Personen dahin, und was das übelste ist, so getrauet sich fast niemand den Kranken beyzuspringen, weil viele derjenigen, welche solches bisher gethan, von den selben selbst angegriffen, und ihr Mitleid und ihren Beystand mit ihrer eigenen Haut bezahlen müssen. Den

Deutsch ist die Amtssprache und die Sprache der Bevölkerungsmehrheit, als 1764 zum ersten Mal die »Preßburger Zeitung« erscheint

Schauen wir uns die gute alte, anno 1764 gegründete »Preßburger Zeitung« ein bißchen näher an – und zwar die der letzten fünf Jahrgänge, also die der Ära Portisch.

Es ist kein Weltblatt, was p- (wie Emil Portisch seine Leitartikel auf Seite 1 zu unterzeichnen pflegt) und sein Team in der Venturgasse 9, also nahe dem Palais Pálffy, Tag für Tag produzieren. Aber es ist ebenso auch keine armselige Provinzpostille. Wenn man die alten Bände durchblättert, fühlt man sich am ehesten an ein Mittelding zwischen der »Wiener Zeitung« und dem Nachkriegsblatt »Neues Österreich« erinnert. Ja, in manchem zeigt sich die »Preßburger Zeitung« sogar ihrem Wiener Vorbild überlegen: Sie ist – laut Eigeninserat – »das einzige Blatt in der Slowakei, das als Morgen- und Abendblatt erscheint und in jeder Hinsicht Erfolge aufweisen kann«.

Die Morgenausgabe erscheint um 6, die Abendausgabe um 16 Uhr – und das sieben Mal pro Woche. An den Werktagen hat sie vier, sonntags sechzehn Seiten. Für die Nachrichten aus der Ostslowakei, insbesondere aus der überwiegend von Deutschsprachigen besiedelten Zips, sorgt eine eigene Außenredaktion in Kesmark. Kompliziert ist das System der Bezugspreise – je nachdem, ob der Leser sein Leibblatt in der Trafik kauft, innerhalb Preßburgs zugestellt erhält oder aber per Postversand bezieht. Hat er eine ungarische oder eine österreichische Adresse, fällt noch ein eigener Portozuschlag an. Morgen- und Abendausgabe sind keineswegs bloße Mutationen, sondern eigenständige Blätter, die sich sogar durch den auf Seite 2 abgedruckten Fortsetzungsroman voneinander unterscheiden.

Den auf den vorderen Seiten versammelten politischen Berichten und sonstigen Tagesneuigkeiten folgen weiter hinten die Rubriken »Aus dem Gerichtssaale«, »Theater und Kunst«, »Volkswirtschaft« und »Sport«, letztere übrigens noch in recht bescheidenem Umfang. Unter dem Sammeltitel »Aus dem Matrikelamte« erfährt der Leser, was sich in puncto Geburten, Trauungen und Sterbefällen ereignet hat; die Börsenkurse fehlen ebenso wenig wie die Radioprogramme aus Preßburg, Budapest, Prag und Wien, die Angebote der »Lichtspieltheater« ebenso wenig wie die »Badezeiteinteilung in den städtischen Donaubädern«. Nicht täglich, aber dennoch regelmäßig wird über »Gesundheitswesen«, über »Technik und Radio« sowie über »Frau und Mode« berichtet; »Literaturbeilage«, »Zeitschriftenschau« sowie »Reise- und Bäderzeitung« komplettieren das Redaktionsprogramm.

Illustrationen sind zu dieser Zeit noch nicht üblich – und wenn, dann nur in Gestalt von Zeichnungen, nicht von Photos. Farbdruck kommt nur bei ganz seltenen Anlässen vor – etwa, wenn die »Preßburger Zeitung« eines ihrer großen Jubiläen feiert oder wenn auf dem Krönungshügel von Preßburg ein Maria-Theresia-Denkmal enthüllt wird. Daß Zeitungen nicht von ihren Abonnenten, sondern vorrangig von ihren Inserenten leben, gilt auch schon in jenen Tagen: Geschäftsreklame und Kleinanzeigen füllen ganze Seiten. Die Sprache, deren sich die »Preßburger Zeitung« bedient, ist durchgehend Deutsch; nur bei den Straßennamen scheint da und dort auch die slowakische bzw. ungarische Version auf.

Was die Inhalte betrifft, gilt Vielfalt als das oberste Gebot. Der großen politischen Analyse (wie etwa dem am 1. Jänner 1926 veröffentlichten Rückblick »Wie Preßburg zur Tschechoslowakei kam«) stehen Lokalnachrichten gegenüber, die nur auf den ersten Blick armselig anmuten, in Wahrheit jedoch viel über die schwierigen Lebensumstände der späten zwanziger Jahre verraten – etwa, wenn wir unter dem Rubrum »Tagesneuigkeiten« lesen: »Ein armer Mann, der seine Familie ernähren muß und endlich Arbeit bekommen hat, bittet inständig edle gute Menschen um eine alte Hose und einen alten Rock, da er sonst nicht in die Arbeit gehen kann.«

Zu dieser Art von Leserservice zählt – um ein weiteres Beispiel zu nennen – auch der von der »Preßburger Zeitung« veröffentlichte »Aufruf an unsere edelgesinnten Glaubensgenossen«, mit dem der »Jüdische Volksküchenverein« mit Sitz in der Kapuzinergasse um »ehebaldige Zusendung von Naturalien wie Mehl, Kartoffeln, Zucker und Gemüse sowie von Heizmaterial wie Kohle, Koks und Holz« ersucht, damit auch künftighin der großen Zahl von Arbeitslosen mit »nahrhaften Speisen in gutgeheiztem Lokale« beigestanden werden kann. Schlußsatz des Appells: *»Der Allmächtige wird die humane Bestätigung edler Barmherzigkeit gewiß reichlich segnen und belohnen.«*

Man wird es wohl tragisch nennen müssen, daß zwei Jahre darauf – im Zuge der nunmehr voll ausbrechenden Weltwirtschaftskrise – auch die »Preßburger Zeitung« *selber* in Bedrängnis gerät und »Schriftleiter« Emil Portisch am 25. August 1929 die Einstellung des Blattes bekanntgeben muß. »Leset und verbreitet die Preßburger Zeitung!« hatte der verzweifelt um deren Fortbestand Ringende schon in den Monaten davor in laufend eingeschalteten Eigeninseraten an seine Klientel appelliert.

Was ihn und sein Unternehmen bei aller Geldnot vorerst über Wasser hält, ist die tatkräftige Unterstützung durch den Betreiber des Preßburger Nobelhotels *Carlton.* Damit ist es schlagartig vorbei, als Mitte August 1929 der einer deutschen Patrizierfamilie entstammende Heinrich Prüger plötzlich sechzigjährig stirbt: Die »Preßburger Zeitung« ist von da an Geschichte. Zwar wird ihr Titel fünfundsiebzig Jahre später reaktiviert werden, doch diese 2004 wiedergegründete »Preßburger Zeitung« ist ein alle zwei Monate erscheinendes Hochglanzmagazin »für Investoren, Wirtschaftspartner und Touristen«, das gewiß seine Meriten hat, jedoch mit dem Original in nichts zu vergleichen ist. Wer im heutigen Bratislava mit seinem verschwindend kleinen deutschen Bevölkerungsanteil nach einer Tageszeitung in seiner Muttersprache greifen will, bleibt auf die Blätter aus den Nachbarstaaten Österreich und Deutschland angewiesen – nicht anders als die (ungleich zahlreicheren) Slowaken, die es – umgekehrt – nach Österreich oder Deutschland verschlagen hat.

Hoch hinaus

Man kennt das von Prag: Die Hitler-Deutschen haben die tschechische Hauptstadt eingenommen; die Schaffner der öffentlichen Verkehrsmittel werden dazu angehalten, sämtliche Haltestellen zweisprachig auszurufen. Eine der frequentiertesten ist die Umsteigestation Múzeum. Und was hört man über sie? Man hört von einem couragierten Schaffner, der seinem Hohn über die »Besatzer« freien Lauf läßt, indem er »Múzeum – Museum – das Zweite ist deutsch!« ausruft.

Eine ähnliche Geschichte wird mir in Preßburg erzählt, sie spielt während des KP-Regimes: Wenn die Straßenbahn die Haltestelle Stalinplatz erreicht, ergänzen manche der Schaffner ihren Ausruf um den demonstrativen Zusatz »Manderla«.

Manderla – das ist der Fleischfabrikant Rudolf Manderla, der dem an dieser Stelle errichteten ersten Hochhaus von Preßburg seinen Namen gegeben hat. Sogleich kursiert unter den regimekritischen Bürgern das Witzwort, im »Ranking« der führenden Personennamen von Preßburg sei der Fleischfabrikant Manderla im Begriff, den Genossen Stalin auszustechen.

Mit klangvollen Namen werden wir es in diesem Kapitel noch öfter zu tun bekommen – vor allem mit dem des Erbauers des Manderla-Hauses, des Preßburger Architekten Christian Ludwig. Aber auch dessen gleichnamiger Sohn muß genannt werden: Es ist der ab den sechziger Jahren zu einem der renommiertesten Maler Österreichs aufsteigende Christian Ludwig Attersee. Doch schön der Reihe nach.

Herbst 2008, ich bin wieder einmal zu Fuß in Preßburg unterwegs. Der frühere Stalinplatz (und noch frühere Marktplatz) heißt inzwischen Platz des Slowakischen Nationalaufstandes, kurz SNP. Es ist eine der belebtesten Zonen am Rande der Altstadt: Einzelhandelsgeschäfte, Bürobauten, Gastwirtschaften. Der Weg führt mich an dem imposanten Gebäude des Hauptpostamtes vorbei. Neben dem Eingang fällt mein Blick auf eine blumengeschmückte Gedenktafel: Sie erinnert an jenen Studenten Peter Legner, der an dieser Stelle – obwohl völlig unbeteiligt an den Ereignissen vom August 1968 – von einem Soldaten der russischen Eingreiftruppe abgeknallt worden ist.

Ich setze meinen Weg fort, erreiche das Manderla-Haus. Was bei dessen Einweihung anno 1935 noch einer Sensation gleichgekommen ist, fällt heute, wo es auch in der slowakischen Hauptstadt von Wolkenkratzern wimmelt, kaum mehr auf: Preßburgs erstes Hochhaus hat in den über siebzig Jahren seines Bestehens Patina angesetzt. Seine (das Erdgeschoß eingerechnet) zwölf Stockwerke werden längst von Bauten aus neuerer Zeit überragt; auch ist der auf mächtigen quadratischen Pfeilern ruhende Stahlbetonriese mit seiner graubraun verwitterten Fassade dringend renovierungsbedürftig. Die das Objekt krönenden, zweieinhalb Meter hohen Buchstaben des Namens *Manderla* sind durch die riesige Reklametafel eines Versicherungsunternehmens ersetzt; nur auf dem Firmenschild eines im Erdgeschoß installierten Imbißstandes lebt der Name des Bauherrn fort: *Nonstop pod Manderlou.* Aus dem legendären *Café Grand* ist ein *Bingo Dorado* geworden, die alte Ladenpassage wartet auf neue Betreiber, die Büroräume werden von der Türkischen Handelskammer, einem Architekturstudio und einer Au-pair-Agentur genützt.
Der Rest sind – so wie von Anfang an – Wohnungen: Ich zähle 50 Briefkästen. Was dem Manderla-Haus – zum Unterschied von

58

Preßburgs erstes Hochhaus:
das »Manderla« (1935)

anderen Preßburger Wohnbauten – einen gewissen polyglotten
Anstrich verleiht, sind die von Hausbesorgerhand gefertigten
Mahnschilder, die bei Betreten des Entrées nicht nur in slowakischer, sondern auch in englischer Sprache vor der drohenden
Rattengefahr warnen und den Liftbenützer (sogar auf deutsch!)
dazu anhalten, darauf zu achten, »daß die Tür nach Ihrer Ankunft
wirklich richtig zugemacht ist.« Dem aus Wien anreisenden Besucher wird außerdem eine der Etagenbezeichnungen vertraut
vorkommen: Das große M an der Aufzugstür des Zwischenge-
schosses steht für Mezzanin.
Wer kann sich 1934, also in der noch immer von der Weltwirt-

schaftskrise gebeutelten Slowakei, den Bau eines Hochhauses leisten? Die 1892 gegründete Firma Manderla ist die führende »Dampf-Wurstfabrik« des Landes. Sie verfügt über drei Adressen: In der Hochstraße 7 befindet sich die Produktionsstätte, in der Lorenzertorgasse 28 und am Marktplatz 24 erfolgt der Detailverkauf. Um sowohl die deutsche wie die ungarische Klientel zu erreichen, wird in den Zeitungsannoncen auf Zweisprachigkeit geachtet: *Johann* Manderla macht den *einen* seine Würste schmackhaft, *János* Manderla den *anderen*.

Inzwischen ist es Sohn Rudolf, der den Betrieb führt, und der ist offensichtlich ein Mann von unternehmerischem Weitblick: Von einer Amerikareise heimgekehrt, die ihn vor allem der dortigen Wolkenkratzer wegen tief beeindruckt hat, entschließt er sich zum Erwerb eines Grundstücks im Zentrum von Preßburg, und da der dafür zur Verfügung stehende Platz nicht nur sündteuer, sondern vor allem beengt ist, plant er statt in die Breite in die Höhe: Architekt Christian Ludwig, 1901 als Sproß einer alten Weinhändlerdynastie in Preßburg geboren, Absolvent der örtlichen Metallgewerbeschule sowie der Technischen Hochschulen von Brünn und München und seit 1928 mit dem Kollegen Emerich Spitzer und dem Baumeister Augustín Danielis gemeinschaftlich tätig, soll ihm einen zwölfstöckigen Bau entwerfen, der Traditionelles mit gemäßigt Modernistischem verbindet: Preßburgs erstes Hochhaus. Die erstklassig ausgestatteten Wohnungen wird er vermieten, für sich selber richtet er im Erdgeschoß einen Fleischerladen ein.

Der siebzig Meter hohe Baukran, der bei dem stolzen Unternehmen zum Einsatz kommt, versetzt die Obst- und Gemüsehändler, die vor der Baustelle ihre Marktstände haben, in Angst und Schrecken: Was ist, wenn das Ganze einstürzt und ihnen ihre Existenzgrundlage raubt? Wenige Schritte von hier entfernt befand sich einst der Zugang zu einem unterirdischen Beinhaus aus mittelalterlichen Tagen – auch nicht gerade ein gutes Omen für

*Berühmter Vater eines
berühmten Sohnes:
Architekt Christian
Ludwig*

das »frevlerische« Werk. Doch es gelingt, die Widerstände der Preßburger Bürgerschaft zu überwinden, und nach nur zehn Monaten Bauzeit kann im Mai 1935 das Manderla-Haus in Betrieb genommen werden. Preßburg hat sein neues Wahrzeichen – und das mitten im Herzen der Stadt.

Was seinen Schöpfer, den zu dieser Zeit vierunddreißig Jahre alten Christian Ludwig, betrifft, so bleibt es nicht bei diesem einen Großprojekt: Auch Preßburgs erstes Warenhaus, der 1936 in nächster Nähe errichtete Koloß der Firma Brouk & Babka (heute Dunaj), geht auf sein Konto; der neunstöckige Bau erregt nicht zuletzt wegen der nächtlichen Fassadenbeleuchtung mittels Neonröhren und der neuartigen Thermoglasfenster Aufsehen. Auch die aus schwedischem Granit gefertigte Sockelmauer und die Fassadenverkleidung mit lichtgrünen Keramikplatten ziehen die Blicke der Passanten auf sich. Es folgen der multifunktionale Bau des *Café Regina* sowie eine Reihe kleinerer Wohnhäuser und Villen, und auch für Sakralbauten wird der der Reformierten Kirche angehörende Christian Ludwig herangezogen.

Da er 1939 einem Ruf in die oberste Bauleitung der Reichsautobahnen (mit Sitz in Linz) folgt, ist gegen Kriegsende sein weiterer Verbleib in Preßburg auszuschließen: Die Familie übersiedelt nach Oberösterreich, wo auf Christian Ludwig neue Aufgaben warten – in den Bereichen Bundesbahnen und Industriearchitektur. Mit dem Bau eines Bootsklubhauses am Attersee schließt sich der Kreis: Ging es nicht seinerzeit in den zwanziger Jahren, als der junge Christian Ludwig in seiner Vaterstadt Preßburg seinen allerersten Auftrag erhielt, ebenfalls um ein Bootshaus (und zwar das des ungarischen Ruderklubs)?

Christian Ludwig stirbt am 9. Februar 1967 in Linz. Sein gleichnamiger Sohn ist zu dieser Zeit sechsundzwanzig Jahre alt und seinerseits auf dem Weg zur großen Karriere. Der 1940 in Preßburg Geborene hat den Künstlernamen Attersee angenommen und in Berlin die erste Einzelausstellung seiner Farbzeichnungen und Acrylbilder absolviert. Das Multitalent Attersee, als Flüchtlingskind mit Eltern und Bruder zunächst auf einem Hausboot auf der Donau lebend, in Aschach die Volksschule und in Linz das Realgymnasium besuchend, debütiert vorerst im literarischen Fach, schreibt, vertont und singt Lieder, versucht sich als Zeichner von Comics, entwirft Bühnenbilder. Erst nach dem Studium an der Wiener »Angewandten« wendet er sich mit voller Kraft der Malerei zu: Der Name Attersee (dem er übrigens auch als leidenschaftlicher Wassersportler und dreimaliger österreichischer Staatsmeister im Segeln seine Reverenz erweist) wird zum Markenzeichen. 1984 vertritt der Vierundvierzigjährige seine neue Heimat Österreich bei der Biennale von Venedig, 1992 erhält er eine Professur an der Universität für Angewandte

Kunst in Wien, und 1997 wird sein Lebenswerk mit der Verleihung des Großen Österreichischen Staatspreises gekrönt.

Zurück nach Preßburg. Würde Christian Ludwig Attersee, der heute – als einer der gefeiertsten Künstler Österreichs – in der ganzen Welt daheim ist, an Ort und Stelle den Spuren seiner frühesten Kindheit nachgehen, käme er, insbesondere was das Werk des Vaters betrifft, voll auf seine Rechnung: Die meisten der von Architekt Christian Ludwig entworfenen Bauten haben sich erhalten, und das gilt vor allem für sein Hauptwerk, das legendäre Manderla-Haus. Unter den zahlreichen Geschichten und Geschichterln um Preßburgs erstes Hochhaus und dessen weiteres Schicksal würde man dem berühmten Sohn vielleicht auch jene Episode aus den KP-geprägten siebziger Jahren erzählen, mit der ich mein Kapitel beschließen möchte:
Es ist zu der Zeit, da unter den mehrerlei Gassenlokalen des Manderla-Hauses auch der gute alte Fleischerladen noch in Betrieb ist. Es ist allerdings ein durch die Kommandowirtschaft der ČSSR stark eingeschränkter Betrieb: Sowohl Warenangebot wie Service lassen sehr zu wünschen übrig. Ein Kunde, so wird erzählt, betritt das Geschäft, kauft sein Stück Fleisch, verlangt nach Einwickelpapier. Die Verkäuferin weist ihn brüsk ab, drückt ihm die Ware wortlos in die bloße Hand: Papier ist wieder einmal knapp im realsozialistischen Preßburg. Bevor der aufgebrachte Kunde unter Protest den Laden verläßt, hält er bei dem neben der Eingangstür hängenden Beschwerdebuch inne, reißt aus diesem zwei Seiten heraus, wickelt sein Fleisch darin ein und zieht triumphierend ab. Eine – man muß es sagen – zwar drastische, doch überzeugende Antwort. Kein Verpackungsmaterial – einen solchen Niedergang der Geschäftssitten hätte sich Rudolf Manderla, als er 1935 seinen nachmals berühmten Fleischerladen im eigenen Haus eröffnete und zu einem der populärsten Einzelhandelsgeschäfte der Stadt machte, wohl nicht träumen lassen.

Soufflé Stephanie

Štefan Holčik war Direktor der archäologischen Abteilung des Slowakischen Nationalmuseums, arbeitet derzeit in mehreren Preßburger Kunstkommissionen mit und gilt allgemein als der beste Kenner der Geschichte seiner Stadt. Seitdem er das Amt des Vizebürgermeisters abgegeben hat, verfügt er auch wieder über mehr Zeit, sich um Leute wie mich zu kümmern, die von seinem reichen Wissen profitieren wollen.

Im konkreten Fall geht es um das Schloß im Preßburger Vorortbezirk Rusovce, in dem Kronprinz Rudolfs Witwe Stephanie ihren zweiten Lebensabschnitt verbracht und als wiederverehelichte Gräfin Lónyay zwischen 1906 und 1945 Hof gehalten hat. Holčik kennt die Story in allen Details – jetzt soll er mir vor allem erklären, wie ich an den ominösen Ort gelange. Die öffentlichen Verkehrsmittel wären mir lieber als ein Taxi: Ich möchte mich in aller Ruhe an das Thema heranarbeiten. Aber so einfach ist das nicht mit den vielerlei Buslinien und dem umständlichen Umsteigen, er sagt also einen seiner Termine ab und übernimmt höchstpersönlich die Führung.
Wir verlassen die Innenstadt in Südostrichtung, überqueren die Donau, fahren durch früheres Inundationsgebiet, passieren irgendwann die ehemalige tschechoslowakisch-ungarische Grenze. Die Plattenbauten von Petržalka ziehen an uns vorbei: Jeder dritte Einwohner von Preßburg lebt in dieser realsozialistischen Satellitenstadt, die ein Heer von 10 000 Bauarbeitern in den Jahren nach 1976 aus dem Boden gestampft hat. Engerau wäre der

alte deutsche Name, den heute kaum noch einer kennt; seit 1946
ist die Schlafstadt am rechten Donauufer eingemeindet.

Hier, so erzählt man, blickt im November 1938 Adolf Hitler, die
eigentliche Metropole meidend, nach Preßburg hinüber. Der das
Štefánik-Denkmal krönende steinerne Löwe, das Wappentier
der Tschechoslowaken, erregt seinen Unmut; er verfügt: »Die
Katz muß verschwinden!« Wenige Monate später ist der Pfeiler
mit dem mißliebigen Symbol abgetragen – beide stehen heute
auf dem Platz vor dem Slowakischen Nationalmuseum.

Wir setzen unsere Fahrt fort, Wiesengründe gehen in Ackerland
über, bei dem kroatisch besiedelten Dorf Jarovce nähern wir uns
dem Eisenbahngleis, auf dem die Züge in Richtung Ungarn verkehren. In Rusovce klettern wir aus dem Bus; zu Prinzessin Stephanies Zeiten gehört das Dorf zu Ungarn und heißt Oroszvár,
was soviel wie Russenburg bedeutet. Auch einen deutschen
Ortsnamen verzeichnen die Chroniken: Karlburg. Es ist eine

*Schloß Rusovce, wo Kronprinzessin Stephanie
bis 1945 Hof hält*

Verballhornung des römischen Gerulata – in nächster Nähe haben Legionäre zwecks Grenzbefestigung des Limes zu Anfang des 2. Jahrhunderts ein von Carnuntum aus befehligtes Militärlager errichtet; die Ausgrabungen sind heute in einem eigenen Museum zu besichtigen.

Nach wenigen Schritten durch das Dorf erreichen wir unser Ziel: Gleich einer *Fata Morgana Windsoriana* taucht aus dem den Bau umschließenden Park das stattliche Schloß auf. Ursprünglich von den Grafen Zichy als Herrensitz errichtet, wird der Bau Mitte des 19. Jahrhunderts in englische Neogotik umgestaltet, um 1870 von einem Henckel-Donnersmarck um ein Gestüt erweitert und im Winter 1905/06 neuerlich zum Verkauf ausgeschrieben. Der künftige Besitzer heißt Elemér Graf Lónyay von Nagy-Lónya und Vásáros-Namény und ist seit sechs Jahren mit der österreichischen Thronfolgerwitwe Kronprinzessin Stephanie verheiratet.

Sieben Jahre nach der Katastrophe von Mayerling findet die Tochter des Belgierkönigs Leopold II., der die Einheirat in die Habsburger-Dynastie so wenig Glück gebracht hat, eine neue Bleibe – und zwar an der Seite eines Mannes, den sie von Herzen liebt.

»Werde glücklich auf Deine Art!« hat sich der dreißigjährige Rudolf kurz vor den Schüssen von Mayerling von seiner sechs Jahre jüngeren Gemahlin verabschiedet, und sie tut, wie ihr geheißen. Erstaunlich rasch erholt sie sich vom ersten Schock, läßt die Wiener Hofburg mit deren düsteren Schatten hinter sich und entflieht mit der gemeinsamen Tochter Elisabeth für drei Monate nach Miramar bei Triest.

Als künftige Bleibe ist ihr Schloß Laxenburg zugeteilt; die vom Kaiser gewährte Apanage beläuft sich auf 150 000 Gulden pro Jahr. In ihrem Aufgabenbereich nunmehr eingeengt und von manchen der Höflinge »geschnitten«, richtet sie sich ihr eigenes

Leben ein, nimmt Mal- und Gesangsunterricht, eröffnet Ausstellungen, besucht Theateraufführungen und Konzerte, enthüllt Denkmäler, beehrt diese und jene Feier mit ihrer Anwesenheit. Stephanie geht außerdem auf Reisen, absolviert Verwandtenbesuche und Kuraufenthalte – das meiste davon inkognito.

Wie sie den neun Monate älteren Grafen Elemér Lónyay kennengelernt hat, ist umstritten. Die einen sagen, er sei schon in den neunziger Jahren bei einer der Jagdgesellschaften in schlesischen Landen ihr Tischnachbar gewesen; andere tippen auf eine Begegnung während eines ihrer Aufenthalte in London, wo der gelernte Diplomat im Dienst der österreichisch-ungarischen Gesandtschaft steht; auch von einer Reise zum Nordkap ist die Rede, bei der ihr der junge Legationssekretär als Ehrenkavalier zugeteilt gewesen sei.

Elemér, Sproß einer hochangesehenen ungarischen Adelsfamilie mit reichen Besitzungen, hat an der Budapester Universität Jus studiert und tritt anschließend in den diplomatischen Dienst ein, der ihn an mehrere europäische Höfe führt. Er ist eine attraktive Erscheinung von nobler Eleganz – ein ungarischer Edelmann vom Scheitel bis zur Sohle. Daß er einer österreichischen Kronprinzessin unebenbürtig und überdies Protestant ist, läßt sich verschmerzen: Stephanie verzichtet seinetwillen gern auf Rang und Würden, und was die Religion betrifft, nimmt Elemér den katholischen Glauben an. Entscheidend ist, daß die beiden einander aufrichtig zugetan sind. Auch daß Stephanies Vater – im Gegensatz zu Ex-Schwiegervater Franz Joseph – der geplanten Heirat seine Zustimmung verweigert, kann das junge Paar nicht beirren: Am 22. März 1900 findet auf Schloß Miramar die Trauung statt.

Nach Besichtigung mehrerer Besitzungen in der Umgebung von Wien entscheiden sich Graf und Gräfin Lónyay für eine Bleibe im Südwesten der Reichshaupt- und Residenzstadt – es ist die

Villa Zichy in Kalksburg. Doch Stephanie, der ein anspruchsvolles Leben mit vollendeter Hofhaltung vorschwebt, kann dies auf Dauer nicht genügen, und so hält man nach »Besserem« Ausschau. Und wird nach einiger Zeit in der Nähe von Preßburg fündig. Die »Neue Freie Presse« meldet am 23. Jänner 1906: »*Graf und Gräfin Elemér Lónyay haben aus der Verlassenschaft der Gräfin Laura Henckel von Donnersmarck die Herrschaft Karlburg angekauft. Der 6000 Joch große Besitz, ein ansehnliches Schloß inmitten herrlicher Parkanlagen, wird adaptiert, um dem gräflichen Paare künftighin als ständiger Aufenthalt zu dienen.*«

Es ist ein hufeisenförmig angelegter dreiflügeliger Bau mit reichlich neogotischem Zierat; die Türme und Erker, die Balkone und Terrassen und vor allem die riesige Halle lassen an englischen Wohnstil à la Windsor denken. Über eine Marmorstiege sind die Obergeschosse zu erreichen: An die zweihundert Zimmer zählt das Schloß. Der Rittersaal im ersten Stock bildet das Glanzstück; ihm schließen sich ein großer und ein kleiner Speisesaal, mehrere Salons sowie die eigentlichen Privatgemächer an. Auf dem Vorplatz eine mit einem steinernen Löwen bestückte Säule – wohl eines der Fundstücke der Archäologen, die das römische Feldlager Gerulata ausgegraben haben.

Als die Lónyays Oroszvár (wie sie ihren Besitz mit dem zu dieser Zeit gebräuchlichen ungarischen Namen nennen) erwerben, müssen zuerst einmal die Handwerker her: Die gesamte Anlage ist in letzter Zeit stark vernachlässigt worden. Der Wiederherstellung der strahlend weißen Fassaden folgt die an höchstem Luxus orientierte Innenausstattung: Weder an Stuck noch an Gold, weder an Kassettendecken noch an Wandmalereien wird gespart, kostbare Teppiche und ausgesuchte Möbel werden herbeigeschafft, nur bis zur Installierung der Elektroleitungen verstreicht noch geraume Zeit.

Der bis ans Donauufer reichende Park mit seinen alten Baumbeständen, Gartenanlagen und Gewächshäusern hat solche Dimensionen, daß Stephanie für ihre Kontrollgänge die Kutsche besteigen muß. Die nahen Donauauen bilden ein ideales Jagdrevier. Fünfundzwanzig Bedienstete treten in Aktion: Haushofmeister und Gutsverwalter, Kammerdiener und Kammerzofen, Lakaien, Stallknechte und Küchenpersonal. Unter den vielerlei Schätzen, die aus der Wiener Hofburg sowie aus Schloß Laxenburg herbeigeschafft werden, ist auch ein Exemplar des k. u. k. Hofzeremoniells: Stephanie scheint fest entschlossen, wie eine Fürstin zu residieren. Ihre Biographin Irmgard Schiel schreibt: *»Man sprach die Königliche Hoheit in der dritten Person Mehrzahl an, Damen versanken vor ihr im Hofknicks, Herren beugten sich über ihre Hand. Stand die Schloßherrin auf, erhoben sich sofort alle Gäste; trat sie ein, verstummte das Gespräch. Mehrmals am Tag wurde die Hoheit umgekleidet, und zum Diner am Abend erschien sie selbst dann in großer Toilette, wenn nur ihr Gemahl und der Hofkaplan daran teilnahmen.«*

Damit nur das Feinste vom Feinsten auf den Tisch kommt, wird ein ungarischer Koch eingestellt, der seine Ausbildung in Paris absolviert hat: *»Da kam, auf Eis gebettet, russischer Kaviar, es gab Tortelettes, die das Lónyaysche Monogramm trugen, feinste Fleischfarcen mit Pilzen, ausgesuchte gutseigene Poularden, hauchzarte Soufflés und das berühmte Maronenpüree. Und über all den kulinarischen Genüssen schwebte der Duft der Rosen von Oroszvár, die, zu Dutzenden kunstvoll gesteckt, das Tischarrangement bildeten.«*

In den Stallungen stehen an die zwanzig Reit- und Wagenpferde, die Hunde hören auf Namen wie Rollo, Lordy und Monsieur Björn. Der Gästeschaft, die sich aus Angehörigen des Adels und der hohen Geistlichkeit, aus Künstlern, Wissenschaftlern und

Intellektuellen zusammensetzt, stehen Reitbahn, Tennisplatz und Radwege zur Verfügung, Musikzimmer und Spielsalon. Der Hausherr, wohl nicht immer glücklich mit seiner Rolle als Prinzgemahl, spielt Klavier, legt Patiencen oder widmet sich seinen historischen Studien. Stephanies Gefallsucht wird bis zu einem gewissen Grad durch ihre soziale Ader gemildert: So wird zu Weihnachten auch fürs Personal ein Christbaum aufgestellt, und jeder erhält ein Geschenk. Für die Notleidenden aus dem Dorf ruft die Hausherrin ein Armenasyl, einen Kindergarten, ja sogar einen Arbeiterleseverein ins Leben.

Als Ende 1918 die Donaumonarchie zusammenbricht, berührt dies das Leben der Lónyays nur wenig: Durch ihre Heirat sind sie ohnehin aus dem Erzhaus ausgeschieden. Das Schicksal der Habsburger ist für sie kein Thema, ganz zu schweigen von der Causa Mayerling, die – wie übrigens jede Beschäftigung mit dem Thema Tod – als striktes Tabu gilt.

Für umso mehr Aufregung sorgt Stephanies in den frühen zwanziger Jahren gefaßter Entschluß, ihre Memoiren aufzuzeichnen und zu veröffentlichen. Schriftstellerische Hilfskräfte werden nach Oroszvár geholt, scheitern jedoch am Starrsinn der Autorin, keinerlei Korrekturen zuzulassen, auch die Verlagsverhandlungen geraten zum Desaster, Einsprüche Betroffener (wie etwa der Stephanie-Tochter Elisabeth Windisch-Graetz, aber auch der Regierung der Republik Österreich) beschäftigen Rechtsanwälte und Gerichte.

Als dann doch – im Oktober 1935 – das Buch »Ich sollte Kaiserin werden« erscheint, ist dessen Verfasserin von all den vorangegangenen Querelen so zermürbt, daß sie den Plan, einen zweiten Band nachzuschieben, aufgibt und das dafür vorliegende Material in einer Kassette verschließt, die sie testamentarisch den Patres der ihr eng verbundenen Erzabtei Pannonhalma vermacht.

Ein glückliches Paar:
Kronprinz Rudolfs Witwe Stephanie und Graf Elemér Lónyay

71

Die Ordenspriester des südlich von Raab (Györ) gelegenen Benediktinerklosters sind es denn auch, die sich gegen Kriegsende der unterdessen schwererkrankten und von den sowjetischen Besatzern bedrohten Einundachtzigjährigen annehmen. Schon in den Jahren davor ist es um die beiden alten Leutchen, um Graf und Gräfin Lónyay, still und einsam geworden auf ihrem Herrensitz bei Preßburg: Immer seltener gehen sie auf Reisen, und bald ist nur noch Pannonhalma ihr gelegentliches Ausflugsziel. Einer der Patres, der Hochschulgelehrte Géza Karsai, ist der Hauskaplan von Oroszvár: Er liest für sie die Morgenmesse, betet mit ihnen den Rosenkranz, nimmt ihnen die Beichte ab, begleitet sie auf ihren Kutschfahrten in die nächste Umgebung, nimmt mit ihnen die Mahlzeiten ein (zu denen Stephanie übrigens nach wie vor in großer Gala erscheint: mit Abendkleid und Schleppe).

Die Benediktiner von Pannonhalma müssen auch einspringen, als es im Hause Lónyay mit dem Geld knapp wird: Ein Teil der Domäne Oroszvár muß im Zuge der ungarischen Bodenreform von 1920 an das Burgenland abgetreten werden, und mit dem Einmarsch der Deutschen in Stephanies Geburtsheimat Belgien anno 1940 endet die Zahlung der elterlichen Apanage. Um die sich anhäufenden Schulden zu tilgen, wird Oroszvár der Erzabtei überschrieben, die jedoch mit ihren Sanierungsplänen scheitert, als ab 1948 die Kommunisten ihr Verstaatlichungsprogramm durchziehen.

Von alldem, was sich gegen Kriegsende in Oroszvár abspielt, dringt nur wenig nach außen. Weiß in Österreich überhaupt noch jemand, daß hier die ehemalige Kronprinzessin lebt – und das in relativ geringer Entfernung von Wien? Man hat andere Sorgen, als sich für die Spätfolgen von Mayerling zu interessieren. Erst viele Jahre später werden die näheren Umstände von Stephanies Lebensabend publik – also etwa der Plan der Deutschen Wehrmacht, 1944 in Oroszvár ein Kriegslazarett einzurichten, die vorübergehende Einquartierung des deutschen Stadtkommandanten von Budapest oder der Einmarsch der Russen.

Mit einem Budapester Krankenwagen können sich die herzleidende Prinzessin und ihr Gemahl nur mit der allernötigsten Habe in das unter dem Schutz des Internationalen Roten Kreuzes stehende Kloster Pannonhalma retten. Am 23. August 1945 stirbt die Einundachtzigjährige, im Jahr darauf ihr Mann. Gräfin und Graf Lónyay werden in der Krypta der alten Abteikirche beigesetzt. Nur Stephanies Kammerfrau, die Benediktinermönche und ein paar Nonnen geben der österreichischen Thronfolgerwitwe das letzte Geleit. Niemand vom ehemaligen Kaiserhaus ist zur Stelle, nicht einmal die eigene Tochter und deren Kinder.

Frühjahr 2008, zurück ins heutige Rusovce. Der Ort heißt nach wie vor Russenburg: Oroszvár ist die ungarische, Rusovce die slowakische Version. Štefan Holčik, mein Begleiter, ist nicht zum ersten Mal hier: Er kennt jeden Stein, jeden Baum, kennt vor allem die wechselvolle Geschichte des frühbesiedelten Areals.

Nur zum Park haben wir Zutritt: Die hohen alten Blutbuchen und Silberfichten, Zedern und Kastanien legen einen romantischen Schutzschild um das fragil gewordene Gemäuer. Die Gehwege müßten längst ausgebessert werden, die meisten Parkbänke sind ihrer Sitzflächen beraubt. Etwas seitab das alte Kirchlein, dem Verfall preisgegeben. In einem Winkel hinter der Apsis ein paar Grabsteine, die bei der Liquidierung eines nahegelegenen Judenfriedhofs aufgelesen worden sind. Wo sich einst das »Stephaneum«, der gräfliche Rosengarten, sowie die Treibhäuser, die Baumschulen und die Quartiere der Gärtner ausgebreitet haben, stehen nunmehr Wohnhäuser aus neuerer Zeit.

Das Schloß selber ist hinter einem hohen Bauzaun versteckt. »Unbefugten Zutritt verboten« besagen die Schilder, zwei mäßig martialische Wachhunde schwanken zwischen Drohgebärden und Anbandeln. Die Baracken der Männer vom Bautrupp, die das Hausinnere wiederherstellen sollen, stehen leer: Die ungeklärten Besitzverhältnisse haben die begonnenen Arbeiten zum Stillstand gebracht. Wie werden die Restitutionsverhandlungen zwischen der Slowakischen Republik, die das Schloß gern als staatliches Repräsentations- und Gästehaus genutzt sähe, und den rechtmäßigen Erben, den Benediktinermönchen von Pannonhalma, ausgehen? Gut möglich, daß die Angelegenheit vor Gericht landet, vielleicht gar vor dem Europäischen Gerichtshof in Straßburg.

Die jungen Leute vom Volkskunstensemble Sľuk, die 1951 im Schloß von Rusovce Einzug gehalten haben, sind vor einiger Zeit in die ehemaligen Stallungen ausgesiedelt worden: Das Stampfen der Tänzerbeine hat den dünnen Böden der einstigen Prunksäle nicht gutgetan. Im Restaurant, das ihren neuen Proberäumen angegliedert ist, sehe ich die strammen Burschen und Mädchen ihren jüngsten Erfolg feiern – von hier aus gehen sie im Folkloreschmuck ihrer historischen Trachten landauf landab auf Tournee. An den Wänden der Gaststube hängen ihre Gruppenphotos, ihre Trophäen. Fürs Bestellen der Speisen und Getränke bin ich auf die Hilfe meines Begleiters angewiesen: Die Umgangssprache ist Slowakisch; der junge Wirt, der uns bedient, ist nicht auf den Besuch altösterreichischer Nostalgiker eingestellt; mit »Rostbraten Lónyay« oder »Soufflé Stephanie« wüßten seine jugendlichen Gäste mit Sicherheit nichts anzufangen.

Tafel, Griffel, Schwamm

E s gibt sie noch, die guten Dinge« – unter diesem ebenso schönen wie schlichten Reklameslogan versorgt das im westfälischen Marl ansässige Versandkaufhaus *Manufactum* seine nostalgische Klientel mit jenen Gebrauchsgegenständen von anno dazumal, die der auf Kunststoff und Elektronik eingeschworene Verbraucher von heute höchstens vom Hörensagen kennt: Bleistiftverlängerer und Siegellack, Baskenmütze und Steinbaukasten, Großmutters Kaffeemühle und Urgroßmutters Kartoffelpresse. Zwei Mal jährlich geht mir der Katalog dieses einzigartigen Unternehmens zu – es ist stets ein Fest für mich und meinesgleichen, in dem über dreihundert Seiten starken Warenverzeichnis zu schmökern, und Weltblätter wie die »Neue Zürcher Zeitung« oder die »Frankfurter Allgemeine« widmen der anmutig illustrierten und mit liebevollen Herkunftsstories angereicherten Publikation ausführliche Rezensionen, als handelte es sich dabei nicht um eine ordinäre Werbeschrift, sondern um ein anspruchsvolles literarisches Werk der Spezies Sachbuch.

Ja, es gibt sie also noch, die guten Dinge – sogar die aus geglättetem Schiefer gefertigte Schultafel, an die sich ältere Jahrgänge noch aus ihrer ABC-Schützen-Zeit erinnern. Auch ich habe, als ich mit sechs Jahren in die Grundschule eintrat, noch ein solches Utensil benützt, und ich gäbe viel darum, hätte ich mein seinerzeitiges Exemplar, das erst ab der zweiten Klasse vom Schreibheft abgelöst wurde, aufbewahrt und meiner Sammlung von Kindheitsmemorabilien einverleibt.

75

Davon kann selbstverständlich keine Rede sein: Meine gute alte
Schiefertafel wäre heute siebzig Jahre alt und ist – wie Jegliches aus
jener lange versunkenen Zeit – den Weg alles Irdischen gegangen;
nur in Schulmuseen und volkskundlichen Sammlungen finde ich
sie da und dort und sehe mich durch sie in jene frühe Lernphase
zurückversetzt, da Schiefertafel, Griffel und Schwamm zu den
wichtigsten Inhalten meines Schulranzens zählten.

Überflüssig anzumerken, daß das heutige von *Manufactum* an-
gebotene Nachfolgeprodukt nicht mehr für »Taferlklassler« bestimmt ist, sondern für jene unverbesserlichen Retro-Freaks, die
sich von der an der Wohnzimmerwand aufgehängten oder im
Souvenirschrank verstauten Schultafel Wonnen frühkindlicher
Erinnerung versprechen.

Auch sonst hat sich rund um die gute alte Schiefertafel viel verän-
dert – nicht zuletzt, was deren Herkunft betrifft. Die heutigen
Nachbildungen kommen aus den wenigen verbliebenen Schiefer-
steinbrüchen Westfalens oder des Rheinlandes, also längst nicht
mehr aus dem slowakischen Marianka, das zu Zeiten der österreichisch-ungarischen Monarchie die Klassenzimmer sämtlicher
Kronländer mit Schultafeln beliefert hat. 8000 Stück waren es pro
Tag, die die Fabrik im zehn Kilometer von Preßburg entfernten
Marianka verließen, um nach Lemberg und Wien, nach Budapest
und Budweis, ja auch in die kleinsten und entlegensten Kommu-
nen des k. u. k. Vielvölkerreiches expediert zu werden. Bemerkenswert auch, wie man beim Versand auf die verschiedenen Sprachzo-
nen Bedacht nahm: Für die Besteller aus den slawischen Ländern
kamen die Lieferungen aus Marianka, für die Ungarn aus Mária-
völgy, für alle Deutschsprachigen aus Mariathal. Doch es war stets
eine und dieselbe Produktionsstätte: der Schiefersteinbruch am
Westabhang der Kleinen Karpaten, dicht vor den Toren Preßburgs.
Seit 1916 ist es damit vorbei. Dieses reizvolle Kapitel altösterreichischer Kulturgeschichte mit neuem Leben zu erfüllen, wird

also nicht ganz leicht sein: Ich mache mich auf den Weg, um an Ort und Stelle jene Gewährsleute ausfindig zu machen, die mir dabei helfen können, in die faszinierende Welt der Schiefertafeln abzutauchen.

Da ist zunächst einmal der Altbürgermeister von Marianka, Jozef Král, dessen Wohnhaus sich als ein einziges Schiefertafelmuseum entpuppt: an den Wänden des Entrées, des Wohnzimmers, ja sogar des Schlafzimmers alte Stiche vom Steinbruch, von den Werkshallen, von den einzelnen Produkten. An die dreihundert Arbeiter waren sechs Tage pro Woche im Einsatz: die Frauen im hochgeschlossenen, bodenlangen Dienstkleid und mit Häubchen

8000 Schultafeln pro Tag: der Schiefersteinbruch von Marianka
(hier ein Blick in eine der Werkshallen)

77

auf dem Kopf, die Männer in Drillich und Kappe. Auch Gesteins-
proben hat Bürgermeister Král gesammelt – die kostbareren im
Hausinneren ausgebreitet, die wetterfesten im Gärtchen hinterm
Haus. Und im Aktenschrank ruhen die historischen Dokumente,
die Photoalben, die Aufzeichnungen des Geschichtsvereins, dessen
Mitglieder sich regelmäßig zum Fachsimpeln treffen, zu Lokalaugenschein und Colloquium. Und natürlich haben sie auch ihren
eigenen, mit den Bergwerkssymbolen Hammer und Beil be-
druckten Vereinswimpel. Daß dessen Rückseite eine Muttergot-
tesfigur schmückt, hat seinen besonderen Grund (auf den ich
noch zu sprechen kommen werde).

Für die wissenschaftliche Aufarbeitung der Materie steht mir Ján
Sand zur Verfügung, der im Hauptberuf Dozent an der Preßburger Comenius-Universität ist und im Fachbereich Publizistik
die Sparte Rundfunkjournalismus betreut. Voll Stolz berichtet er,
daß in der Blütezeit des Schieferabbaues – also zwischen 1859
und 1890 – sogar Ägypten und Teile Südamerikas mit Schultafeln
aus Marianka beliefert wurden. Die Standardversion, so erfahre
ich, war auf der für Schreibübungen bestimmten Vorderseite mit
Linien, auf der für Rechenaufgaben bestimmten Rückseite mit
Karos versehen. Übrigens deckten sich auch Gastronomie und
Hotellerie, ja sogar die Kirche mit Schiefertafelmaterial aus
Marianka ein – mit dem aus einer der härteren Gesteinssorten
gewonnenen »schwarzen Marmor«, der für Kaffeehaustische,
Waschtische und Altarplatten Verwendung fand.
Der Mann, auf den die Gründung der Schieferwerke von Marianka zurückgeht, ist der 1824 geborene französische Bankier Eugène Bontoux. Von Kaiser Franz Joseph nach Österreich berufen und
in Wien zum Generaldirektor der Südbahngesellschaft ernannt,
erkannte der vielseitig tätige Spekulant auch den immensen Wert
der slowakischen Schiefervorkommen und baute Förderung, Verarbeitung und Absatz zu einem eigenen Industriezweig aus. Bei

seinem Vorhaben zunächst vom Hause Rothschild unterstützt, zerstritt sich Bontoux jedoch mit seinem Geldgeber, gründete daraufhin seine eigene (explizit katholische!) Bank, übernahm sich dabei allerdings gewaltig und führte sein Unternehmen 1882 mit einer gigantischen Schuldenlast in den Ruin. Vom Gericht zu fünf Jahren Gefängnis verurteilt, entzog er sich der Strafhaft durch Flucht: Für seinen berühmten Landsmann, den Dichter Émile Zola, Anlaß genug, Bontoux und dessen abenteuerlicher Vita ein eigenes Buch zu widmen – den Roman »L'Argent« (»Das Geld«).

Szenenwechsel. Bevor ich Marianka verlasse, möchte ich rasch auch den »Tröstern von Gethsemane« meine Aufwartung machen. Der 1922 gegründete Mönchsorden, der in dem am Ortsrand gelegenen Marienkloster seinen Hauptsitz hat, hat Marianka zu einem der meistfrequentierten Wallfahrtsziele der Slowakei gemacht. Ursprünglich von Paulanern besiedelt, wurde der Konvent – seines strikt kontemplativen Charakters wegen – 1786 von Kaiser Joseph II. aufgehoben, und der Besitz mutierte zum Jagdschloß diverser Adelsfamilien, ehe 1927 erneut Ordensleute in Marianka Einzug hielten. Kloster und Kirche wurden um ein umfangreiches Ensemble aus Gnadenkapellen und Kreuzwegstationen erweitert, denen nach und nach auch ein Freiluftaltar für Feldmessen, eine Lourdes-Grotte, eine Votivtafelwand und ein halbes Dutzend Devotionalienläden folgten.

Die erste Unterbrechung erfuhr der Pilgerbetrieb während des Zweiten Weltkrieges, als das Kloster der »Tröster von Gethsemane« als Lazarett genutzt wurde, die zweite im Frühjahr 1950, als die Kommunisten die Mönche mit brutaler Gewalt in Arbeitslager deportierten. Pater Viliam František Vala, der inzwischen hochbetagte ehemalige Generalobere, erzählt mir von jenen Schreckensjahren, da er bei Kanalisationsprojekten für das tschechoslowakische Militär zu Maurerarbeiten eingeteilt war und nur

*Von dem französischen Bankier Eugène Bontoux gegründet und vom
österreichischen Kaiserhaus gefördert: die Schieferwerke von Marianka*

im geheimen – während eines Weihnachtsurlaubs in seiner
Kaschauer Heimat – zum Priester geweiht werden konnte.
Erst 1990 kehrten die Patres wieder nach Marianka zurück; der
mittlerweile erheblich geschrumpfte Wallfahrtsbetrieb wurde um
ein Exerzitienhaus erweitert, in dem unter anderem der Militär-
bischof von Preßburg seinen Amtssitz hat. Hausverwalter Jozef
Maczvalda geleitet mich zu den diversen Heiligtümern, an denen
vor allem an jedem 8. September, dem Tag Mariä Geburt, Hoch-
betrieb herrscht. Das am Informationsstand der Klosterkirche zur
freien Entnahme aufliegende Faltblatt verzeichnet die den zwanzig Kreuzwegstationen zugeordneten Bibelstellen; die einstmals
populäre Volksweise »Marianka«, so klärt man mich auf, sei allerdings kein Kirchenlied gewesen, sondern ein Gassenhauer à la

»Mariandl«, der vornehmlich von den liebeshungrigen slowakischen Soldaten in ihren Kasernen gesungen worden sei.

Apropos Musik: Einmal im Jahr – aber auch das ist lange her – haben in Marianka die Trommler einen Tag lang den Ton angegeben. Von nah und fern strömten sie zum fröhlichen Stelldichein ihres Berufsstandes, musizierten unter den alten Linden vor der Kirche, entlockten Pauke und Tamtam, Xylophon und Becken, Schelle und Tschinelle ihre dunklen Töne. Aus ihren slowakischen und mährischen Dörfern und Städten zogen sie zum »Trommler-Kirtag« nach Marianka – die Laien der Dorfmusik ebenso wie die Profis der philharmonischen Orchester. Da konnte es dann allerdings passieren, daß bei an diesem Tag angesetzten Konzerten – bis hinauf nach Preßburg, Olmütz und Brünn, ja bis nach Prag und Wien – ganze Instrumentengruppen fehlten. Und damit das Publikum nichts davon mitbekam, mußten manche der Programme abgeändert oder aber Substituten engagiert werden, die für die abgängigen Kollegen einsprangen. Dirigenten, die über derlei Zumutung in Wut ausbrachen, wurden vom Orchestervorstand mit der Erklärung zu beruhigen versucht: »Tut uns leid, Maestro, aber heute ist Trommler-Kirtag!«

Ja, auch das gehört zur Geschichte von Marianka, diesem wundersamen, wunderlichen Ort.

»Sie soll gleich dableiben!«

1963, an einem der letzten Apriltage. Milada Poppová und ihre dreiundzwanzigjährige Tochter Lucia besteigen in Preßburg den Bus nach Wien. Es ist die Zeit des Kalten Krieges, der Eiserne Vorhang trennt die Sozialistische Volksrepublik Tschechoslowakei vom Nachbarland Österreich. Aber noch geht es an der Grenze nicht so streng zu wie in späteren Jahren, noch sind Verwandtenbesuche zwischen hüben und drüben möglich. Die Popps haben Leute in Wien, bei denen sie übernachten können.

Doch das eigentliche Ziel der beiden Ausflügler sind weder die Wiener Verwandten noch Einkäufe in den mit Luxusgütern prall gefüllten Geschäften der österreichischen Hauptstadt: Woher sollten Mutter und Tochter Popp die dafür nötigen Devisen nehmen? Nein, es geht um ganz anderes: Lucia hat vor zehn Tagen am Slowakischen Nationaltheater ihre erste »Königin der Nacht« gesungen, ihr Debüt wurde bei Presse wie Publikum zu einem einzigartigen Triumph, das neue Koloraturwunder ist das Stadtgespräch von Preßburg. Jetzt möchte Lucia, so verwegen dieser Wunsch auch anmuten mag, in Wien vorsingen. An der Staatsoper. Um das schier Undenkbare zu ermöglichen, hat Lucia eine Reihe von Vorkehrungen getroffen. Ihre Preßburger Gesangslehrerin, Anna Hrušovská, hat ihr einen Empfehlungsbrief mitgegeben, mit dessen Hilfe sie sich Zugang zu einer früheren Kollegin verschaffen soll, die jetzt einen Beamtenposten in der Österreichischen Bundestheaterverwaltung innehat. Erika Francoulon – so ihr Name – tritt daraufhin in Aktion, greift nach dem Telefon-

*Weltstar aus dem
slowakisch-österrei-
chischen Grenzland
an der March:
Lucia Popp*

hörer und ruft in der Staatsoper an. Lucia selber würde es dazu
an Mut mangeln: Ihr Deutsch ist mehr als dürftig. Das wenige,
das sie sich in den vergangenen Monaten diesbezüglich angeeig-
net hat, verdankt sie den Sendungen des österreichischen Fern-
sehens, insbesondere Rudolf Horneggs »Quiz 21«, das sie, wenn's
irgendwie geht, niemals versäumt.

Frau Francoulon bekommt zwar die Herren vom Künstlerischen
Betriebsbüro an den Apparat, wird jedoch zunächst einmal ab-
gewimmelt. Hubert Deutsch und Ernst August Schneider, die in
der Direktion des von Herbert von Karajan geleiteten Hauses für
die Vorsingtermine zuständig sind, werden mit Anfragen dieser
Art überhäuft. Doch Lucias Mentorin läßt nicht locker, preist die
Qualitäten ihres Schützlings in den höchsten Tönen und setzt

sich tatsächlich durch: Also gut, das Fräulein aus der Slowakei möge kommen.

Korrepetitor Georg Fischer, ein junger Ungar, nimmt sich der Debütantin an, läßt sie als erstes die Arie der Rosina aus Rossinis »Barbier von Sevilla« vortragen. Die Herren von der Direktion zeigen sich zufrieden, möchten jedoch auch die Königin der Nacht hören, mit der die Kandidatin in Preßburg Furore gemacht hat: Seit dem Fachwechsel von Mimi Coertse ist die ebenso begehrte wie mörderische Mozart-Partie an der Wiener Staatsoper vakant. Lucia singt sie auf Slowakisch. Ein Spitzzüngiger unter den Zuhörern findet zwar, die Darbietung erinnere ihn an eine Polka, dafür sind alle anderen von Lucias »Polka« derart angetan, daß sie auf der Stelle in Deutschland anrufen, um dem momentan in Berlin weilenden Chef das unverzügliche Engagement der Bewerberin ans Herz zu legen. Mit den Worten *»Okay, sie soll gleich dableiben!«* stimmt Karajan zu, und Lucia Popp erhält einen Elevenvertrag. Keine zwei Monate darauf steht sie – in der Rolle der Barbarina in Mozarts »Hochzeit des Figaro« – auf der Bühne der Wiener Staatsoper, und weitere vier Monate später ist sie – in ihrer Glanzpartie als Königin der Nacht – die Opernsensation von Wien: Eine Weltkarriere nimmt ihren Anfang …

Apropos Anfang: Ich begebe mich auf Spurensuche. Ich will herausfinden, wo dieses Stimmwunder aus dem Nachbarland Slowakei seine Wurzeln hat.

Nach einstündiger Fahrt mit der Schnellbahn Richtung Hohenau erreiche ich den am Westufer der March gelegenen Marktflecken Angern. Hier ist einst Lucias Mutter Milada Štolba zur Welt gekommen (vom dortigen Pfarrer allerdings auf den Namen Emilia getauft, weil das österreichische Namensregister keine heilige Milada kennt). Um ans andere Ufer der March zu gelangen, wo am 12. November 1939 Lucia Popp geboren worden ist, muß ich die Fähre benützen: Die Brücke, die in früheren Zeiten das niederösterreichische Angern mit dem slowakischen Zahórská Ves verbunden hat, ist 1945 abgerissen worden. Die Stationen der Grenzpolizei sind seit der Schengen-Erweiterung von 2007 auf beiden Seiten funktionslos geworden, stehen leer. Der Fährmann und sein Gehilfe sind Slowaken; auch das Fahrgeld wird in Kronen, nicht in Euro eingehoben. Bis zu sechs Pkw finden auf dem gemütlichen Vehikel Platz, für Fußgänger wie mich ist neben dem Führerhäuschen eine Sitzbank installiert.

Die Ufergemeinde Záhorská Ves heißt ihre Gäste mit einer zweisprachigen Ortstafel willkommen; das Wappen zeigt eine in Flammen stehende Kirche, über die ein Wasserkrug ausgeleert wird, dazu Schaufelrad und Muschel. Vom »Muzeum« am Ortseingang hat sich nur eine Schautafel erhalten, die Záhorská Ves als die westlichste Siedlung der Slowakei ausweist. In den alten Zeiten, so erfahre ich, hat der Ort vom Fischfang gelebt und vom Handel mit Schilfgrasprodukten – vor allem die Wiener Märkte waren verläßliche Abnehmer. Für den Betrieb der Zuckerfabrik wurde sogar eine schmalspurige Materialbahn eingerichtet, die die slowakische mit der österreichischen Seite verband.

Zahórská Ves ist ein stiller Ort mit überlanger Hauptstraße; noch vor Erreichen des um die Kirche gruppierten Dorfzentrums biege ich rechterhand in eine schmale Seitengasse ein, die seit kurzem den Namen *Ulice Lucie Poppovej* trägt. Es sind einfache, eingeschossige Häuser – eines davon ist mit einer schon von weitem sichtbaren Gedenktafel versehen, die das kleine Anwesen als das Geburtshaus der berühmtesten Person des Ortes ausweist. Von der Popp-Sippe lebt heute niemand mehr in Záhorská Ves; dreizehn Kilometer sind es bis zu dem nächsten Ort, in dem sich

noch Namensträger finden. Lucia Popps Geburtshaus ist jetzt an
Leute aus Preßburg vermietet, und da die nur von Zeit zu Zeit
anwesend sind, sind die Daten für den Strom-, Gas- und Was-
serverbrauchsableser auf einen Zettel gekritzelt, der an einem
der straßenseitigen Fenster hängt. Einziger sichtbarer Hinweis
auf die Familie der Sängerin ist das Konterfei von Großvater
Rudolf Popp, der im Ersten Weltkrieg gefallen ist: Der Einund-
dreißigjährige auf der Bildtafel des örtlichen Kriegerdenkmals ist
von allen der Fescheste.

Während ihre slowakischen Landsleute das C in Lucia Popps
Vornamen wie Z aussprechen, entscheidet man sich im Rest der
Welt für die italienische Variante, und die Opernfreunde wissen
auch warum: Da geht uns natürlich Donizettis »Lucia Lammer-
moor« durch den Kopf. Was die väterliche Familie betrifft, die
Popp-Sippe, so liegen deren Wurzeln im heute rumänischen
Banat, auch von einem Spritzer deutschen Blutes ist die Rede –
Lucia selber hat sich später gern als »eine wahre Enkelin der
alten österreichisch-ungarischen Monarchie« bezeichnet, als
typische k. u. k. Mischung.

Der Vater hat Volkswirtschaft studiert, wird in späteren Jahren
auch eine Zeitlang im diplomatischen Dienst tätig sein; die Mutter ist Lehrerin. Eine der Tanten mütterlicherseits, Absolventin
der Wiener Handelsakademie, ist Prokuristin der Zuckerfabrik
von Záhorská Ves; die Großmutter, bei der Lucia aufwächst, hat
im weiten Umkreis einen exzellenten Ruf als Hebamme.
Lucias musikalisches Talent geht eindeutig auf die Mutter
zurück: Milada Poppová verfügt über einen schönen lyrischen
Sopran, wird in Preßburg ausgebildet und tritt sowohl in Kon-
zertsälen wie im Rundfunk auf. Kein Wunder also, daß im Hause
Popp viel gesungen wird. Töchterchen Lucia wirkt außerdem im
örtlichen Kinderchor mit.

Lucia Popps Geburtshaus in Záhorská Ves

Als sie größer wird, darf sie ihre Mutter bei deren Opernbesuchen nach Wien begleiten – mit der alten »Preßburger Bahn« ist es nur einen Katzensprung. Und wenn Frau Milada zum Üben daheim ihre Arien anstimmt, darf Lucia den jeweiligen Tenorpart übernehmen. Sie »debütiert« also im »männlichen« Fach, bewährt sich als Rudolf, Pinkerton und Cavaradossi. Als sie zehn Jahre alt ist, schließt sie sich dem slowakischen Volksensemble »Lúčnica« an und gelangt auf dessen Tourneen bis nach Skandinavien und Südamerika.

Daraus einen Beruf zu machen, käme ihr allerdings nicht in den Sinn: Lucia beginnt nach der Matura mit einem Medizinstudium. Daß sie es nach zwei Semestern abbricht, hat nicht zuletzt mit ihrer blendenden Erscheinung zu tun: Die Neunzehnjährige, bildhübsch und blond, wird für den Film entdeckt, spielt unter anderem die weibliche Hauptrolle in einem Zweiteiler über das abenteuerliche Leben des slowakischen Robin Hood »Jánošík«.

87

Wieder ist es wohl dem Einfluß der Mutter zuzuschreiben, daß sich Lucia eines Tages zur Aufnahmsprüfung an der Preßburger Hochschule für musische Künste anmeldet. Und dort, in Gestalt der Gesangspädagogin Anna Hrušovská, trifft sie auf die Frau, die Lucias überragende Begabung erkennt und sie zur perfekten Opern- und Liedsängerin ausbildet. Nur dreiundzwanzig Jahre ist sie alt, als sie – nach ersten kleineren Erfolgen da und dort – am 17. April 1963 am Slowakischen Nationaltheater ihre erste Königin der Nacht singt.

Was diesem Triumph folgt, wissen wir bereits: Es ist der tollkühne – und ebenfalls triumphal endende – Versuch, auch Wien zu erobern. Und von Wien aus die anderen führenden Opernhäuser der Welt. Im Privatleben zahlt sie dafür allerdings einen hohen Preis: die Trennung von Familie und Heimatland. Ihr Verbleib im Westen stempelt sie zum »Republikflüchtling«, zur in der kommunistischen ČSSR Verfemten, die bei dem kleinsten Versuch, besuchsweise nach Preßburg zurückzukehren, mit Verhaftung zu rechnen hätte, mit Gerichtsverfahren, mit Bestrafung, mit Berufsverbot.

Lucia Popp richtet sich mit Hilfe ihrer dortigen Verwandten in Wien ein, holt mit einem Blitzkurs ihre fehlenden Deutschkenntnisse nach – und singt. Zug um Zug erweitert sie ihr Repertoire, studiert das Blondchen aus der »Entführung« ein, die Adele aus der »Fledermaus«, die Pamina aus der »Zauberflöte«, das Evchen aus den »Meistersingern«, die Daphne von Richard Strauß. An der Seite ihres künftigen ersten Ehemannes, des vom Korrepetitor zum Dirigenten aufgestiegenen Georg Fischer, tritt sie in das Ensemble der Kölner Oper ein, gastiert jedoch immer wieder auch in Wien, desgleichen an den anderen großen Opernhäusern inklusive der New Yorker Met, und mit einem Vorsingen bei dem berühmten Londoner Plattenproduzenten Walter Legge setzt gleichzeitig eine atemberaubende Schallplattenkarriere ein, deren Titelliste mit der Zeit ganze Katalogseiten füllt.

»Ah, da ist ja das Wundertier!« begrüßt sie die Gattin des Plattenproduzenten, als Lucia das Aufnahmestudio betritt. Es ist Superstar Elisabeth Schwarzkopf.

Dreißig Jahre währt Lucia Popps Weltkarriere, dann tritt die Katastrophe ein: Die Dreiundfünfzigjährige erkrankt an Krebs, die Ärzte stellen einen inoperablen Gehirntumor fest. In München, wo die nach wie vor bildschöne Künstlerin ebenfalls zu den großen Publikumslieblingen zählt, stirbt sie am 16. November 1993, vier Tage vor ihrem vierundfünfzigsten Geburtstag. In Preßburg, wo das Konzertpublikum, bis zum Zusammenbruch des KP-Systems auf Rundfunkübertragungen, Fernsehaufnahmen und Schallplatten von Lucia Popp angewiesen, erst 1990 die geliebte Stimme »original« zu hören bekommt, wird sie beigesetzt – im Familiengrab auf dem Friedhof Slávičie údolie.

Im Besitz der Grabnummer, finde ich nach einigem Suchen den einfachen Granitstein mit dem eingemeißelten Faksimile des Namenszuges und dem Bronzemedaillon des Brustbildes. Auf slowakisch wie auf deutsch die Ruhmestitel der Frühvollendeten: Kammersängerin, Ehrenmitglied der Wiener Staatsoper, Ehrenbürgerin der Stadt Bratislava. Die Urne ruht neben den Särgen der Eltern: Die Mutter ist ihr 1992 im Tod vorausgegangen, der Vater hat sie neun Jahre überlebt.

Besonders tief sitzt der Schock über Lucia Popps frühes Sterben in Preßburg: Von den kommunistischen Machthabern als Überläuferin und »Staatsfeind« totgeschwiegen, hatte man gehofft, Lucia Popp werde nun, nach der Öffnung der Grenzen, in vermehrtem Umfang auch in ihrer Heimat zu sehen und zu hören sein. Doch es bleibt bei dem einen und einzigen Auftritt in der Slowakischen Philharmonie, November 1990.

Das Wenige, das man jetzt noch zur Fortdauer ihres Ruhmes beitragen kann, sind Gedenkkonzerte: Seit 1994 finden sie alljährlich statt. Bei dem des Jahres 1998, also zu Lucias fünftem Todestag, nimmt Vater Rudolf Popp die Urkunde der seiner Tochter posthum verliehenen Ehrenbürgerschaft entgegen. Es ist anzunehmen, daß dieser Huldigung in naher Zukunft eine weitere folgen wird (die die Opernmetropole München bereits vor einiger Zeit vorgenommen hat): die Einweihung einer nach Lucia Popp benannten Straße im Stadtgebiet von Preßburg.

Auch die Lucia-Popp-Hommage von 2008, der ich im stimmungsvollen Konzertsaal der Preßburger »Reduta« beiwohne, zeichnet sich durch ein besonderes Ereignis aus: Es ist die Präsentation der slowakischen Ausgabe von Ursula Tamussinos brillanter Popp-Biographie (deren deutsche Originalfassung bereits seit 1999 auf dem Markt ist). Jetzt können also auch die Landsleute der großen Sängerin in allen Details nachlesen, was ihnen aus politischen Gründen jahrzehntelang vorenthalten worden ist. Ich erlebe ein tief ergriffenes Publikum aus drei Generationen, deren jüngste bei dieser Gelegenheit vielleicht zum erstenmal erfährt, welch unerhörten Kunstschatz ihr Land vor sieben Jahrzehnten hervorgebracht und der internationalen Musikwelt zum Geschenk gemacht hat.

Das schwarze Gold von Gbely

Ein slowakischer Kleinbauer mit ein paar Joch Grund wäre normalerweise kein taugliches Objekt für literarische Verewigung. Und schon gar nicht hätte er Anspruch auf eine nach ihm benannte Dorfstraße und zwei seinem Wirken gewidmete Denkmäler. Und doch: In der von seiner Heimatgemeinde herausgegebenen und auf Hochglanzpapier gedruckten Werbeschrift nimmt Ján Medlens Lebensgeschichte volle drei Seiten ein.

Diesem Kuriosum nachzureisen, müßte sich demnach lohnen: Siebzig Kilometer ist es von Preßburg nach Gbely; noch am frühen Vormittag treffe ich in der 5100 Einwohner zählenden Kleinstadt im slowakisch-tschechisch-österreichischen Dreiländereck ein.

Der Weg führt an einer Touristenattraktion vorbei, die gleichfalls Beachtung verdient: Slowakische und österreichische Naturschützer haben sich zusammengetan, um an den beiden Ufern des Grenzflusses March Vogelbeobachtungsstationen zu errichten, deren Anblick das Herz jedes Ornithologen höher schlagen läßt. Sowohl an den Kühlteichen der ehemaligen Zuckerfabrik von Hohenau wie an den wasserreichen Schottergruben des gegenüberliegenden Dorfes Adamov legen etliche Vogelarten auf ihrem Frühjahrs- und Herbstzug Rast ein, suchen sich ihre Schlafplätze, kümmern sich um ihre Brut. Die in neuerer Zeit durchgeführten March-Regulierungen haben Graugans und Bläßhuhn, Haubentaucher und Rohrweihe, Bart-

91

meise und Wiedehopf nicht nur nicht vertrieben, sondern ihnen im Gegenteil neuen Lebensraum verschafft, der ihnen die dem technischen Fortschritt geopferten Flußarme, Mäander und Feuchtwiesen voll ersetzt. Und damit dies auch in Zukunft so bleibt, haben die Behörden über das gesamte Areal ein Verbot von Campingplätzen und Bootsverkehr verhängt. Nur die Fischer der Gegend dürfen nach wie vor ihrem Tagwerk nachgehen: An Angelrute und Köderhaken sind Lachmöwe und Stockente, Uferschwalbe und Blaukehlchen seit Jahr und Tag gewöhnt.

Von Adamov und seinem Vogelparadies ist es nur mehr zwei Kilometer bis nach Gbely, das zu Monarchiezeiten Egbell geheißen und kurz vor deren Ende 1918 für einen Moment die Blicke der Welt auf sich gezogen hat. Es ist der Ort, an dem zum erstenmal in Mitteleuropa »schwarzes Gold« aus dem Boden sprudelt: Erdöl und Erdgas.

Auch fünfundneunzig Jahre nach jenem Ereignis vom Frühjahr 1913 ist man in Gbely stolz auf die örtliche Pioniergeschichte, und so bietet die Gemeindeverwaltung, der ich im Herbst 2008 meinen Besuch angekündigt habe, alles an Gewährsleuten auf, was sich für den gewünschten Lokalaugenschein auftreiben läßt: Bürgermeister Jozef Hazlinger, seines Zeichens Erdölingenieur, steht für alle Fragen zur Ortsgeschichte zur Verfügung; Vizebürgermeisterin Nataša Londarevová (die sogar auf persönliche Erfahrungen in den Erdölfeldern von Kasachstan zurückblicken kann) kennt jedes Detail jener folgenreichen Entdeckung, die den Ortsnamen Gbely (Egbell) über Nacht in die Schlagzeilen der Weltpresse katapultiert hat; und Fachschullehrerin Bohuslavá Maniaçková, die ihrer dreijährigen Unterrichtstätigkeit im niederösterreichischen Stockerau ihr perfektes Deutsch verdankt, springt bei meinen Recherchen als Dolmetscherin ein.

Gbely zählt in der Zeit vor Ausbruch des Ersten Weltkrieges zu den aufstrebenden Dörfern der Gegend: Schon seit 1892 ist man ans Eisenbahnnetz angeschlossen. Sogar Wasserleitung und Stromversorgung erreichen die Ortschaft früher als die meisten anderen – ein Fortschritt, der denn auch einen Namen trägt: den Namen Medlen.

Dabei ist er im Grunde ein armer Teufel, dieser 1870 geborene Ján Medlen. Eine primitive Keusche und ein von den Eltern ererbter Acker bilden seine ganze Habe, als er nach Ableistung des k. u. k. Militärdienstes in seinen Geburtsort zurückkehrt. Die Jugendfreundin, die er zur Frau nehmen will, heiratet einen anderen; von ihrer Untreue schwer getroffen, stürzt sich der Verschmähte umso intensiver in die Arbeit. Auch mit der »Ersatzfrau«, mit der ihn seine Verwandten verkuppeln und mit der er zwei Kinder hat, wird Medlen nicht glücklich: Von Natur eigenbrötlerisch, zieht er sich mehr und mehr von seiner Mitwelt zurück, verbringt jede freie Minute in der Natur. Doch Ján Medlen ist kein Romantiker: Wenn er seinen Blick ringsum über die

Landwirt Jan Medlen, dessen »Betriebsunfall« die Entdeckung der Erdölquellen von Egbell zu verdanken ist

93

Fluren schweifen läßt, tut er dies in der Hoffnung, dieser Natur neue Kräfte abzutrotzen. Ob er vielleicht an den Bau einer Windmühle denken sollte?

Da macht Medlen eines Tages auf einer seiner Wanderungen durch die Dúbrava, eines der ausgedehnten Waldstücke am Ortsrand von Gbely, eine Beobachtung, die ihn buchstäblich den Atem anhalten läßt: Er sieht, wie sich der Boden unter seinen Füßen »bewegt«, genauer: wie sich überm Erdreich Blasen bilden. Ohne noch zu ahnen, was der Grund dafür sein mag, nur von einer Art dunklem Instinkt geleitet, entschließt er sich, das ominöse Areal zu erwerben und der Sache auf den Grund zu gehen. Der Gastwirt, dem die Liegenschaft gehört, überläßt Medlen für ein geringes Entgelt die wertlosen paar Joch. Aus gebrauchtem Bauholz errichtet er eine einfache Hütte, und an einer der Stellen, an denen er die seltsame Blasenbildung wahrgenommen hat, gräbt er ein tiefes Loch. Resultat: Aus dem Erdreich tritt Gas aus. Brennbares Gas!

Medlen ist ein pfiffiger Bursche: Ließe sich dieser Fund nicht vielleicht zur Beheizung seiner Hütte nützen? Über einen eilends hergestellten Graben leitet er den sonderbaren Brennstoff ins Hausinnere ein und speist damit Ofen und Herd. Was er bei seinem tollkühnen Experiment freilich nicht bedacht hat: Das sich bildende Gasluftgemisch ist eine hochgefährliche Substanz. Und so passiert, was passieren muß: Das Zeug geht in die Luft. Die Folge: Die örtliche Polizei schreitet ein, Bauer Medlen wird das Handwerk gelegt. Und nachdem die ärgsten Schäden beseitigt sind, wird aus Budapest fachliche Hilfe angefordert: Die führenden Geologen des Landes sollen den geheimnisvollen Vorfall analysieren.

Am 28. Oktober 1913 treffen Hugo Böckl und dessen Kollege Šimon Papp am Ort des Geschehens ein. Das Ergebnis ihrer Expertise ist eindeutig: Es handelt sich um eine Erdgasexplosion.

Und ebenso eindeutig ist ihre Empfehlung an die mit dem Fall befaßten Behörden: Man möge schleunigst ans Werk gehen und im Zuge systematischer Bohrungen das betreffende Areal auf weitere Erdgasquellen hin untersuchen. Das setzt allerdings voraus, daß Bauer Medlen seinen Grund an die öffentliche Hand abtritt: Beim Notar werden Umwidmung und Kaufpreis ausgehandelt.

Noch im selben Jahr nimmt die mit der Durchführung des Projektes betraute Spezialfirma ihre Arbeit auf, und am 10. Jänner 1914 ist die Sensation perfekt: Der in einer Tiefe von 164 Meter aufgespürten Kammer entströmt nicht nur Gas, sondern auch Öl. Das erste Erdöl im Bereich des sogenannten Wiener Beckens!

»Bitte schnell kommen!« telegraphiert der Betriebsleiter der Bohranlage »Egbell 1« an die zuständige Berghauptmannschaft. Die systematische Ausbeutung des Erdölfeldes von Egbell kann beginnen …

Eine Art Goldgräberstimmung erfaßt das bislang so stille Egbell, Arbeitssuchende aus allen Teilen Oberungarns (wie die Slowakei zu dieser Zeit heißt) beziehen die im Ortsteil Farské eilends errichtete Wohnsiedlung. Für die härtesten Dienste werden Kriegsgefangene eingesetzt. An die vierhundert Männer sind es in summa, die sich unter der Leitung der Ingenieure, Meister und Vorarbeiter ans Werk machen, das Tagessoll von fünfzehn Tonnen Erdöl zu erbringen. Als zehn Jahre darauf der Quell zu versiegen beginnt, kann man immerhin auf hundertachtzig Bohrungen und eine Fördermenge von 100 000 Tonnen zurückblicken.

Wie geht es unterdessen mit Ján Medlen weiter – dem Mann, der dies alles mit seiner Zufallsentdeckung von 1913 losgetreten hat? Schon vor Ausbruch des Ölbooms ein Querkopf, den die meisten Leute im Ort meiden, wird der Endvierziger mit Vollbart, Schildmütze und Drillich zu allem Unglück auch noch krank. In seinen Fieberphantasien sieht er sich vom Teufel verfolgt – laut schreiend finden ihn die Nachbarn auf dem Boden seiner Hütte liegend, bevor er in tiefe Bewußtlosigkeit verfällt.

Doch Medlen gibt nicht auf. Den Neubau seines Hauses, den er mit den Erträgen aus dem Grundstücksverkauf finanziert, legt er als Rundbau an: Der Teufel, so bildet er sich ein, liebt alles Eckige; nur hinter krummen Mauern wähnt sich Medlen vor Verfolgung sicher. Als er 1944 vierundsiebzigjährig stirbt und die Leute von Gbely das Hausinnere inspizieren, stoßen sie auf die Überreste seiner sorgfältig versteckten Ersparnisse: Geldscheine, die von den Mäusen zerfressen worden sind.

Nach dem Ende des Zweiten Weltkrieges, den Egbell, das nunmehrige Gbely, ohne größere Schäden übersteht, setzt die Suche nach dem Grab des Erdölentdeckers ein, und da alle Nachforschungen erfolglos bleiben, zerbrechen sich die Gemeindeoberen den Kopf darüber, wie der verdiente Mitbürger posthum zu ehren sei. Doch erst 1969 ist es soweit, daß man ihm an der Stelle, wo Ján Medlen seinen Jahrhundertfund gemacht hat, eine Gedenkstätte errichtet: eine mit seinen Lebensdaten versehene Granitplatte, der als Symbol seines Wirkens ein ausgedientes Erdöl-Verschlußrohr beigegeben ist. Und weitere dreißig Jahre später widmet ihm die Gemeinde auf dem Platz neben dem Kulturhaus einen mit seiner Bronzebüste geschmückten Park, dem zuguterletzt auch noch eine nach Medlen benannte Straße im Ortszentrum folgt. Ja, sogar die Literatur nimmt sich des einstigen Erdölpioniers an: In Pavol Nemec' Theaterstück »Ein Tag in Záhorie« (was soviel wie »Hinter den Bergen« bedeutet) ist Ján Medlen eine Neben-, in einem der Romane des Heimatdichters Jozef Nižnánsky sogar die Hauptfigur.

Was die heutige Erdölförderung in Gbely betrifft, so bleibt sie auf minimale Resteverwertung beschränkt: Die einst florierenden Nafta-Werke stellen lediglich Untersuchungen zur Erschließung neuer Quellen an. Im übrigen lebt man von der Lagerung von Erdgas. Der auf dem Betriebsgelände angelegte und mit Techno-Relikten vom einstigen Bohrbetrieb ausstaf-

*An dieser Stelle sprudelte im Frühjahr 1913 zum ersten Mal
das »schwarze Gold« aus dem Erdreich*

fierte Werkpark soll in naher Zukunft zum Museum ausgebaut
werden.

Außerdem setzt man in Gbely auf eine – allerdings ungewisse –
Zukunft als Kurbad: Hat man einst schon die Heilkraft des Erd-
öls zu nutzen gewußt (etwa bei der Behandlung tierischer Haut-
erkrankungen), so sind es nun die im Erdreich ringsum entdeck-
ten Brom- und Jodvorkommen, von denen man sich Nutzen
erhofft. Im fünfundzwanzig Kilometer entfernten Hodonin, dem
Geburtsort des ersten tschechoslowakischen Staatspräsidenten,
Thomáš Masaryk, ist der einschlägige Kurbetrieb bereits ange-
laufen; in Gbely wartet man nur noch auf geneigte Investoren.
Die Hoffnung auf eine Art »Erdöl-Tourismus« – die hat sich leider nicht erfüllt: Beim *Jägerwirt*, dem besten (und mit einer drei-
sprachigen Speisekarte auftrumpfenden) Restaurant im Ortszentrum, in dem ich mein Mittagsmahl einnehme, bin ich zu
dieser Stunde der einzige Gast.

Der Mond von Dolná Krupá

Mit dem Auto ist es nicht viel weiter als zwei Stunden von Wien, für Beethoven war's noch eine Tagesreise. Hat man Preßburg hinter sich gelassen, geht's ein Stück über die Autobahn D 1 Richtung Žilina (Sillein); von der Bezirkshauptstadt Trnava (Tyrnau), die nach der Gegenreformation – ihres Bischofssitzes wegen – »das slowakische Rom« genannt wurde, führt eine schmale Landstraße in das 2230-Seelen-Dorf Dolná Krupá (Unterkrupa). Kurz vorm Ziel, zehn Kilometer Luftlinie Richtung Osten, steigen riesige Dampfwolken in den Himmel: Es sind die Meiler des umstrittenen Atomkraftwerks Bohunice. Auf meiner Landkarte ist es eingezeichnet; in den Fremdenverkehrsprospekten, die auch längst verschwundene Attraktionen wie das Schloßtheater der Grafen Brunswick oder das Rosarium der Gräfin Marie Henriette Chotek preisen, bleibt es – wohl kaum zufällig – ausgespart.

Hübsche Einfamilienhäuser säumen die Hauptstraße, dazwischen der seit Jahrzehnten ausgetrocknete Kanalgraben und allerlei frischer Baumwuchs. Kulturhaus und Restaurant wirken verlassen; auf dem Platz vorm Gemeindeamt, über dessen Eingang die EU-Fahne weht, bieten fahrende Händler ihre Waren an. Die wenigen Dorfbewohner, denen ich begegne, sind mit dem Fahrrad unterwegs – auch die ältesten Frauen, die sich damit schon ein wenig schwertun. In der dem heiligen Andreas geweihten Pfarrkirche die Familiengruft der Brunswicks, die gegen Ende des 18. Jahrhunderts die Herrschaft über den Ort angetreten haben. Der marmorne Sarkophag mit der lebens-

Das Schloß der Grafen Brunswick in Dolná Krupá:
Wie oft war Beethoven zu Gast?

nahen Nachbildung des Familiengründers bildet zusammen mit
den Grabwächterfiguren eines furchteinflößenden Löwen und
eines fackeltragenden Engels ein klassizistisches Ensemble von
großer Schönheit, gegen die das devastierte Chotek-Mausoleum
im verwilderten Park hinter der Kirche deutlich abfällt.
Der noch immer den Ort beherrschende Prunkbau des Schlosses, eine streng gegliederte zweigeschossige Anlage mit Pfört-
nerhäuschen, Gartenpavillon und englischem Park, wurde zwischen 1793 und 1795 errichtet und diente den Brunswicks als
Sommersitz. In neuerer Zeit als Herberge des slowakischen
Komponistenbundes genutzt, ist es heute eine der vielen De-
pendancen des Nationalmuseums der Slowakischen Republik. In
einem der Säle eine Kollektion historischer Musikinstrumente,
in den Vitrinen des Nebenraumes eine eher zufällig als systema-
tisch zustandegekommene Sammlung von Beethoven-Memora-

bilien: das Porträt des Meisters, dazu ein auf Marmor applizier-
tes Bronzerelief, ein altertümliches Metronom, ein Reprint des
Heiligenstädter Testaments, eine japanische Beethoven-Biogra-
phie, ein Exemplar von Riemanns »Analyse von Beethovens Kla-
viersonaten«, das Titelblatt vom Erstdruck des Quintetts Es-Dur
op. 16.

Was seltsamerweise fehlt, ist jegliche Anspielung auf die berühmte Mondscheinsonate, die – der Legende zufolge – im
Schloß von Unterkrupa ihren Ursprung haben soll. Nur das Al-
tersphoto einer der drei Brunswick-Schwestern, der mit Häubchen
und Spitzenkragen posierenden Therese, ist mit dem Vermerk
versehen: »Hörte hier in jungen Jahren Beethoven spielen.«
Dabei ist es ebendies, was die Besucher an diesen Ort führt: das
noch immer – auch über hundertachtzig Jahre nach seinem Tod –
ungelöste Doppelrätsel um Beethovens Brief »An die unsterbliche Geliebte« sowie um die Hintergründe seiner »Sonata quasi
una fantasia cis-Moll op. 27 Nr. 2« genannt Mondscheinsonate.
Es ist den Leuten von Dolná Krupá hoch anzurechnen, daß sie
es unterlassen, aus den ungewissen Zusammenhängen Kapital zu
schlagen: Nur dem Hauptplatz vorm Gemeindeamt haben sie
den Namen Námestie L. van Beethovena gegeben, und den an-
mutigen zweistöckigen Pavillon zur Linken des Schlosses geben
sie mit allen Vorbehalten als das Domizil des Meisters aus: Drei
Mal sei er hier zu Gast gewesen – 1800, 1801 und 1806.

Es ist die Zeit seiner beginnenden Hörschwäche, aber auch seiner großen Erfolge und vor allem der glücklichen Überwindung
seiner Geldsorgen. Einem seiner Freunde schreibt der Einund-
dreißigjährige: *»Seit vorigem Jahr hat mir Lichnowsky eine si-
chere Summe von 600 Gulden ausgeworfen, die ich, solange ich
keine für mich passende Anstellung finde, ziehen kann. Meine
Compositionen tragen mir viel ein, und ich kann sagen, daß ich*

mehr Bestellungen habe, als fast möglich ist, daß ich befriedigen kann.«

Die Brunswicks zählen zu seinen engsten Freunden – der junge Graf Franz und dessen Schwestern Therese, Josephine und Charlotte. Alle vier sind musikalisch: Die Mädchen spielen Klavier, Franz ist ein vorzüglicher Cellist. Damit sie nicht auf ihren Landgütern (ein zweites ist Schloß Martonvásár nahe Budapest) versauern (und wohl auch um der besseren Heiratschancen der Mädchen willen) haben ihre Eltern sie 1799 nach Wien geholt. Nicht nur ihnen, sondern auch einer ihrer nahen Verwandten, der blutjungen Gräfin Giulietta Guicciardi, deren Vater als Beamter der böhmischen Hofkanzlei aus Italien in die österreichische Hauptstadt gekommen ist, gibt Beethoven Klavierstunden. Ist es nur ihre musikalische Begabung oder doch auch ein gewisses erotisches Interesse des noch immer Unbeweibten, daß Beethoven Giulietta unentgeltlich unterrichtet? Nur das Dutzend Hemden, das sie ihm dafür zum Geschenk macht, nimmt er an – und auch dies erst, als sie ihm weismacht, sie habe sie selber genäht.

Beethovens Gegengabe ist die Urschrift des gerade fertigkomponierten Rondos für Klavier in c-Dur op. 51. Doch da ist der Meister ein bißchen voreilig gewesen: Kaum hat er Giulietta das Manuskript ausgehändigt, fällt ihm ein, daß er es eigentlich seiner Gönnerin Henriette von Lichnowsky versprochen hat. Er muß es also von Giulietta zurückerbitten und bietet ihr als Ersatz dafür die Noten seiner cis-Moll-Sonate an.

Der elegische Charakter des Stückes – vor allem des Adagios – läßt sogleich den Verdacht aufkommen, es müsse wohl die schöne Giulietta gewesen sein, die Beethoven zu seinem Werk inspiriert habe – und zwar während eines Zusammentreffens im Brunswick-Schloß Korompa (dem späteren Dolná Krupá). Und noch etwas – dies allerdings erst lange nach Beethovens Tod –

101

Der Komtesse Giulietta Guicciardi gewidmet:
die Mondscheinsonate

läßt die Legendenbildung heftig wuchern: Ist nicht vielleicht
Beethovens Brief an die unsterbliche Geliebte, der sich in einem
Geheimfach seines Nachlasses gefunden hat, ihr zugedacht ge-
wesen?

Romanzen haben es an sich, mit farbigen Details ausgeschmückt
zu werden, und so kommt sehr bald das Gerücht in Umlauf, die
cis-Moll-Sonate sei mit großer Wahrscheinlichkeit aus einem
Rendezvous mit Giulietta hervorgegangen, das während einer
Mondnacht in einem der Gartenlauben von Korompa stattgefunden habe. Die Folge: Das Werk kursiert in der Musikwelt von
Stund an unter dem Namen »Lauben-Sonate«, um wiederum einige Zeit später zur »Mondschein-Sonate« zu mutieren.
Dies alles freilich ohne Beethovens Zutun. Im Gegenteil: Er selber – so wird später sein Schüler Karl Czerny berichten – habe

sich von dem übertriebenen Kult um die cis-Moll-Sonate klar distanziert: *»Ich habe doch wahrhaftig Besseres geschrieben.«*

Heute wissen wir: Der Name »Mondschein-Sonate« stammt von fremder Hand. Beinamen wie »Eroica« und »Pathétique«, wie »Rasumowsky-Quartett«, »Kreutzer-Sonate« oder »Erzherzog-Trio« gehen auf Beethoven selbst zurück. Nicht aber das Epitheton »Mondschein-Sonate«.

Dies hat sich einer seiner Bewunderer einfallen lassen: der auch als Pianist ausgebildete Berliner Schriftsteller und Musikkritiker Ludwig Rellstab. Der fast dreißig Jahre Jüngere, der sich auf die persönliche Bekanntschaft von Goethe, Mendelssohn und Johann Peter Hebel berufen kann, trägt Beethoven während eines Wien-Aufenthaltes anno 1825 sein Opernlibretto »Orestes« zur Vertonung an. Daraus wird zwar nichts, doch Rellstabs Anbetung des Meisters hält unvermindert an, und so geht – fünf Jahre nach dessen Tod – Rellstab in einem Beethoven-Aufsatz auch auf die cis-Moll-Sonate ein, deren Eröffnungssatz ihn an eine Mondnacht am Vierwaldstädtersee erinnere.

Auch andere gewichtige Stimmen erheben sich, das nunmehr unter dem Namen »Mondscheinsonate« populäre Werk zu preisen und zu deuten. Hector Berlioz berichtet 1835, Franz Liszt habe es bei einem seiner Konzerte, von Trauer übermannt, in einem total abgedunkelten Saal gespielt, und der Beethoven-Adlatus (und Quartettgeiger) Karl Holz mutmaßt, die cis-Moll-Sonate sei unter dem unmittelbaren Eindruck des Todes eines Freundes des Komponisten entstanden. Erst Romain Rolland kehrt wieder zu der romantischen Version zurück, wonach Beethoven in den Noten dieses Werkes sein vergebliches Werben um die Liebe einer jungen Frau verarbeitet habe – und zwar in einer Mondnacht im Park der mit ihm befreundeten Familie Brunswick. Rolland nennt auch den Namen der Angebeteten: Therese, die älteste der drei Brunswick-Schwestern.

103

Damit wären wir also wieder in Korompa, dem späteren Unterkrupa (Dolná Krupá). Doch Rollands Spekulationen werden wi-
derlegt: Therese Brunswick hat als alte Dame ihre Memoiren
vorgelegt, darin mit keinem Wort irgendwelche Avancen Beethovens erwähnt und stattdessen den Verdacht auf ihre jüngere
Schwester Josephine gelenkt. Als man ihr nach Beethovens Tod
den berühmten Text »An die unsterbliche Geliebte« vorlegt, zö-
gert Therese keinen Augenblick, in dem Wunschobjekt seiner
»Glückseligkeit« Josephine zu erkennen, und bricht in heftige
Klage darüber aus, daß ihre geliebte Schwester eine andere Wahl
getroffen und statt Beethoven den dreißig Jahre älteren Grafen
Deym geheiratet habe.

Auch die Widmungsträgerin der cis-Moll-Sonate, die schon erwähnte Giulietta Guicciardi, dürfte als Adressatin des ominösen
Dokuments ausscheiden: Als das Werk am 3. März 1802 in der

Der Beethovenplatz in Dolná Krupá

»Wiener Zeitung« angekündigt wird und kurz darauf im Druck erscheint, ist die schöne Contessa längst einem Grafen Gallenberg im Wort und folgt diesem (in einer durch und durch unglücklichen Ehe) nach Italien. Was ihr bleibt, ist die Widmung »alla Damigella Contessa Giulietta Guicciardi da Luigi van Beethoven«, die auch im gesamten übrigen Text – wie es zu dieser Zeit die Mode verlangt – in italienischer Sprache gehalten ist. Das schließt sogar das Impressum mit ein: Aus dem Verlagssitz Wien wird Vienna und aus der Verlagsadresse Michaelerplatz eine Piazza di San Michele.

Die »Sonata quasi una Fantasia per il Clavicembalo o Piano-Forte« wird im Lauf der Zeit nicht nur zu einem der meistgespielten Werke Beethovens, sondern auch zu einem der begehrtesten Autographe der internationalen Musikwelt. Ist schon nicht an die komplette Originalhandschrift heranzukommen (die zu den Schätzen des Bonner Beethovenhauses zählt), so reißen sich die Bibliotheken und Museen umso mehr um die wenigen erhaltengebliebenen Skizzenblätter. Stolze Besitzer sind die Biblioteca Estense in Modena, das Fitzwilliam Museum in Cambridge und die Musashino Musikakademie in Tokio. Die Gemeinde Dolná Krupá könnte da, sollte eines Tages auch nur das kleinste Fetzchen Notenschrift im Antiquitätenhandel auftauchen, schwerlich mitbieten. Man begnügt sich daher mit Beethovenplatz und Beethovenpavillon, mit wohlfeilen Allerweltsmemorabilien und gelegentlicher Kammermusik im Konzertsaal von Schloß Brunswick. Sehr vernünftig.

105

Unter Freunden

Das Festival »Art Film«, das seit 1993 allsommerlich in dem nordwestslowakischen Kurort Trentschin-Teplitz (Trenčianske Teplice) stattfindet, zählt zwar zu den kleineren seiner Art, doch bei der Wahl der Stars, die zu dem Ereignis eingeladen werden, gibt man sich weltläufig: Auf Debütant Franco Nero folgen Gina Lollobrigida, Annie Girardot, Geraldine Chaplin, Sophia Loren, Jean-Paul Belmondo und Catherine Deneuve. Mit Klaus Maria Brandauer ist 2003 auch Österreich würdig vertreten. Und damit auch die Nachwelt von dem illustren Besucherreigen etwas hat, werden an der Brüstung der Brücke »Most slávy« Gedenkplatten angebracht, die all die großen Namen in bronzenen Lettern festhalten.

Im 4-Sterne-Hotel *Flora*, wo die Stars während ihres Aufenthalts in Trentschin-Teplitz untergebracht sind, tut man noch ein Übriges und reichert die Speisekarte des angeschlossenen Restaurants mit Gerichten an, die auf ihre Weise dem *Genius loci cinematensis* huldigen: »Pretty Woman« heißt eines der Schmankerln. Und im Schaukasten des Kursalons, wo die Filmvorführungen stattfinden, kann man die Hollywood-Prominenz, die dem Ort für einige Tage die Ehre gibt, auch im Porträtphoto bewundern – ein kräftiger Hauch Traumfabrik an einem der Ränder der slowakischen Provinz.
Wer sich – wie ich – bei dieser Gelegenheit auf die Geschichte des schmucken Kurbades fünfzig Kilometer nördlich des berühmten Konkurrenten Pistyan (Piešťany) einläßt, wird an all dem Auf-

wand allerdings nichts Ungewöhnliches finden: In Trentschin-Teplitz hat man sich auch schon in früheren Zeiten vorzüglich darauf verstanden, namhafte Gäste von weither anzulocken, zu beherbergen und zu verwöhnen: Kaiser Leopold I. hat die Heilquellen von Trentschin-Teplitz ebenso zu nutzen gewußt wie Bulgariens Zar Ferdinand I., Fürstin Pauline Metternich ebenso wie Kronprinz Rudolf. Zum Andenken an die regelmäßigen Aufenthalte der aus Prag anreisenden Schriftstellerbrüder Karel und Josef Čapek ist sogar ein auf deren Namen lautender Preis gestiftet worden, der alljährlich an herausragende Persönlichkeiten der slowakischen bzw. tschechischen Kultur verliehen wird.

Einer, für den Trentschin-Teplitz zeitweise beinahe zur zweiten Heimat wird, ist der österreichische Schriftsteller, Kabarettist und Vortragskünstler Roda Roda. Immer wieder kehrt der »Mann mit der roten Weste«, der in Mähren zur Welt gekommen, in Kroatien aufgewachsen und in Wien und Graz, in München und Berlin tätig gewesen ist, bei seinen Verwandten in Trentschin-Teplitz ein, die dort eine Fremdenpension betreiben, und als der Fünfundsechzigjährige 1938 – seiner jüdischen Abstammung wegen – Europa verlassen und in den USA Zuflucht suchen muß, ist es der kleine slowakische Kurort nahe der tschechischen Grenze, in dem Roda Roda und die Seinen von der Alten Welt Abschied nehmen und im Kreise ihrer Freunde ein paar letzte glückliche Monate in vertrauter Umgebung verbringen.
Gattin Elisabeth ist es, die in einem ihrer Briefe den besonderen Zauber von Trentschin-Teplitz beschwört, das ohne weiteres mit Weltbädern wie Pyrmont oder Baden-Baden zu vergleichen, ja diesen beiden – seiner folkloristischen Reize wegen – sogar vorzuziehen sei: »*Überall Musik und Tanz. Und das Hübsche sind die Slowaken, die wie eh und je mit ihren weißen Bündeln auf dem Rücken und mit ihren weichen Filzschuhen durch den Park trotten, Erdbeeren verkaufen und Waisenmädchenhaar.*«

Das süße Leben von Trentschin-Teplitz hatte es vielen Prominenten der Zwischenkriegszeit angetan – allen voran dem Humoristen Roda Roda

1917 ist es das erste Mal, daß Roda Roda, seine aus dem Baltikum stammende Gattin Elsbeth Freifrau von Zeppelin und die siebenjährige Tochter Dana nach Trentschin-Teplitz reisen. Es ist das vorletzte Kriegsjahr, Roda Roda hat seine Tätigkeit als Kriegsberichterstatter der »Neuen Freien Presse« eingestellt und will sich und seine Familie fortan als freier Schriftsteller durchbringen. Er hängt die Offiziersuniform der k. u. k. Armee an den Nagel und läßt sich aus dem knallroten Rockfutter eine Weste schneidern, die von nun an ebenso sein Markenzeichen sein wird wie das obligate Monokel, das rotgeränderte Briefpapier und der rote Stempel, den er allen Manuskripten aufdrückt, die er an »seine« Redakteure und Verleger schickt.

Den Künstlernamen Roda Roda, unter dem er seine Humoresken und Satiren, seine Reiseberichte und Schwänke unter die Leute bringt, hat er sich schon früher zugelegt – es ist eine Schutzmaßnahme vor dem auch in Österreich aufkommenden Antisemitismus. Der als Alexander Friedrich Rosenfeld Geborene, der schon als Jüngling mit Schwester Maria die Leidenschaft

zum »Dichten« teilt, einigt sich mit der drei Jahre Jüngeren auf
das gemeinsame Pseudonym A. M. Roda Roda – »zum Zeichen,
daß wir ein Doppelwesen sind«. Später, als die beiden längst ge-
trennte Wege gehen und Alexander sein Jugendhobby zum Beruf
gemacht hat, streicht er die Initialen der beiden Vornamen und
beläßt es bei Roda Roda, und genau so wird es ab 1906 auch in
seinem Paß stehen. Ob es sich um seine Zeitungsartikel, seine
Bucheinbände, die Programmzettel seiner Theaterstücke, seine
Korrespondenz, seine von Freund Fritz Wotruba entworfene
Grabtafel auf dem Wiener Zentralfriedhof oder auch die nach
ihm benannte Straße im Wiener Außenbezirk Strebersdorf handelt – überall firmiert der einstige Alexander Friedrich Rosenfeld
exklusiv als Roda Roda, und selbst seine geliebte Tochter Dana
(die mit vierundzwanzig Jahren den Schriftsteller Ulrich Becher
heiratet) wird Papas Pseudonym zum Bestandteil ihres Namens
machen und sich in Hinkunft Dana Becher-Roda nennen.

Doch zunächst nochmals zurück in die Slowakei, deren Menschen, Orte und Gebräuche Roda Roda so sehr liebt. Vor allem
in Trentschin-Teplitz hat er viele gute Freunde; er trifft sich mit
ihnen zur Kaffeejause in dem am Ortsrand gelegenen Nobello-
kal »Baračka« oder zum 5-Uhr-Tee im *Grand*, dem mit fünfhun-
dert Betten größten Hotel der Stadt. Besonders angetan hat es
ihm die »Zigeunerkapelle«, die täglich für die Gäste aufspielt; mit
den jungen Damen vom Ast-Quartett, die zu einem Konzert aus
Wien angereist sind, läßt er sich freudestrahlend photographieren. Mit dem ehemaligen Minister und jetzigen Direktor des
Kurhauses, Vavro Šrobár, spielt er Schach; auch in das gerade in
Mode kommende Culbertson-Bridge läßt er sich einweihen. In
der Person des Malers Andreas Szenes gewinnt er den kongenia-
len Illustrator eines seiner wichtigsten Bücher.
Auch zum Schreiben ist Trentschin-Teplitz ein vorzüglicher
Platz: Hier hat Roda Roda 1917 die Anfangsszenen seines Ra-

detzky-Lustspiels »Der Feldherrnhügel« zu Papier gebracht, und hier wird er zwanzig Jahre später, kurz vor der Emigration, auch über ein Napoleon-Stück nachdenken (zu dem es nicht mehr kommt).

Zwiespältig ist und bleibt Roda Rodas Verhältnis zu Preßburg. Huldigt man ihm einerseits noch zu Lebzeiten mit der Kreation einer Bronzebüste, mit der er sich stolz photographieren läßt, so kann er andererseits nur schwer vergessen, daß man ihn hier – im Frühjahr 1919 – unter Spionageverdacht vor Gericht gestellt hat. Sehr viel wohler fühlt er sich in Pistyan – und zwar besonders in jenen Apriltagen des Jahres 1937, da ihn das berühmte Kurbad in die Jury des dortigen Automobilrennens beruft, das nicht nur ein sportliches, sondern auch ein gesellschaftliches Ereignis ersten Ranges ist.

Roda Roda kennt nicht nur sämtliche Kronländer des habsburgischen Vielvölkerreiches aus eigenem Erleben, sondern er wählt sie auch als Schauplätze für seine Geschichten – von Bosnien bis Galizien, von Karlsbad bis Temesvar. Auf den von der Konkurrenz häufig geäußerten Vorwurf der Vielschreiberei antwortet er mit einem Aperçu in eigener Sache; unter dem Titel »Das Beispiel« versucht er sich zu rechtfertigen: »*Man wirft mir vor, ich produziere zu viel, zu wahllos, und schade dadurch meinem Ruf. Unsinn. Ich halte mich an das Beispiel Gottes: Was hat Gott nicht alles geschaffen, wieviel Mist ist darunter, und was hat Gott für einen Namen!*«

Unter Roda Rodas Verteidigern ist einer der engagiertesten sein Berliner Kollege Kurt Tucholsky; er schreibt: »*Roda Roda hat mit seltenster Sprachkraft den Ausdruck, die Pointe, das Wort für eine Situation, für Personen und Zustände gefunden und geformt. Er hat der deutschen Anekdote Gestalt und Gehalt gegeben.*« Das heißt allerdings nicht, daß er es für alle Zeiten bei der harmlos-gemütlichen Gattung Anekdote beließe: Besonders, seitdem die nationalsozialistische Gefahr sich auch in Österreich auszubreiten beginnt, schlägt Roda Roda zunehmend ernste Töne an. Als er am 22. August 1937 endgültig von der Slowakei Abschied nimmt und nach einem Zwischenaufenthalt in Brüssel am 9. März 1938 in die Schweiz übersiedelt, wird er nicht müde, über das künftige Schicksal seines Heimatlandes nachzudenken, und in seiner »Denkschrift zur Anschlußfrage« geht er sogar auf den Unterschied zwischen Österreich und Deutschland ein: *»Die Österreicher haben mit den Deutschen nichts gemeinsam als die Sprache. Die Österreicher sind keine Germanen, sind ein Mischvolk, sind ein deutschsprechendes Balkanvolk: nicht so wahrheitsliebend wie die Türken, nicht so arbeitsam wie die Bulgaren, nicht so tapfer und phantasievoll wie die Serben, nicht so lebhaft wie die Magyaren, nicht so bescheiden im Anspruch an das Wohlleben wie die Griechen, aber leichtfertig wie die Rumänen.«*

Über diese Charakterisierung ließe sich natürlich trefflich streiten, und es wäre nicht das erste Mal, daß sich Roda Roda heftigsten Angriffen seiner Gegner ausgesetzt sieht – Intimfeind Karl Kraus hat schon in früheren Jahren keine Gelegenheit ausgelassen, ihm am Zeug zu flicken.

Ist Roda Roda im heutigen Trenčianske Teplice, seinem slowakischen Lieblingsort, noch in irgendeiner Weise präsent? Mein Lokalaugenschein, für den ich die dreieinhalbstündige Bahnfahrt von Wien in Kauf nehme, bestätigt, was ich von Anfang an vermutet habe: nein. Aber wäre es denn überhaupt zu erwarten, wo doch selbst in Österreich der Name Roda Roda im Verblassen und in unseren Buchhandlungen kaum noch eines seiner Bücher aufzutreiben ist?
Die Reise lohnt sich dennoch: Ich lerne einen Kurort kennen, der auf dem besten Wege ist, die Mühseligkeiten des Übergangs vom realen Sozialismus der KP-Ära zum Wellness-Tourismus der west-

111

lich ausgerichteten Wohlstandsgesellschaft zu überwinden, ohne dabei die reizvollen, wenngleich spärlichen Reste der sogenannten *Belle Époque* zur Gänze aufzugeben. Zwar ist der Glanz des einstigen Vorzeigebetriebes *Grand Hotel* der klobigen Protzarchitektur des Nachfolgebaues *Krym* gewichen, und auch die skulpturelle Staatskunst der sechziger und siebziger Jahre, die sich nach wie vor im Kurpark breitmacht, ist nicht unbedingt das, was sich der heutige Gast von einem attraktiven Kurort erwartet. Doch der Umgangston hat sich aufs wohltuendste geändert: sei es, daß die Lautsprecherstimme in der Schmalspurbahn, die für das letzte Stück Strecke in der Station Trenčianske Tepla bereitsteht, den Ankömmling in mehreren Sprachen (darunter der deutschen) willkommen heißt; sei es, daß die Wärter des Hammam, des 1888 im orientalischen Stil errichteten und noch immer voll funktionsfähigen Dampfbades, auch dem nur an einem raschen Erinnerungsphoto Interessierten freundlich Einlaß gewähren.

Ich wandere durch den ausgedehnten Kurpark, inspiziere das eine und andere der zahlreichen Hotels, nehme in einem der Gartenrestaurants mein Essen ein, erfahre aus einer der in der Touristik-Information aufliegenden Broschüren, daß es der griechischstämmige Wiener Finanzmagnat Freiherr Georg von Sina gewesen ist, der 1835 das Heilbad erworben und zu dessen späterer Blüte geführt hat. Und spätestens bei Betreten der Konzerthalle, in der seit 1935 alljährlich das Festival »Musikalischer Sommer« stattfindet, stoße ich sogar auf eine Geschichte, die dem Anekdotensammler Roda Roda einen herrlichen Stoff geliefert hätte, wäre er nicht zu der Zeit, da sie sich zugetragen hat, bereits seit fünf Jahren tot gewesen.

Sommer 1949, es ist eines der ersten Musikfestivals nach dem Krieg. Für eines der Konzerte möchte man einen Dirigenten von Weltruf gewinnen (so wie es in späteren Jahren beispielsweise der

Komponist Aram Chatschaturjan oder der Pianist Svjatoslav Richter sein werden). Die Wahl fällt auf den vierundsechzigjährigen Otto Klemperer, der nach seiner Emigrantenzeit in den USA (wo er das Los Angeles Philharmonic Orchestra zu höchsten Höhen geführt hat) nach Europa zurückgekehrt ist und 1947 die musikalische Leitung der Budapester Oper übernommen hat. Die drei Jahre in der ungarischen Hauptstadt, wo dem Maestro zwei Theater, drei Orchester sowie erstklassige Chöre und Sänger zur Verfügung stehen, wird Klemperer später »die glücklichsten meines Lebens« nennen. Allein in *einer* Saison gelingt es ihm, sämtliche fünf großen Mozart-Opern herauszubringen.

Der gebürtige Breslauer Otto Klemperer ist ein genialer Kapellmeister, aber auch ein schwieriger, zu Temperamentsausbrüchen neigender Mann. Unvergessen ist der spektakuläre Zwischenfall vom 24. Oktober 1948, an dem er an der Budapester Oper eine »Lohengrin«-Vorstellung leitet. József Simándy singt die Titelpartie – und das mit so immensem Erfolg, daß das hingerissene Publikum mit nicht enden wollendem Beifall eine Wiederholung der Gralserzählung erzwingen will. Klemperer ist außer sich: Er will unter keinen Umständen den Fluß der Wagner-Musik unterbrechen lassen, bittet das Publikum, das minutenlange Klatschen einzustellen, und fordert, nachdem alles nichts nützt, Orchester und Chor auf, einfach weiterzuspielen. Doch die Zuschauer sind nicht zu bändigen, und so bricht Klemperer die Vorstellung ab, übergibt deren Leitung an den diensthabenden Konzertmeister und verläßt unter Protest das Dirigentenpult.

Auch bei Klemperers legendärem Gastspiel in Trentschin-Teplitz kommt es zum Krach. Der Maestro reist an, bezieht seine Suite im *Grand Hotel* und findet sich noch am selben Tag zur ersten Orchesterprobe im Konzertsaal des Kurhauses ein. Dort erwartet ihn eine Überraschung, die den wegen seines aufbrausend-herrischen Wesens gefürchteten Künstler total ausrasten läßt. Ob es an seinem mangelhaften Ungarisch liegt oder aber an

Musikalischer
»Dressurakt« sondergleichen:
Otto Klemperers Gastspiel
beim Sommerfestival von
1949

einer Schlamperei des Konzertmanagements – Klemperer bekommt jedenfalls ein völlig anderes Orchester vorgesetzt als angenommen: nicht die von ihm erwartete »Mährische Philharmonie«, sondern – das Kurorchester von Bad Luhačovice.

Klemperer ist empört über die Zumutung, mit diesem drittklas-
sigen Klangkörper vors Publikum zu treten, legt einen bühnen-
reifen Wutanfall hin, droht mit Abreise. Doch das Wunder tritt
ein: Mit vereinten Kräften gelingt es, den aufgebrachten Maestro
zu beruhigen und zur Aufnahme der Proben zu bewegen. Es
sind allerdings Proben, wie sie die Musiker aus dem kleinen
Luhačovice noch nie erlebt haben: Sie dauern von früh morgens
bis spät abends, nur von einer kurzen Mittagspause unterbro-
chen – und das vierzehn Tage hindurch. Außerdem wird für einige der »heikleren« Instrumente Nachschub vom Preßburger
Radioorchester beschafft.

114

Was niemand – vor allem keiner der Musiker selber – für möglich hält, wird Wirklichkeit: Otto Klemperer schafft es mit seinem eisernen Willen und seinem pädagogischen Genius, das Kurorchester aus der mährischen Provinz in eine durchaus ebenbürtige Philharmonie zu verwandeln und das Konzert im Kursalon von Trentschin-Teplitz zu einem Triumph werden zu lassen, der nicht nur in die örtliche Musikgeschichte eingeht. Noch heute, sechs Jahrzehnte danach, prangt im historischen Schaukasten des Kursalons von Trentschin-Teplitz das längst vergilbte Photo jenes Mannes, dem dieses Wunder zuzuschreiben ist: Otto Klemperer im Nachkriegsfrack, am Revers das rot-weiß-blaue Emblem des Gastlandes, das Doppelkreuz der Slowaken. Erinnerung an eine Sternstunde der Solidarität – über alle Grenzen hinweg. Ethnische wie musikalische.

115

Der Karpaten-Dämon

Dieses Gesicht vergißt man nicht: Peter Lorre als Taschendieb Ugarte in »Casablanca«. Dabei ist es nur eine der Nebenfiguren, die der Neununddreißigjährige in Michael Curtiz' Kultfilm zu verkörpern hat. Die Hauptrolle, die ihn bereits zwölf Jahre davor – nämlich 1931 – berühmt gemacht hat, ist der Kindsmörder in Fritz Langs »M«. Obwohl einer der ersten Tonfilme des deutschen Kinos, setzt die Handlung stumm ein: Der Schatten eines Mannes – Oberkörper, Kopf und Hut – fällt auf ein Fahndungsplakat der Polizei; ein kleines Mädchen spielt seinen Ball gegen die Litfaßsäule, an der mit einer Belohnung von 10 000 Mark zur Identifizierung des Täters aufgerufen wird. Dieses Mädchen wird sein nächstes Opfer sein.

Drei Jahre später dreht Peter Lorre seinen ersten Hitchcock-Film – es ist der englische Psycho-Krimi »The man who knew too much«. Auch mit John Hustons »Spur des Falken« geht er in die Kinogeschichte ein. Reine Massenware ist hingegen die 1937 einsetzende Mr.-Moto-Serie: Die Rolle des gewitzten japanischen Meisterdetektivs soll Peter Lorre in erster Linie Geld einbringen. Daß er in manchen Jahren bis zu acht Mal vor der Kamera steht, erklärt sich daraus, daß es meist nur Chargenrollen sind, für die er verpflichtet wird. Aber *was* für Chargen! Der lauernde Blick aus den übergroßen Eulenaugen, die schleimig-sanfte Stimme aus dem unheimlichen Kaulquappenmund und vor allem der abgründige Charakter der von ihm verkörperten Figuren fügen sich zu einem Konglomerat aus Melancholie und

*»Karpaten-Dämon«
Peter Lorre als
Taschendieb Ugarte
in Michael Curtiz'
Kultfilm »Casablanca«*

Dämonie, das den sensiblen Kinobesucher bis in dessen Träume verfolgt.

Natürlich tun die Werbestrategen von Hollywood alles, um das diesbezügliche Image ihres Stars zu festigen: Peter Lorre muß um jeden Preis zum *bad guy* stilisiert werden, zum zwielichtigen Außenseiter, zum Monster, zum Teufel in Menschengestalt. Oder zumindest zum undurchsichtigen Geheimnisträger, zum verschlagenen Underdog, zum Spezialisten fürs Sinistre. Prompt haben sie dafür auch eine Erklärung zur Hand: Das Absonderliche an Peter Lorre und den von ihm gezeichneten Charakteren habe seinen Grund in seiner Herkunft. Das Land, aus dem er stamme, seien jene einsamen Wälder und dunklen Täler am Fuße der Karpaten, in denen es vorzeiten von Vampiren, Werwölfen und anderen Dämonen gewimmelt habe und wo bis heute das Geheimnisvolle, das Bedrohliche, das Fluchbeladene seinen festen Platz habe.

Daß es in Wahrheit sehr viel simplere Gründe sind, die Peter Lorre für alle Zeiten in seinem Image als Horrordarsteller einbetonieren, interessiert die Public-Relations-Spezialisten nicht. Der eine dieser Gründe ist ein äußerlicher: Peter Lorre ist von gedrungener, leicht geduckter Statur und seine Augen sind von Geburt an mit dem Basedowschen Syndrom behaftet. Der zweite Grund ist ein künstlerischer: Peter Lorre ist ein so exzellenter Schauspieler, daß er keinerlei Mühe hat, sich auch in dem engen Fach, auf das man ihn festgelegt hat, bis zum Überdruß zu bewähren.

An der Legende vom »Karpaten-Dämon« ist also nichts dran? Ich will versuchen, der Sache auf den Grund zu gehen, studiere die Landkarten von Lorres Kindheitsheimat und steige in den Zug nach Ružomberok, wo unser »Held« am 26. Juni 1904 zur Welt gekommen ist.

Die 32 000 Einwohner zählende nordslowakische Stadt am Ufer der Waag ist zunächst einmal ein Industriezentrum, das den Besucher nicht auf den ersten Blick mit touristischen Reizen überhäuft. Der von den Gestaltern eines im städtischen Informationszentrum erhältlichen Heimatkalenders angestellte Vergleich mit Salzburg, Innsbruck und Zakopane spielt wohl nur auf die geographische Struktur, auf die Lage zwischen den Berghöhen der Tatra und der Fratra sowie auf die Nähe der mustergültig erschlossenen Wintersportzentren an.

Was dem Gast aus dem Nachbarland schon bei der Anreise ins Auge sticht, ist die Ausgewogenheit von Urwüchsigkeit und Zivilisation: Naturbelassene Täler mit Dörfern im alten Stil wechseln mit hochmodernen Industrieanlagen ab: VW ist nur eines von vielen vertrauten Firmenschildern, die das Zeitphänomen »Betriebsauslagerung« eindrucksvoll belegen. Im Stadtinneren ist dann ein buntes Gemisch aus alt und neu zu bewundern. Die hübschen, mit frischen Fassaden versehenen einstöckigen Häuser des Hlinka-Platzes erinnern an die Zeit um 1340, wo hier deutsche Siedler das einstige »Rosenberg« gegründet haben, das in den Jahrhunderten der Zugehörigkeit zum Königreich Ungarn den Namen Rószahegy und noch später den slowakischen Namen Ružomberok angenommen hat. Ich betrete stilvoll restaurierte Kirchen und Amtshäuser, plaudere mit den Studenten der vor einigen Jahren gegründeten katholischen Universität, staune überhaupt über das jugendliche Flair in den Straßen, auf den zahlreichen die Oberstadt mit der Unterstadt verbindenden Stiegen sowie in den sauberen Parkanlagen und bedaure nur, daß das Museum, von dem ich mir Aufschluß über den berühmtesten Sohn der Stadt, Peter Lorre, erhoffe, eines Umbaues wegen für längere Zeit geschlossen ist. Daß es auf der Schrifttafel beim Museumseingang, die über die unterschiedlichen Eintrittspreise aufklärt, eine eigene Kategorie »Ausländer« gibt, tu ich als Kuriosum ab. Auffällig und für den strapazierten Spaziergänger ein Labsal: das üppige Angebot an öffentlichen Sitzgelegenheiten. Ich kenne keine Stadt dieser Größe, die mit einer solchen – auch stilistischen – Vielfalt an Bänken, Sesseln und Sitzgruppen aufwartet – mit oder ohne Lehne, amphitheatralisch angelegt oder fußfrei, aus Eisen zusammengefügt oder aus Holz. Oder auch – letzte Überbleibsel aus der kommunistischen Ära – aus Kunststoff.

Geschäftig geht es in der Fußgängerzone zu, besonders in der Podhora, einer jener lebhaften Ladenstraßen, die – wie historische Photos bezeugen – um 1900 den Übergang von der schummerigen ebenerdigen Krämerbude zum stolzen zweistöckigen Gründerzeitbau erleben. Hier, in einem dieser nach der »sanften Revolution« von 1989 restaurierten Häuser, wird im Sommer 1904 Ladislav Löwenstein geboren, der zwanzig Jahre später, mittlerweile in Wien, in den Schauspielerberuf eintreten und den Künstlernamen Peter Lorre annehmen wird.

Die Löwensteins gehören in Ružomberok einer zweifachen Min-

derheit an: Sie sind Juden, und ihre Umgangssprache ist
Deutsch. Vater Alois arbeitet als Rechnungsprüfer in der von
dem Wiener Großindustriellen Isidor Mautner im Ortsteil
Rybarpole gegründeten Textilfabrik – sie ist einer jener rund
vierzig Betriebe, die mit ihren 23000 Beschäftigten einen der
größten Arbeitgeber der Habsburger-Monarchie darstellen.

Ich schaue mich auf dem zwei Kilometer vom Stadtkern entfernten Gelände um: Es ist nach wie vor Industriezone, nur in
stark verringertem Umfang, auch sind die alten Fabrikschlote
verschwunden, und in den Werkshallen – offizielle Adresse:
Textilna Nr. 23 – werden mittlerweile ganz andere Bedarfsartikel
hergestellt. Mehrere Firmen unterschiedlichen Zuschnitts teilen
sich den vormals mautnerschen Großbetrieb. Gleich gegenüber
den Werksanlagen der heruntergekommene Vorortbahnhof von
Rybarpole; zwischen Fabrikstor und Bahntrasse ein Kiosk, an
dem sich die Werktätigen mit Tabakwaren und Süßigkeiten eindecken können, mit Zeitungen und Romanheften. Sogar ein
schmales Angebot von DVDs sichte ich: ein alter James Bond,
das Musical »Phantom der Oper«. Auch Peter Lorre gäbe es auf
DVD, wenn auch nicht hier: Ich würde mich lächerlich machen,
nach ihm zu fragen, er ist in seiner Geburtsstadt Ružomberok ein
unbekannter Mann.
Auf dem Rückweg in die Stadt halte ich einen Augenblick bei
einem der verwahrlosten Arbeiterwohnhäuser an, die heute allesamt von Roma belegt sind: *Cigánsky problém* habe ich schon
als Spray-Parole an einer der Hauswände im Stadtinneren gele-
sen – wenigstens eine halbwegs neutrale Formulierung, keine
angriffige.

Zurück zu den Löwensteins. Vater Alois, Jahrgang 1877, glaubt
an Kaiser und Vaterland und hat in der k.u.k. Armee gedient. Er
entstammt einer Rabbinerfamilie. Die junge Magistra Barbora

Čiljaková, selber Jüdin und in der Immobilienagentur ihres Onkels Pavol Fischer tätig, bietet sich mir als Informantin an, sucht mich im Hotel auf. Obwohl selber areligiös, beklagt sie den Niedergang der jüdischen Gemeinde von Ružomberok: Die 1890 erbaute Synagoge in der Ulica Panská steht seit Jahren leer, die Fenster sind eingeschlagen, die Türen verrammelt und mit Müll zugeschüttet. Es gibt Pläne, den abbruchreifen Bau zu retten und als eine Art Kulturhaus wiedererstehen zu lassen – mit Konzerthalle und Kunstgalerie. Die dafür nötigen Mittel hofft man mit EU-Hilfe aufzutreiben.

Zu einem kurzen Aufflackern jüdischen Lebens, so berichtet Barbora, sei es im vergangenen Jahr gekommen, als der von Preßburg ausgeschickte Gedenkzug mit den Namenslisten der slowakischen Holocaust-Opfer auch im Bahnhof von Ružom-

Letztes Überbleibsel des jüdischen Gemeindelebens von Ružomberok: die
Ruine der 1890 errichteten Synagoge

berok einen mehrtägigen Stop eingelegt hat. Der Judenfriedhof ist von Rowdies verwüstet, die verbleibenden Gräber auf den von Katholiken dominierten Stadtfriedhof transferiert worden. Der Name Löwenstein findet sich nirgends: Die Familie wechselt den Wohnort, als Ladislav, ihr Erstgeborener, ins Volksschulalter eintritt.

Mutter Elvira bringt noch zwei weitere Kinder zur Welt; nach der letzten Niederkunft stirbt sie, nur siebenundzwanzig Jahre alt, an einer Blutvergiftung. Es ist der vier Jahre jüngere Andreas, der seinem Bruder Ladislav wie aus dem Gesicht geschnitten scheint. Er wird später, als Ladislav längst zum Weltstar avanciert ist, immer wieder mit diesem verwechselt werden: *»Sind Sie nicht Peter Lorre? Sie schauen genau so aus wie er!«* Seine lakonische Antwort: *»Ja, aber mit einem kleinen Unterschied: Er wird dafür bezahlt.«*

Vater Alois Löwenstein mag seine drei Kinder nicht mutterlos aufwachsen lassen, heiratet nach dem frühen Tod Elviras deren beste Freundin. Melanie Klein führt ein strenges Regiment, Ladislav mag sich nicht an sie gewöhnen – hier könnte eine der Wurzeln für sein späteres Außenseitertum zu suchen sein.

Daß die Familie Ružomberok verläßt und in die rumänische Hafenstadt Braila übersiedelt, hängt mit Vater Löwensteins beruflichem Fortkommen zusammen. Sohn Ladislav besucht in der neuen Heimat eine deutschsprachige Privatschule; über seine frühkindlichen Vorlieben weiß man nur, daß er ein leidenschaftlicher Karl-May-Leser ist und sich als talentierter Bleistiftzeichner und Aquarellmaler hervortut.

Als im Juni 1913 der zweite Balkankrieg ausbricht, fühlt sich die Familie am äußersten Rand des Habsburgerreiches bedroht und versucht im österreichischen Kernland Fuß zu fassen – zuerst, der niedrigeren Mietpreise wegen, in Mödling, schließlich in Wien. Man wohnt auf der Landstraßer Hauptstraße 153, Ladislav besucht die Bürgerschule – mit den Schwerpunkten Fremdsprachen, musische Fächer und Mathematik.

Zu Kriegsbeginn 1914 wird die Reserveeinheit, der Vater Alois angehört, einberufen. 1916 rüstet der Achtunddreißigjährige wegen eines Lungeninfekts ab, erwirbt einen Grundbesitz in der Südsteiermark und widmet sich fortan der Bewirtschaftung seines Gutes; außerdem steigt er in den Holz- und Lebensmittelhandel ein. Für die Kinder ist die neue Bleibe vor allem während der warmen Jahreszeit ein Paradies: Neben Sport und Spiel helfen sie beim Kühehüten, bei der Apfelernte und beim Heumachen mit. Doch mit dem Zusammenbruch der Donaumonarchie fällt der Löwenstein-Besitz an das Königreich Serbien, und die abermals Heimatlosen ziehen zum zweiten Mal nach Wien, finden in der Valeriestraße beim Prater ein neues Domizil.

Ladislav ist inzwischen vierzehn, besucht die Bürgerschule im II. Bezirk. Als es darum geht, einen für ihn geeigneten Beruf zu finden, springt Onkel Oskar Taussig ein, der als einflußreicher Wiener Bankier schon Vater Löwenstein zu einer Spitzenstellung bei den Steyr-Werken verholfen hat: Er vermittelt den Neffen als Lehrling an die Devisenabteilung der Anglo-Österreichischen Wechselbank am Kärntnerring.

Am 20. Oktober 1922 füllt Ladislav Löwenstein seinen ersten eigenen Meldezettel aus: Abgenabelt von der Familie, logiert er nun in einer Kleinwohnung im 2. Stock des Hauses Margaretenstraße 56. Als Familienstand gibt er »ledig« an, als Religionszugehörigkeit »konfessionslos«, als Beruf ein bißchen großspurig »Beamter«.

Aber ebendies, das Beamtenhafte seiner Existenz, vermag ihn nicht auszufüllen: Er bessert seinen schmalen Verdienst mit Nebeneinkünften als Claqueur auf, kommt auf diesem Wege mit der Wiener Theaterwelt in Berührung, nimmt – nachdem er schon als Schulbub in einer Schneewittchen-Aufführung einen der Zwerge gespielt hat – an den Kammerspielen in der Rotenturmstraße die eine und andere Statistenrolle an und erliegt schließlich den Verlockungen der Wiener Kaffeehaus- und Bohèmeszene, wo er unter anderem mit der Gedankenwelt Sigmund

Freuds vertraut wird. Mit notorischem Zuspätkommen beim täglichen Dienstantritt in der Bank legt er es gezielt auf Hinauswurf an: Ladislav will um jeden Preis zum Theater und nimmt dafür sogar in Kauf, daß die Eltern mit ihm brechen und er zeitweise von der Hand in den Mund lebt.

Auf einem seiner nächtlichen Kaffeehausstreifzüge macht er die Bekanntschaft des Theaterprinzipals Jacob Levy Moreno und schließt sich spontan dessen Stegreiftruppe an. Hier, im Kreise dieses charismatischen Gurus, der schon der jungen Elisabeth Bergner das Theaterhandwerk beigebracht hat, fühlt sich der Zweiundzwanzigjährige zum erstenmal voll verstanden, hier wird ihm sein künftiger Künstlername Peter Lorre eingegeben, und hier wird ihm auch sein erstes Schauspielerengagement vermittelt: an die Vereinigten Bühnen von Breslau.

1927 kehrt Ladislav-Peter via Zürich nach Wien zurück, wo er in den folgenden drei Jahren nahezu ununterbrochen auf der Bühne steht – an der Seite solcher Berühmtheiten wie Hans Moser und Paul Verhoeven, Marlene Dietrich und Greta Keller, Gisela Werbezirk und Willi Forst. Am Wiener Carltheater wirkt er in einem Stück mit, dessen Titel vortrefflich Lorres schillerndes Naturell wiedergibt – es ist Grabbes »Scherz, Satire, Ironie und tiefere Bedeutung«. Als die Bühne nach dem Mißerfolg des Revolutionsdramas »Lenin« Konkurs anmelden muß, versucht er sich zum erstenmal in einem Metier, das ihm ab 1931 zum Schicksal werden wird: dem Kino. Es ist der (heute verschollene) Film »Die verschwundene Frau«.

Nach einem Zwischenspiel in Berlin, wo ihn Brecht für die Rolle des Dorftrottels in der Uraufführung von Marieluise Fleißers Sozialdrama »Pioniere in Ingolstadt« engagiert, wo der Fünfundzwanzigjährige (in Karl Kraus' Zeitstück »Die Unüberwindlichen«) erstmals mit Cäcilie Lvovsky auf der Bühne steht, die später seine Frau werden wird, und wo ihm mit dem Psychokrimi »M« der Durchbruch beim Film gelingt, wird es im nunmehr

124

nationalsozialistischen Deutschland eng für den »Volljuden«
Peter Lorre: Er muß sich auf Emigration einstellen.

Via Paris und London landet er in den USA, wo er die erste Zeit
mit dem Schicksalsgefährten Billy Wilder das einzimmerige Notquartier und die tägliche Dosensuppe teilt. Amerika erweist sich
als sein Rettungsanker: Peter Lorre dreht einen Film nach dem
anderen. Auch beim neuen Medium Fernsehen ist er von Beginn
an dabei – etwa mit der Rolle des zwielichtigen Waffenhändlers
Le Chiffre in der ersten James-Bond-Verfilmung »Casino Royal«.
Daß er 1949 für zwei Jahre – nun übrigens auch als Regisseur –
nach Deutschland zurückkehrt, wird er bereuen: Die erhofften
Erfolge bleiben aus. Enttäuscht von dem Land, dessen Muttersprache auch die seine ist, verbringt er seinen Lebensabend in
Amerika, wo er im März 1964, drei Monate vor seinem sechzig-
sten Geburtstag, an einem Gehirnschlag stirbt und auf dem Hollywood Memorial Cemetery beigesetzt wird.

Seinen Geburtsort Ružomberok sieht er nicht wieder – weder
vor noch nach dem Krieg. Dabei wäre es um ein Haar dazu
gekommen. Doch die Idee, die Außenaufnahmen für einen
geplanten Caspar-Hauser-Film (mit ihm in der Titelrolle) auf
slowakischem Boden zu drehen, scheitert an den inzwischen
eingetretenen Zeitumständen.

Auch die Stadt selber, sollte sie ihn überhaupt jemals wahrgenommen haben, hat ihren großen Sohn vergessen: Den Namen
Peter Lorre alias Ladislav Löwenstein wird man auf der Ruh-
mestafel von Ružomberok vergebens suchen. Da ist nur für eine
stattliche Reihe lokaler Größen aus Politik und Kunst Platz, und
auch im Verzeichnis der nach hierorts Geborenen benannten
Straßen stößt der Besucher lediglich auf den Namen des Tolstoi-
Adlatus Dušan Makovický. Die entsprechende Ergänzung wäre
dringend geboten.

Sami und die Bücher

Dem Buchkäufer kommt es auf den Namen des Autors an, nicht auf den des Verlegers. Aber natürlich macht es einen Unterschied aus, ob ein Buch in einem der angesehenen Häuser mit internationalem Renommee erscheint oder in einem Pimperlverlag, den keiner kennt. So wie es große Autorennamen gibt, gibt es also auch große Verlagsnamen – ich nenne die Beispiele Reclam, Herder, Ullstein, Rowohlt, Fischer.

Einer dieser fünf, der S. Fischer Verlag mit Sitz in Frankfurt am Main, hat im Jänner 1973 mein erstes Buch herausgebracht. Sein Titel: »Von Schloß Gripsholm zum River Kwai –Literarische Lokaltermine«. Es war ein schmales Bändchen zu wohlfeilem Preis, gehörte zum Taschenbuchprogramm des Hauses S. Fischer, schlug bei Presse und Publikum aufs erfreulichste ein und bildete den Auftakt zu einer Serie, die – das jetzt vorliegende jüngste Buch eingeschlossen – beim Titel Nr. 38 hält.
Zwar habe ich nach jenem Debüt den Verlag gewechselt und bei Langen-Müller und Amalthea meine eigentliche verlegerische Heimat gefunden, doch der Start bei S. Fischer bedeutet mir nach wie vor viel. Es ist wohl so wie mit der ersten Liebe oder mit dem ersten Kuß: Man vergißt sie nie.

Als ich mich daher im vergangenen Jahr auf den Weg machte, auf dem Gebiet der heutigen Slowakei jenen Koryphäen der europäischen Kulturgeschichte nachzuspüren, denen die Welt eine Reihe epochaler Großtaten zu verdanken hat, war es für mich

keine geringe Überraschung, zu erfahren, daß auch der berühmte Verleger Samuel Fischer zu jenen zählt, die in diesem Land ihre
Wurzeln haben. Er ist am 24. Dezember 1859 in dem an den Ausläufern der Niederen Tatra gelegenen Städtchen Liptovský Mikuláš geboren, das zu jener Zeit den Namen St. Nikolaus in der
Liptau trug. Würde er heute – hundertfünfzig Jahre danach – zur
Welt kommen, wäre er der Staatsangehörigkeit nach Slowake.

Natürlich bin ich mir darüber im klaren, daß ich in meiner Nei-
gung zu Sentimentalität und Prahlerei zu weit gehe, das Renommee des großen Verlegers Samuel Fischer für meine eigene
Autobiographie zu nützen: Als mein Buch »Von Schloß Gripsholm zum River Kwai« erschien, war der Gründer des nach ihm
benannten Verlages seit beinahe vierzig Jahren tot, die Geschäfte des Hauses Fischer waren seit Jahrzehnten in andere Hände
übergegangen und ich mit meinem 120-Seiten-Bändchen sowieso eine *Quantité négligeable*, eine Nummer unter Tausenden
und Abertausenden, ein Nichts. Mich als »Fischer-Autor« zu
berühmen, wäre daher lächerlich. Andererseits – wer wollte es
mir verargen, diese auch noch so lose Verbindung zum Anlaß zu
nehmen, mich auf die Urgeschichte eines der ruhmreichsten
Verlage deutscher Sprache einzulassen? Könnte doch vielleicht
aufschlußreich sein, auf jeden Fall interessant? Interessant vor
allem für den Spurensucher, dem es die Geschichte des alten
Österreich-Ungarn angetan hat. Denn Liptovský Mikuláš gehört
bis zu Samuel Fischers neunundfünfzigstem Lebensjahr zum
Vielvölkerreich der Donaumonarchie.

Vom gemütlichen, vielleicht etwas engen *Hotel Steve* in der Straße
zum 1. Mai, wo ich logiere, ist es nur wenige Schritte zum Hauptplatz. Auf der freien Fläche hinter dem Rathaus, gleich gegenüber Samuel Fischers Geburtshaus, ist im Jahr 2001 eine moder-
nistische Brunnenanlage installiert worden, die den jungen

Leuten aus dem Ort als Treffpunkt dient. Wenn zu später Stunde die Lichter auf dem Platz abgedreht werden, muß der Spaziergänger darauf achten, daß er nicht in dem schmalen Kanal landet, in den das künstliche Gewässer mündet. Bei Tag fällt sein Blick auf eine bewegliche Brunnenskulptur mit changierender Metallfolie, die mit einer langen Reihe von Namen versehen ist. Einer dieser schätzungsweise sechzig ist der Name Samuel Fischer.

Die seitlich davon aufgestellte Schautafel gibt dreisprachig – auf slowakisch, englisch und deutsch – darüber Auskunft, wer jene Männer und Frauen sind, denen mit der *Fontána Metamorfózy* gehuldigt wird: Es sind jene Bürgerinnen und Bürger von Liptovský Mikuláš, die sich – so der etwas schwammige Wortlaut der Inschrift – um das »schöpferische Denken« verdient gemacht haben. Der Ortsunkundige wird mit den wenigsten dieser Namen etwas anzufangen wissen – am ehesten noch mit jenem Aurel Stodola, der als einer der Lehrer Albert Einsteins ausgewiesen ist. Der Rest sind lokale Berühmtheiten – und eben Samuel Fischer.

Liptovský Mikuláš ist eine Bezirksstadt von 35 000 Einwohnern. Abgesehen von ihren Kirchen und einer Reihe guterhaltener Bürgerhäuser halten sich ihre städtebaulichen Reize in Grenzen; die vielen freien Flächen und unschönen Hinterseiten mancher Gebäude lassen darauf hoffen, daß hier in naher Zukunft Neues entsteht. Auffällig die reiche Auswahl an Museen: Sowohl Volkskunst wie Literatur, Jagd- und Fischereiwesen, Höhlenkunde und Naturschutz breiten vor dem Besucher ihre Schätze aus; eine historische Folterkammer fehlt ebensowenig wie eine brandneue Photogalerie.

Das Bemühen um Internationalität, das ich an den Englisch- und Deutschkenntnissen des Hotelpersonals erkenne, hält sich die Waage mit offen bekundetem Lokalpatriotismus: Der Kellner im slowakischen Spezialitätenrestaurant trägt Landestracht. Auf meine Frage, in welchem der örtlichen Läden ich einen dieser

Der große Verleger und sein kleiner Geburtsort: Samuel Fischer in Liptovský Mikuláš (hier die Gedenktafel, auf der auch sein Name verzeichnet ist)

schönen blütenweißen Kittel mit den bunten Bordüren erwerben könne, antwortet er: »*Nirgends, ist hausgemacht.*« Er sagt es in einem Deutsch mit leicht österreichischer Färbung: Janko hat sich eine Zeitlang sein Geld als Gastarbeiter in Tirol verdient.
Kein Amtsgebäude ohne EU-Fahne, andererseits kein Kiosk, der ausländische Zeitungen im Sortiment hat. Erstaunlich die große Zahl von Buchhandlungen und noch erstaunlicher deren klangvolle Namen: Eine der vier heißt geradezu programmatisch »Litera«, eine zweite »Panta rei«. Die Vorgängerin der ersteren, am Hauptplatz schräg gegenüber dem Eingang zur Nikolauskirche gelegen, könnte jenes Lädchen gewesen sein, in dem Samuel Fischer als Schulbub seine ersten eigenen Bücher gekauft, ja vielleicht sogar seine erste Lehrstelle angetreten hat und somit schon in jüngsten Jahren mit seinem künftigen Beruf in Berührung gekommen ist. Aber wir wollen nicht vorgreifen: Werfen wir zunächst einen Blick aufs Elternhaus.

129

Es ist ein durch und durch jüdisches Milieu, in dem der kleine Samuel aufwächst. *Klein* ist übrigens ganz wörtlich zu nehmen: Die wenigen erhaltengebliebenen Aufzeichnungen beschreiben den 1859 Geborenen als ausgesprochen stämmiges Bürscherl von gedrungenem Wuchs.

Seit 1720 gibt es in St. Nikolaus eine israelitische Gemeinde: Es sind Kaufleute aus Nordmähren, die zugewandert sind, seitdem sich unter ihresgleichen herumgesprochen hat, daß einer der ortsansässigen Gutsherren, Graf Samuel von Pongracz, den Neubürgern ungewöhnlich gute Lebensbedingungen einräumt. Er erläßt ihnen das sonst den Juden abverlangte Schutzgeld; statt sie in den schmutzigen Hintergassen in ein Getto zu pferchen, stellt er ihnen Mietwohnungen im Stadtzentrum zur Verfügung, und für einen jährlichen Pachtzins von sechs Gulden gibt er ihnen auch das nötige Stück Land zur Anlegung eines eigenen Friedhofs. Schon nach zehn Jahren ist die jüdische Gemeinde groß genug, um einen Rabbiner bestellen zu können, 1776 folgt die Gründung der ersten Talmudschule, von den 1700 Einwohnern sind fast die Hälfte mosaischen Bekenntnisses, und da deren Umgangssprache Deutsch ist, ist das ansonsten slowakisch-ungarische St.Nikolaus eine zu fünfzig Prozent deutschsprechende Stadt.

Beide Elternteile von Samuel Fischer gehören der aus Mähren zugewanderten Bevölkerungsgruppe an. Vater Carl Fischer betreibt eine kleine Manufaktur zur Herstellung von Knochenmehl; Mutter Minna, eine geborene Ullmann, entstammt einer ursprünglich im fränkischen Fürth ansässigen Sippe von Papierhändlern und Rabbinern; einer ihrer Brüder ist Chefarzt des Bezirksspitals und gründet später die erste Sparkasse von St. Nikolaus. Alle miteinander sind sie treue Besucher der zwischen 1842 und 1846 errichteten Synagoge – der heute als Gotteshaus verwaiste Bau wird den Sommer über, wenn die Touristen das Land überschwemmen, für eine Reihe weltlicher Veranstaltungen genutzt. Zuzana Nemcová,

die für das örtliche Heimatmuseum arbeitet und auch bei der Erforschung der Kindheitsgeschichte Samuel Fischers mitwirkt, begleitet mich zur Synagoge und zeigt mir deren Schätze: Es ist
wenig genug, was die 1942 vom damaligen slowakischen Staat verfügte Judenvertreibung überstanden hat. Zu dem, was seither verschwunden ist, zählt übrigens auch der jüdische Friedhof, auf dem
Vater Carl Fischer bestattet worden ist.

Mit den Juden halten im frühen 19. Jahrhundert Gelehrsamkeit
und Bildungswesen Einzug in das nordslowakische Provinzstädt-
chen: In der nahe dem Hauptplatz gelegenen vielfrequentierten
Stadtbücherei erzählen mir die Bibliothekarinnen von dem am-
bitionierten Buchbinder und Zeitungsverleger Gašpar Fejérpa-
taky-Belopotocký, der 1829 in St. Nikolaus die erste öffentliche
Bücherei der Slowakei gründet, ich erfahre von den Aktivitäten
des jüdischen »Lesevereins«, des 1844 ins Leben gerufenen
»Selbstbildungsvereins der Jugend« und der Berliner Wander-
bühne, die das örtliche Bildungsbürgertum unter anderem für
Schillers »Wilhelm Tell« begeistert.

Als Samuel Fischer sieben Jahre alt ist und die von der jüdischen
Gemeinde gegründete sechsklassige Volksschule besucht, deren
Unterrichtssprache Deutsch ist, tritt »draußen« in Deutschland
ein Ereignis ein, das nicht nur zu erheblichen Umwälzungen im
allgemeinen Buchhandel führt, sondern auch auf das Elternhaus
des jungen Samuel Fischer ausstrahlt: Per Regierungsdekret
vom 9. Jänner 1867 werden die Verlagsrechte aller Autoren, die
seit mehr als dreißig Jahren tot sind, aufgehoben, und das bedeutet: Mit einem Schlag werden die Werke von Goethe und
Schiller, von Herder, Lessing und Jean Paul frei – mit der Folge,
daß sich plötzlich auch Lesebegierige mit geringem Einkommen
die nunmehr wohlfeilen Klassikerausgaben leisten können. Mas-
senauflagen von bis zu 500 000 Exemplaren sind keine Seltenheit
mehr, auch der Bücherschrank im Hause Fischer füllt sich, und
was dort eventuell noch fehlen mag, holt sich Sohn Samuel, der

zu den wißbegierigsten und intelligentesten Kindern der Stadt
zählt, aus der örtlichen Buchhandlung, in der einer seiner älteren Freunde als Gehilfe angestellt ist. Dieser Samuel Revay mag
es wohl auch sein, der bei dem mittlerweile Vierzehnjährigen den
Appetit auf den Buchhändlerberuf weckt, ja ihm vielleicht sogar
zu seiner ersten Lehrstelle verhilft.

Wir wissen darüber wenig. Was wir wissen, ist lediglich dies: Im
Herbst 1874 – da ist er knapp fünfzehn – verläßt »Sami«, wie ihn
seine Verwandten, seine Lehrer und seine Freunde rufen, seinen
Geburtsort – und zwar in Richtung Wien. Vorbei ist es mit dem
Elternhaus am Hauptplatz, mit dem Klostergarten, in dem er als
Kind gespielt hat, mit dem Privatgymnasium des Rabbis Steiner,
wo er zuletzt zur Schule gegangen ist, mit dem Markt der zwei
Mal wöchentlich in ihren malerischen Trachten und mit ihren
Pferdewagen anrückenden Bauern aus der Umgebung. Über die
Vermögensverhältnisse im Hause Fischer wissen wir bloß, daß es
nach dem Tod des Vaters nur zur Begleichung der Arztrechnun-
gen, zu einer würdigen Bestattung und zum Erwerb eines Grab-
steins reichen wird.
Das Bahnbillet und ein Paar Gulden Bargeld in der Tasche, be-
steigt Sami den Zug in eine Metropole, die er nur aus den
Büchern kennt oder aus den Journalen, die im Kaffeehaus auf-
liegen: »Wiener Zeitung« und »Neue Freie Presse«. Es ist eine
lange Fahrt – noch heute braucht der zwei Mal täglich verkeh-
rende IC von Liptovský Mikuláš nach Wien fünfeinhalb Stunden.
Über seine ersten Schritte in der Reichshaupt- und Residenzstadt wird Samuel Fischer, der sich über seine Kindheit und Jugend kaum je geäußert hat, später in einem Zeitungsinterview
nur sagen: »*Eines Tages stand ich vor dem Schaufenster einer
Buchhandlung in Wien. Plötzlich entschloß ich mich und ging
hinein. Ich fragte, ob man mich als Lehrling nehmen wolle. Man
nahm mich.*«

1874 ist das Jahr, da sowohl die Wiener Weltausstellung wie der ihr folgende, unter dem Stichwort »Schwarzer Freitag« in die Börsengeschichte eingegangene Zusammenbruch des Aktienmarktes ein Jahr zurückliegt. Wien hat seine erste Hochquellen-Wasserleitung und die von Nußdorf auf den Kahlenberg führende Zahnradbahn in Betrieb genommen, im Theater an der Wien erlebt »Die Fledermaus« ihre Uraufführung, der Zentralfriedhof wird eröffnet, an der Ringstraße erfolgt der erste Spatenstich fürs neue Burgtheater, Arnold Schönberg und Hugo von Hofmannsthal (letzterer in späteren Jahren einer der Hausautoren des S. Fischer Verlages) kommen zur Welt.

In diesem an einschneidenden Veränderungen überreichen Jahr steigt der blutjunge Samuel Fischer aus dem slowakischen Provinznest St. Nikolaus in der österreichischen Hauptstadt ins Buchhandelsgeschäft ein. Sechs Jahre bleibt er da – als einer von neunzig Lehrlingen, die die Branche mit ihren insgesamt 192 Firmen zu dieser Zeit zählt. Was ihm hinter der Budel, im Lagerraum oder im Kontor an Kenntnissen vorenthalten bleibt, holt er in Abendkursen nach.

Die nächste – und entscheidende – Zäsur in seinem Berufsleben bringt dem nunmehr Volljährigen das Jahr 1880: Samuel Fischer übersiedelt nach Berlin und tritt als Gehilfe in die Central-Buchhandlung von Hugo Steinitz ein, avanciert nur drei Jahre darauf zu dessen Teilhaber und gründet weitere drei Jahre später den Verlag, der von Beginn an seinen Namen tragen und mit Autoren wie Gerhart Hauptmann, Arthur Schnitzler, Peter Altenberg, Jakob Wassermann, Hermann Hesse und Thomas Mann zur Nummer eins des deutschsprachigen Raums, ja zur Weltmarke aufsteigen wird.

In sein liebes kleines St. Nikolaus kehrt der nunmehr große Mann nur noch ein einziges Mal zurück – es ist im Jahr 1900, zu einem Besuch bei Onkel Ignaz. Sein Geburtsort hat ihn gleichwohl nicht vergessen: Zum hundertfünfzigsten Geburtstag am 24. Dezember 2009 hat man in Liptovský Mikuláš allerlei mit ihm vor.

Bei den Schäfern von Liptau

Als ich vor einem halben Jahrhundert nach Wien übersiedelte, zählte es mit zu meinen ersten Unternehmungen in der neuen Lebenswelt, eine Institution zu erkunden, von deren Reizen mir schon vorher mancherlei zugeraunt worden war: der Heurige. Die einfachen Weinschenken in den eingemeindeten Vororten der Millionenstadt waren zu jener Zeit in vielem »echter« als heute: Statt des protzigen Großangebots an Bouteillenweinen, das dem Genußmenschen der Überflußgesellschaft die Wahl oft schwer macht, wurden Ende der fünfziger Jahre höchstens zwei Sorten ausgeschenkt: der »alte« und der »heurige«, und auch das Speisenbuffet blieb auf einiges Wenige beschränkt: Salami, hartgekochte Eier, frische Tomaten, Radieschen und Brot.

Was jedoch bei aller Dürre des Angebots auf keinen Fall fehlen durfte, war der Liptauer. Mit keinem der mir aus Kindertagen vertrauten Brotaufstriche vergleichbar, gab es ihn in den Varianten »scharf« und »mild«, er war gleichermaßen bekömmlich wie preiswert, und nächst dem Wein war es nicht zuletzt die Güte des Liptauers, die über die Güte des jeweiligen Heurigen entschied. Über seine Zubereitung machte man sich wenig Gedanken und noch weniger über seine Herkunft: Der Liptauer war allgemein als echt österreichische Spezialität anerkannt, fast eine Art Grundbestandteil der kalten Küche. Und zu seinen Besonderheiten zählte, daß ihn kaum jemand selber zubereitete: Liptauer aß man nicht daheim, sondern beim Heurigen.

Später, als ich häufiger in anspruchsvollen Innenstadtrestaurants verkehrte, lernte ich auch jene »noble« Variante kennen, die sowohl Zusammensetzung wie Zubereitung dem Gast überließ. Vor allem im (heute nicht mehr existierenden) Liesingerkeller hinter der Oper konnte ich jenen Typ Feinschmecker beobachten, der sich die einzelnen Ingredienzien seines Liptauers separat servieren ließ und deren Mischung höchstpersönlich vornahm: in der Mitte des Tellers ein ordentlicher Batzen des obligaten Frischkäses und am Rand, einem bunten Kranz ähnelnd, an die zehn oder mehr Häuflein feingehackter Beigaben: Zwiebel und Kapern, Essiggurke und Sardelle, Schnittlauch, Paprikapulver, Kümmel, Pfeffer und Salz – nicht zu vergessen ein Flöckchen Butter. Und dazu dunkles Brot. Dann begann die Prozedur: Je nach Gusto stellte der Gast die von ihm bevorzugte Mischung her, ließ dieses weg und bestellte jenes nach, formte das Ganze zu einem cremigen Brei – und ließ es sich schmecken. »Nicht angemacht«, lautete die Order an den Kellner, wenn der Gast auf Eigeninitiative bestand.

Aber ob »angemacht« oder »nicht angemacht« – auch der ausgepichteste Gourmand wäre nie auf den Gedanken verfallen, nach dem Ursprung seiner Leibspeise zu fragen: Der Liptauer gehörte einfach mit dazu, war fester Bestandteil der österreichischen Speisekarte (der geschriebenen ebenso wie der ungeschriebenen), und damit basta.
Ich hingegen wollte es genauer wissen, ging der Sache auf den Grund und fuhr nach Liptau. Präziser gesagt: zum Lokalaugenschein nach Liptovský Mikuláš ...

In Ostrava, dem früheren Mährisch Ostrau, steige ich vom Zug ins Auto um. Die Fahrt führt über die heute kaum noch wahrnehmbare Grenze zwischen Tschechien und der Slowakei; über Čadca, Žilina und Ružomberok erreiche ich nach knapp zwei

Stunden Fahrt die Bezirkshauptstadt Liptovský Mikuláš, die zu Zeiten der österreichischen Doppelmonarchie Liptau Sankt Nikolaus geheißen hat. Es ist jener hügelreiche Landstrich zwischen den Ausläufern der Niederen und der Hohen Tatra, den nicht nur die Slowaken, sondern auch ihre polnischen Nachbarn als Ferienregion entdeckt haben: reich an satten Almwiesen, reich an idyllischen Dörfern, deren geduckte schwarzbraune Holzkeuschen mit Schindel- oder Blechdächern gedeckt sind, die ihnen wie wetterfeste Mützen tief ins Gesicht gezogen sind, reich an geheimnisvollen Höhlen und munter sprudelnden Quellen, Wasserfällen und Bächen. Vor allem aber reich an Schafherden, denen das Land seit Jahr und Tag einen ihrer größten natürlichen Reichtümer verdankt: den frischen Bergkäse, den die Einheimischen *bryndza* nennen und die Österreicher Brimsen.

Es ist alles von langer Hand vorbereitet: Dušan Ziaran, der Bürgermeister des in siebenhundertfünfzig Meter Höhe gelegenen 1200-Einwohner-Dorfes Jakubovany, hat zugesagt, die Führung zu einer der typischen Schafalmen der Region zu übernehmen, wo tagtäglich zu früher Morgenstunde die Herde zum Melken zusammengetrieben und an Ort und Stelle die Milch zu Käse verarbeitet wird – von Hand, wie es die uralte Tradition gebietet, also im allerbesten Sinne primitiv.

Vereinbart ist, daß wir spätestens um 7 Uhr zur Alm aufbrechen, und damit wir bei Schlechtwetter nicht im Schlamm versinken, rät man mir dringend, für das zu Fuß zurückzulegende letzte Stück Strecke Gummistiefel anzulegen. Für die Verständigung bin ich auf Augenkontakt angewiesen: Dušan ist ein kluger Mann um die sechzig, der noch während der kommunistischen Zeit die Schule besucht und daher – als einzige Fremdsprache – Russisch gelernt hat.

Je näher wir dem Ziel kommen, desto schlechter wird die Straße, streckenweise fahren wir im Schrittempo. Nur die Betonpiste,

Im Schäfermuseum von Liptovský Hrádok:
die Tracht der slowakischen Schäfer

auf der von Zeit zu Zeit die kleinen Materialflugzeuge der Agrar-
genossenschaft landen, ist perfekt ausgebaut. Von hier aus rasch
noch ein Höhenblick auf Dušans Dorf: die Häuser mit ihren nur
lukengroßen Fenstern, die ihnen vorgelagerten Gemüsegärten,
die Obstbaumgruppierungen, die Brennholzstöße. Auch die beiden Kirchen kommen ins Bild: die größere katholische und die
kleinere evangelische.

Zu unserer Labung während der nächsten Stunden führt Dušan
eines jener *črpák* genannten Trinkgefäße mit, die für die Gegend
charakteristisch sind: aus Fichtenholz geschnitzt und über dem
Griff mit einer Miniaturfigur versehen, die den Schäfer in voller
Aktion zeigt – auf einen Hocker gestützt und mit beiden Händen
den Euter des vor ihm stehenden Tieres bearbeitend. Auch das
traditionelle *Outfit* des *bača* ist zu erkennen: der leinene Schä-

137

ferkittel, der flache Hut mit der breiten, hochaufgebogenen Krempe, das solide Schuhwerk.

Wir haben Glück, treffen am Ziel die komplette »Mannschaft« an: Der Hirte (*honelnik*) hat, bevor er mit der fünfhundertköpfigen Herde zum Weiden auf den umliegenden Wiesen aufbrechen wird, seine Schützlinge zum Melkvorgang in Stellung gebracht; »Chef« Janko und Helfer Martin machen sich über die Euter der Tiere her; die Nummer 4 schleppt die frischgewonnene Milch zu den diversen Arbeitsplätzen, an denen die nötige Reinigung, die Erhitzung und die weitere Verarbeitung erfolgt.

In einem eigenen Gehege beisammengehalten und von den weiblichen Tieren getrennt: die Widder. Der träge vor sich hin dösende Hund wird erst wieder gebraucht, wenn es nach dem Melken auf die Weide hinausgeht. Das Blöken der an den Ohren mit Farbzeichen markierten Schafe und das Bimmeln der an Ledergurten um ihren Hals geschlungenen Glöckchen sind die einzigen zu vernehmenden Geräusche, das gelbrote Billa-Sackerl in einem der Winkel der Schäferhütte der einzige »Fremdkörper« in dem ansonsten archaischen Ambiente. Wenn einmal pro Woche die Frau des Schäfers zu Besuch kommt, bringt sie aus dem Dorf alles fürs tägliche Leben Nötige mit – auch der genügsamste *bača* kann sich nicht ausschließlich von Milch und Käse ernähren. Wieso Billa? Die Supermarkt-Versorgung drunten im Tal – und nicht nur dort – ist fest in österreichischer Hand.

Salaš ist das slowakische Wort für Almhütte; auf den Meßblättern der Region sind sie allesamt eingezeichnet. Der Wanderer soll wissen, wo er sich während der sieben Monate dauernden Saison seinen frischen Liptauer holen oder auch nur, falls ihn ein Unwetter überrascht, unterstellen kann. Ich blicke um mich: Die schneebedeckten Berge muten von hier aus noch näher an als aus dem Tal, die Sonne verstärkt ihr strahlendes Weiß.

Während Janko, den hölzernen Bottich vor sich, die mit Labfer-

Milchgewinnung im alten Stil:
das »Schafkarussell« dreht sich im Kreis

ment versetzte Milch rührt, damit sie zu Topfen erstarre, die ent-
stehenden Klumpen abseiht, zu doppelt handgroßen Ballen
formt und zum weiteren Reifen in die Käsekammer trägt, sehe
ich mich ungestört auf dem kleinen Anwesen um. Hier der Brunnen mit der fürs Ausspülen der Seihtücher erforderlichen Was-
serrinne, dort die Schnur zum Aufhängen und Trocknen der
Tücher, hinter der Hütte der Hackklotz, wo das eingesammelte
Astwerk zu Brennholz zerkleinert wird, in einem der Winkel der
blechbeschlagene Hirtenstab, der zugleich Stütze und Abwehr-
waffe gegen wildes Getier ist.

Dušan, der mit knappen Handzeichen für die Verständigung zwischen den Schäfersleuten und mir sorgt, deutet auf den im Erdreich vor der Hütte verankerten Holztisch samt Sitzbank: Janko

will uns von »seiner« Milch kosten lassen. Mein Zögern kann ihn nicht überraschen: Ich bin nicht der erste Fremde, der bei ihm einkehrt. Wir steuern derweil auf den Höhepunkt zu: Es gibt frischen Käse, dazu Salz und Brot. Ich lasse mir anmerken, welch besonderes Erlebnis dies alles für mich ist: Wie gern würde ich Janko und seinen Helfern vom Wiener Heurigen erzählen und vom dortigen »Liptauer« und auch davon, wie dankbar ich bin, an diesem gesegneten Frühsommermorgen hoch droben auf einer Almwiese im Schatten der Niederen Tatra in die Kunst der Käsezubereitung eingeweiht zu werden.

Wie konnte ich ahnen, daß kurz vor der Verabschiedung von den gastlichen Schäfersleuten noch eine weitere Überraschung auf mich warten würde! Dušan hat schon die Wagentür für die Rück-

In der Heimat des »Liptauers«:
Käsezubereitung auf den Schafalmen der Nordslowakei

fahrt ins Tal geöffnet, da löst sich einer aus der Gruppe der Helfer, kommt auf mich zu und richtet das Wort an mich. Es ist Martin, mit seinen vierundzwanzig Jahren der Jüngste von ihnen, einer jener heutzutage nicht seltenen Aussteiger, die in der radikalen Abkehr von der Konsumwelt – zumindest für eine Weile – die Lösung ihrer Lebensprobleme erblicken.

Der hübsche Bursche mit dem grundehrlichen Blick spricht ein leidlich gutes Englisch, kann sich also auf Befragen zu seiner Situation äußern, und er tut dies mit einer Überzeugungskraft, die klar darauf schließen läßt, daß er seit Antritt seines Saisonjobs auf der Alm mit sich und der Welt im Reinen ist. Er hat sein Ingenieursstudium an der Universität ausgesetzt und läßt offen, ob er es eines Tages wiederaufnehmen wird: Jetzt geht es ihm einfach nur darum, einen ihm fremden und wohl auch vom langsamen Aussterben bedrohten Beruf kennenzulernen, der ihn nicht nur eine Weile ernährt, sondern vor allem von den Zwängen der Wohlstandsgesellschaft befreit. Er vermißt weder Telefon noch Fernsehen, seine einzige Verbindung zur Außenwelt ist das kleine alte Transistorradio, das Schäfer Janko auf dem Tisch neben dem Melkplatz stehen hat. Da ist nichts von sektiererischer Weltflucht, auch nichts von altruistischer Pose: Martin verkörpert aufs entspannteste den geglückten Versuch eines Einstiegs in ein bedürfnisloses Leben in freier Natur. Den einzigen Besuch, den er in seinem neuen Milieu empfangen hat, sind seine Eltern: Der Vater hat für Martins Entschluß Verständnis geäußert, nur die Mutter ist angesichts der entbehrungsreichen Lebensumstände auf der Alm in Tränen ausgebrochen.

Rückfahrt ins Tal, Bürgermeister Dušan Ziaran hat für mich auch einen Besichtigungstermin in einer der großen Käsereien in der Bezirkshauptstadt Liptovský Mikuláš organisiert. Zweihundert Leute beschäftigt die seit einigen Jahren einem französischen Konzern eingegliederte Fabrik, 200 000 Liter Milch werden pro

Tag zu Liptauerkäse verarbeitet. Das meiste davon, so berichtet Direktor Ján Kresák, geht in den Export: Seine slowakischen Landsleute, klagt er, sind keine Käseesser. Griechenland mit 30 Kilo pro Person und Jahr führt die Statistik an, gefolgt von Frankreich und Österreich.

Kresák, auch im Geschichtlichen der Branche bestens beschlagen, gerät ins Schwärmen, wenn er in seiner Rede die alten Zeiten heraufbeschwört, als im kaiserlichen Österreich der Liptauer Brimsen einer der großen Exportartikel der Region gewesen ist, und er zitiert sogar den anno 1917 von der k. k. Hof- und Staatsdruckerei herausgegebenen *Codex Alimentarius Austriacus*, der im Kapitel »Käse« nicht nur die strengen Herstellungsbedingungen des Original-Liptauers im Detail aufzählt, sondern auch auf die dem Produkt eigenen Mikroorganismen eingeht. Des weiteren erfahre ich, wie im Lauf der Zeit der sich wandelnde Konsumentengeschmack den Anteil der Schafsmilch gegenüber der Kuhmilch zurückgedrängt hat oder welche Widerstände in jüngster Zeit zu überwinden gewesen sind, als es darum ging, der EU den Markenschutz für *Slovenska bryndza* abzuringen. Auch Direktor Kresáks Schilderung des von ihm alljährlich organisierten Käsefestivals auf dem Hauptplatz von Liptovský Mikuláš bestätigt mir, daß ich bei diesem Mann an der richtigen Adresse bin. Die Hygienevorschriften seines Betriebes gebieten es, daß ich zur Besichtigung der Werkshallen Schutzkleidung anlege: Plastikmantel, Plastikpantoffeln, Plastikhaube. Und natürlich werde ich bei der Verabschiedung mit einem bunten Sortiment von Produktproben bedacht: Auf Wochen hinaus bin ich mit Liptauer eingedeckt, kein Wiener Heuriger wird mich so bald wiedersehen …

Wie begründet meine Sympathie für dieses Land und seine Menschen ist, werde ich anderntags erfahren, wenn ich mich auf den Weg mache in die Nachbarstadt Liptovský Hrádok, um dem dortigen Schäfermuseum einen Besuch abzustatten. Es ist der

1. Mai, also auch hierzulande Feiertag, und das bedeutet: Das Museum ist geschlossen. Am folgenden Tag will ich die Rückreise nach Wien antreten, werde also auf dieses Kuriosum, von dem ich so viel Rühmliches gehört habe, verzichten müssen. Da tritt die Rezeptionistin des Hotels, der ich mein Leid klage, in Aktion. Sie schaltet den Computer ein und hängt sich ans Telefon – mit dem Resultat, daß sie nach mühevollem Hin und Her die Kustodin des Schäfermuseums an deren Wohnadresse ausforscht, ihr die Dringlichkeit meines Begehrens unterbreitet und ihr wahrhaftig den Entschluß abringt, einen Teil ihrer Freizeit zu opfern, den Weg zum Museum anzutreten und dem Gast aus Österreich zu einem Sondertermin Einlaß zu gewähren. Pünktlich zur vereinbarten Stunde rückt die gute Seele mit Kind und Kegel an, um das Licht aufzudrehen, und so ist auch dieses Teilstück meiner Liptauer-Recherche gesichert.

Wie groß ist mein Entzücken, hinter der schäbigen Fassade des renovierungsbedürftigen Hauses in der Partizanska eine Volkskundesammlung vorzufinden, die sowohl hinsichtlich ihres Bestandes wie ihrer Präsentation landesweit ihresgleichen sucht. Nichts fehlt in diesen mustergültig gestalteten (und auch englischsprachig beschrifteten) Vitrinen: weder das traditionelle Schäfergewand aus weißem Leinenkittel, grauer Filzhose und reichbesticktem Umhang noch das an die indianischen Mokassins erinnernde Schuhwerk, der paillettengeschmückte flache schwarze Hut und der breite Ledergürtel mit den goldglänzenden Schnallen. Welch reiche Auswahl an Schaffellen, Hirtenstäben und anderen Schäferutensilien, an Milch- und Käsereigefäßen, aber auch an kunstvollen Schnitzarbeiten – bis hin zum Thema Bethlehem: die Hirten an der Krippe.
Am Beispiel erstklassig gearbeiteter Holzskulpturen erlebe ich die Liptauer Schäfer auf ihrer Wanderschaft und bei ihrer Selbstverteidigung gegen Wolf und Bär, beim Melken und bei der

Vom katholischen Kaiser scheel angesehen:
die protestantische Holzkirche von Svätý Kríž

Käsezubereitung, beim Holzhacken, selbst bei Tanz und Spiel. Fiedel, Hirtenflöte und das bis zu fünf Meter lange Alphorn sind ihre traditionellen Musikinstrumente, das schon erwähnte *črpák* ihr Trinkgefäß. Sogar von einer Art Gründervater der Schafkäse-erzeugung erfahre ich: Jan Vagač hat er geheißen, 1787 gilt als das Datum seiner Erfindung, in der mittelslowakischen Ort-schaft Detva wird seiner bis heute dankbar gedacht.

Letzter Tag im Liptauerland, rasch noch ein paar »käsefreie« Ausflüge. Der erste führt mich zu der berühmten Holzkirche von Svätý Kríž – es ist jener eigentümliche Sakralbau aus der Zeit um 1775, dessen Grundelemente wir auch bei vielen der hiesigen Wohnhäuser wiederfinden: weißgekalkter Steinsockel und darü-ber die kunstvoll verfugte Konstruktion aus schwarzbraunen Holzbrettern. Joseph Lang, der Zimmermann, der das über 1000

144

Gläubige fassende Gotteshaus binnen eines Jahres gebaut hat, konnte weder lesen noch schreiben. Auch eine Reihe weiterer Beschränkungen galt es zu meistern: Da »seine« Kirche den aufständischen Protestanten zugedacht war, knüpfte Kaiser Leopold I. seine Baubewilligung an eine Reihe strenger Bedingungen. Die Kirche durfte nur am Ortsrand errichtet werden, durfte eine bestimmte Höhe nicht überschreiten und mußte ohne Türme auskommen, Eingang und Glocke waren auf der dem Dorf abgewandten Seite zu plazieren.

Als zwischen 1974 und 1982 der Stausee und das Wasserkraftwerk von Liptovský mara angelegt werden, muß das komplette Dorfareal von Paludza geräumt werden, und um wenigstens dessen sakrale Mitte zu retten, wird die Kirche in ihre Einzelteile zerlegt, bei dieser Gelegenheit restauriert und anschließend am Ortsrand der zwölf Kilometer entfernten Gemeinde Svätý Kríž neu aufgebaut. Heute als nationales Kulturdenkmal geschützt, ist die Holzkirche von Svätý Kríž – nicht zuletzt ihrer im bäuerlichnaiven Stil gemalten Bibelbildnisse wegen – eine der begehrtesten Touristenattraktionen der Region, und auch ich lasse mit Freuden ihre altertümlichen Reize auf mich wirken. Die beiden Küsterinnen, die mich einlassen, verweisen auf die Tonbandanlage, die die Geschichte von Svätý Kríž auch auf englisch erläutert. Als ich mich nach erfolgtem Rundgang von den freundlichen *Babiškas* verabschiede und meinen Obolus hinterlasse, eilen sie zum Hintereingang und läuten die Glocke. Ich blicke auf die Uhr: Es ist keine volle Stunde und auch keine halbe, sondern irgendwann zwischendrin. Ob der wohlklingende Gruß dem Gast aus der Fremde gilt?

Auch mein zweites Ziel, das Museumsdorf von Pribylina, verdankt seine Existenz dem vorerwähnten Kraftwerksbau. Es sind Überbleibsel der versunkenen Dörfer von ringsum: Bauernkeusche und Schmiede, Schulzimmer und Lehrerwohnung, die Schlafkammer des Gemeindedieners und die Korbflechterei, die

145

dem Schäfer während der Wintermonate seinen Lebensunterhalt sichert.

Nicht immer geht es im Museumsdorf von Pribylina so still zu wie am Tag meines Besuchs: Ende Mai, wenn die Leute aus dem Liptauerland hier zusammenströmen, um miteinander den »Schäfersonntag« zu feiern, geht's bis in die späten Abendstunden hoch her – mit Jahrmarkt und Picknick, mit Tanz und Musik.

Mit Liptauer habe ich meine Geschichte begonnen, mit Liptauer soll sie enden. Ich nehme meine letzte Mahlzeit ein, bestelle das Nationalgericht der Gegend, lasse es mir munden. Früher das typische Arme-Leute-Essen, ist *Bryndza halušký* heute die erklärte Attraktion aller Touristenlokale ringsum. In einer flachen Holzschüssel von charakteristischer Gestalt wird es serviert: Es sind Nockerln aus Erdäpfelteig, angerichtet mit Grammeln und Speck. Und abgeschmolzen mit – erraten! – Liptauer Brimsen.

146

Fromme Lügen

Sie ist siebenundfünfzig, hat nur mehr drei Lebensjahre vor sich: Kaiserin Elisabeth ist sowohl gesundheitlich wie vom Gemüt her stark angeschlagen. Auch ihre legendäre Schönheit ist geschwunden: müde die Augen, faltig die Haut. Zur inneren Unruhe tritt eine extreme Menschenscheu: Kein Maler und kein Photograph dürfen ihr Konterfei im Bild festhalten, die stets schwarz Gekleidete verbirgt sich hinter Fächer und Schirm. Sogar das Sporteln hat sie aufgegeben, nur ausgedehnte Fußwanderungen stehen noch auf dem Programm.

Von Selbstmordgedanken wird gemunkelt, auch von einer beginnenden Geisteskrankheit, die allerdings vom Hof dementiert und zu »neuralgischen Schmerzen« herabgestuft wird. Über die Art der ärztlichen Behandlung, die sie auf ihren diversen Bäderreisen in Anspruch nimmt, dringt nichts nach außen. Die vor allem an den Knöcheln auftretenden Hautanschwellungen werden auf ihre unzureichende Ernährung, die fast nur noch aus Milch und Eiern besteht, zurückgeführt: Hofarzt Dr. Eisenmenger diagnostiziert Hungerödeme. Seine Diätvorschläge schlägt Ihre Majestät in den Wind.

Bequemer ist nur das Reisen geworden: Vorbei die Zeiten, da Kaiserin Elisabeth mit fünfzigköpfigem Hofstaat unterwegs ist. Obwohl ihr unbegrenzte Geldmittel zur Verfügung stünden und auch die immer wieder beschworene Attentatsgefahr für ein Höchstmaß an Personenschutz spräche, umgibt sie sich nur mehr mit einem circa zehnköpfigen Gefolge von Vertrauten (dem übrigens seit Mai 1895 ein neuer Vorleser angehört: der Grieche Marinaky).

Kaum ein Heilbad von Renommee, das sie in den vergangenen Jahren nicht aufgesucht hätte: Karlsbad, Kissingen, Gastein. Jetzt sind es ihre ungarischen Freunde, die Elisabeth zu einem mehrwöchigen Aufenthalt in Bad Bartfeld raten. Seitdem vor zwei Jahren der kleine nordslowakische Kurort via Preschau (Prešov) ans Eisenbahnnetz angeschlossen worden ist, kann die Kaiserin bequem mit dem Salonwagen anreisen, und auch in puncto Unterkunft ist bestens vorgesorgt: Das neueröffnete *Hotel Déak*, ein dreigeschossiger neoklassizistischer Bau inmitten des Kurparks, garantiert nicht nur Ruhe und erstklassigen Service, sondern auch Nähe zu den örtlichen Heilquellen, die vor allem zur Behandlung von Erkrankungen der Verdauungsorgane und der oberen Atemwege eingesetzt werden. Schon Kaiser Joseph II., die Napoleon-Gemahlin Marie Louise und Zar Alexander I. haben in früheren Jahren Bad Bartfeld beehrt, das heute Bardejovské Kúpele heißt und fünfundsiebzig Kilometer nördlich von Kaschau (Košice) in einem der waldreichen Täler der Niederen Beskiden liegt.

Bad Bartfeld freut sich auf den illustren Gast, im Umkreis von achtundvierzig Kilometer sind die Wachorgane in Stellung gebracht, der Ort selber ist auf Hochglanz herausgeputzt. Im *Hotel Déak* ist das sorgfältig instruierte Personal auf die allseits bekannten Eigenheiten der Kaiserin eingestimmt. Für drei Wochen – vom 1. bis zum 21. Juli 1895 – bezieht sie die mit Balkon ausgestattete Suite am Ende des Ganges im ersten Stock (die den heutigen Zimmernummern 218/219 entspricht). Damit der scheue Gast das Haus ohne Aufsehen betreten und verlassen kann, wird im Parterre ein eigenes Seitenportal errichtet. Mit den Diensten ihres Kurarztes Henrich Hintz ist Elisabeth so zufrieden, daß sie ihn auch in den folgenden Jahren, sooft sie der Weg nach Ungarn führt, an ihren jeweiligen Aufenthaltsort beordern und sich von ihm behandeln lassen wird.

Der pensionierte Kinderarzt Aladár Šaláta, der mir während meines Besuches im Herbst 2008 als Guide zugeteilt ist, zählt die vielen Dankesbezeugungen auf, mit denen die Bartfelder ihrem hohen Besuch huldigen – von der Umbenennung der kaiserlichen *Locations* in »Elisabeth-Quelle« und »Hotel Alžbety« bis zu der alljährlichen Veranstaltung der »Elisabeth-Tage«, bei deren Trachtenumzug immer auch eine stilecht kostümierte »Sisi« ihre Runden dreht.

Auch am eigentlichen Bartfeld, der dem Kurort in fünf Kilometer Entfernung vorgelagerten Kreisstadt, findet Ihre Majestät Gefallen: Bei ihrer Stippvisite am 8. Juli besichtigt sie den heute unter UNESCO-Denkmalschutz stehenden Marktplatz mit seinen wie einer Spielzeugschachtel entnommenen Bürgerhäusern, das für seine gotischen Portale und seine filigranen Renaissance-Erker berühmte Rathaus sowie die dem heiligen Ägidius geweihte Basilika, die für sie »eine kleine Westminster Abbey« ist. Der Brillantring, mit dem sie Pfarrer Antal Korányi ihren Dank abstattet, ist heute im Städtischen Museum von Bartfeld ausgestellt; die Vitrine, in der auch die Meßkelche der Zisterzienser und die Pokale der einstigen Stadtherren aufbewahrt werden, ist mit Photographierverbot belegt.

Kaiserin Elisabeths dreiwöchiger Aufenthalt in Bad Bartfeld bleibt nicht ohne sichtbare Folgen. Das erste, was sich – noch vor Antritt ihrer Rückreise nach Wien – ereignet, ist der Erwerb jener Milchkuh, die ihr allmorgendlich ihren Frühstückstrunk geliefert hat. Elisabeth ist von dessen Qualität derart angetan, daß sie verfügt, das gute Tier unverzüglich nach Schönbrunn schaffen zu lassen, damit es in der dortigen kaiserlichen Molkerei weitere gute Dienste leistet.

Aber auch die Bartfelder selbst, von der Zufriedenheit ihres illustren Gastes hell entzückt, lassen es an den entsprechenden Initiativen nicht fehlen. Nicht nur, daß sie den von Ihrer Majestät

Gastgeschenk für den Pfarrer von Bartfeld:
Sisis Brillantring

benützten Trinkbecher aufbewahren (und in späteren Jahren in den Kolonnaden des Kurhauses als Erinnerungsstück ausstellen werden), kommt auch sehr bald der Gedanke auf, Kaiserin Elisabeth mit der Errichtung eines eigenen Denkmals zu ehren.

Drei Jahre nach ihrer Ermordung durch Anarchistenhand, die auch unter den Bürgern von Bartfeld Entsetzen auslöst, tritt die mit dem Projekt befaßte Sonderkommission das erste Mal zusammen, Bezirkshauptmann Graf Bárdossy de Bárdos führt den Vorsitz. Ein Jahr später liegen die Pläne vor: Eine sitzende Sisi soll es werden, eine Bronzestatue auf Marmorsockel, überlebensgroß. Die Ausführung wird dem ungarischen Bildhauer Gyula Donáth übertragen, die feierliche Enthüllung – als Standort ist der Platz vor dem *Hotel Déak* vorgesehen – soll an Elisabeths fünftem Todestag stattfinden.

Damit die 12 000 Kronen, die für das Werk veranschlagt sind, zusammenkommen, wird ein Spendenaufruf erlassen; die Eingän-

150

ge seitens der begüterten Bürger bewegen sich im 100-Kronen-Bereich, doch auch die Heller-Spenden der Ärmeren sind hochwillkommen. Zur Einweihung reist Kultusminister Albert Berzeviczy an; sowohl seine Ansprache wie die Grußworte der örtlichen Honoratioren werden in einer festlich gestalteten Denkschrift dokumentiert. Die am Sockel der Statue angebrachte Gedenktafel – goldene Lettern auf bronzenem Grund – ist zweisprachig abgefaßt; die deutsche Version lautet: »Zur Erinnerung des Aufenthalts der Kaiserin Elisabeth, Königin von Ungarn.«

Die Bartfelder lieben ihr Sisi-Denkmal: Zu der allgemeinen Verehrung der ehemaligen Landesherrin tritt in diesem speziellen Fall noch der Dank für das Verdienst hinzu, durch ihren Besuch dem Kurbad von Bartfeld zu neuem Aufschwung verholfen zu haben: So mancher, der es sich leisten kann, will dem Beispiel Ihrer Majestät folgen und meldet sich an dem »nobilitierten« Ort zur Kur an.

Bis zu diesem Punkt wäre die Geschichte des Elisabeth-Denkmals von Bad Bartfeld noch etwas ganz Normales, nichts Außergewöhnliches: Sisi-Statuen gibt es zuhauf und zwar in fast allen Landesteilen der Habsburger-Monarchie. Was diejenige von Bad Bartfeld über all die anderen hinaushebt, ist ihre gegen alle künftigen politischen Widerstände und Zeitströmungen durchgesetzte Beständigkeit.

Da ist zunächst das Jahr 1918: Mit dem Ende des Ersten Weltkrieges bricht das österreichisch-ungarische Kaiserreich zusammen, am 28. Oktober wird in Prag die tschechoslowakische Republik ausgerufen. Nach Verstreichen einer Art Schonfrist verfügt die zuständige Bezirkshauptmannschaft am 26. Juni 1920 die Schleifung des nunmehr unerwünschten Denkmals und beruft sich dabei auf den »Unwillen der Bevölkerung«. Aber ebendieser »Unwille« wird von vielen Bürgern keineswegs geteilt: Die

Kurverwaltung von Bad Bartfeld legt gegen den obrigkeitlichen Bescheid Berufung ein – mit dem Erfolg, daß zwar die Inschrift mit den verpönten Vokabeln »Königin« und »Kaiserin« entfernt wird, die Statue als solche jedoch erhalten bleibt. Um sie vor weiteren Angriffen oder gar einem veritablen Denkmalssturm zu schützen, tritt ein engagierter Heimatforscher auf den Plan und gibt die Parole aus, es handele sich bei der Dargestellten gar nicht um Kaiserin Elisabeth, sondern um die Frau eines begüterten jüdischen Bankiers aus Budapest, die in Bartfeld von ihren Gallensteinen befreit worden sei.

Die nächste »Rettungsaktion« erfolgt 1926: Sisi soll zwar – so beschließt der Stadtrat – aus dem Ortsbild verschwinden, jedoch nicht eingeschmolzen, sondern in einen der Innenräume des städtischen Museums verlegt werden.

1939 im Zuge der einsetzenden Arisierung der nunmehr klerikalfaschistisch regierten Slowakei wird der bronzenen Sisi ein weiteres Mal eine neue Identität verpaßt: Einem von den Bartfeldern zu Rate gezogenen Preßburger Historiker gelingt es, sie als »Ideal einer slowakischen Frau arischen Geblüts« auszugeben.

Ausgerechnet während der Zeit nach 1948, da die Slowakei unter kommunistischem Kommando steht, wird in Bartfeld der Wunsch laut, die Elisabeth-Statue aus ihrer Verbannung im Museum zu befreien und ihr ihre alte Würde zurückzuerstatten. Fürs Museum möge eine Gipskopie angefertigt, das Original jedoch wieder an seinem angestammten Platz im Kurpark aufgestellt werden – mit Rücksicht auf die sowjetischen Machthaber allerdings unter neuem Namen: als Katharina II.

Einen solchen Bären lassen sich die Russen freilich nicht aufbinden, und auch die beiden nächsten Versuche, Sisi vor dem Verschwinden zu retten, werden von den Mitgliedern des dazu einberufenen Bezirksausschusses abgeschmettert: Weder das Argument, Kaiserin Elisabeth habe sich zu Lebzeiten als Schutzengel der Werktätigen hervorgetan, noch gar die abenteu-

*Kaiserin Elisabeth zur Kur in Bad Bartfeld. Ihr Denkmal hat sich
bis heute erhalten – trotz aller politischen Umwälzungen*

erliche Lüge, das Denkmal stelle in Wahrheit eine im slowakischen Nationalaufstand von 1944 gefallene jüdische Partisanin
namens Sarah Rothenstein dar, können an der verfahrenen Situation etwas ändern – letzteres schon deshalb nicht, weil inzwischen auch der stalinistische Terror mehr und mehr antisemiti-
sche Züge angenommen hat.
Erst 1965 haben die Bartfelder Denkmalschützer mit ihrem
zähen Kampf Erfolg: Ihr Argument, Kaiserin Elisabeth habe
sich – neueren historischen Forschungen zufolge – in ihrer Politik

153

gegen den reaktionären Habsburgerhof gestellt und bei allen ihren Aufenthalten in der Slowakei die Nähe des Volkes gesucht, ja sich für dessen Befreiung eingesetzt, findet tatsächlich Gehör, und so kehrt die umstrittene Statue zur allgemeinen Zufriedenheit an ihren angestammten Platz im Kurpark von Bad Bartfeld zurück. Sie ist allerdings unvollständig: Antiösterreichische Vandalen haben in der Zeit nach 1918 den Namen »Elisabeth« aus der Gedenktafel entfernt, nur die Figur ist unversehrt geblieben.

Als die Bartfelder im Sommer 2003 das 100-Jahr-Jubiläum »ihres« Denkmals feiern, muß also erst noch eine neue Tafel in Auftrag gegeben werden. Ein anonymer Briefschreiber hilft dabei auf seine Weise nach: Sollte die Kurdirektion nicht für die nötige Reparatur sorgen, werde man die Statue in die Luft sprengen.

Keine Sorge – die Bombe braucht nicht gebaut zu werden: Sisi erhält wieder ihren Namen; auf keinem der heutigen Bartfelder Prospekte, auf keiner Ansichtskarte vom Ort und auf keinem der in den Souvenirshops in allen Varianten erhältlichen Trinkgefäße fehlt das geliebte Konterfei. Und vor allem: Der an Denkmalsgeschichtlichem interessierte Besucher von Bad Bartfeld (Bardejovské Kúpele) kann sich an einer Story delektieren, die ohne Beispiel ist. Kein zweites Mal auf der Welt ist mit einem solchen Aufgebot von dreisten Tricks und frommen Lügen für das Überleben eines Denkmals gekämpft worden.

Im Land der Varcholas

M it »nowhere« hat Andy Warhol diese entlegene Gegend im äußersten Nordosten der Slowakei umschrieben, wenn man ihn nach seiner ethnischen Herkunft gefragt hat. Ruthenien hieß dieses »Nirgendwo« an den Ausläufern der östlichen Beskiden, als es noch ein Teil des alten Österreich-Ungarn war. Nur wenige Kilometer ist es von hier zur polnischen Grenze – es ist eine lange Reise, die ich da angetreten habe, um das 300-Seelen-Dorf Miková zu erkunden.

Die Doppelkreuze auf den Turmspitzen der Kirchen und die kyrillischen Schriftzeichen auf manchen der Ortstafeln signalisieren den Übertritt in einen fremdartigen Kulturraum, der den Besucher fast an Rußland oder die Ukraine denken läßt. Wiesen und Rapsfelder säumen den Weg, Soldatenfriedhöfe kommen ins Bild und auf Betonsockel montierte Sowjetpanzer, Storchennester setzen die wenigen idyllischen Akzente, von Hirt und Hund gehütete Rinderherden kontrastieren mit den Ruinen ehemaliger Kolchosen und ausgedienter Industrieanlagen.
Immerhin – die Landstraßen sind in Ordnung, die Wegweiser sind intakt, das Verkehrsaufkommen ist gering. Was das kleine Miková von den Nachbardörfern unterscheidet, ist das Namensschild am Ortseingang: Das ihm beigefügte Andy-Warhol-Porträt, schon von weitem sichtbar, bestätigt mir, daß ich am Ziel bin. Es ist ein Dorf ohne erkennbare Mitte, die Kirche der Orthodoxen konkurriert mit der der Griechisch-Unierten, eine blecherne Hütte markiert die Haltestelle der regionalen Buslinie. Auf

Andy Warhol heißt die Besucher von Miková willkommen.
Er selber hat sich in der Heimat seiner Sippe allerdings nie blicken lassen

den Dächern der überwiegend ärmlichen Häuser die obligaten Fernsehschüsseln, in den Gärten ganze Batterien prall gefüllter Apfelbäume, hinter den Zäunen die von der Straße her zugänglichen Stromzähler, da und dort ein ins Erdreich eingelassenes Kruzifix.

Das Eindruckvollste ist der Friedhof: jedes dritte Grab ein Varchola-Grab. Ich höre auf zu zählen: Wieder und wieder derselbe Name; auch der erst vor wenigen Tagen Bestattete, überhäuft mit plastikumhüllten Blumenbuketts, war ein Varchola. Es ist der Name, der bei den nach Amerika ausgewanderten Mitgliedern der Sippe irgendwann zu »Warhol« mutiert ist.

Andy Warhols Vater, so wie der weltberühmte Sohn auf den Vornamen Andrej getauft, ist unter den ersten, die die bitterarme Region in Richtung USA verlassen: 1902. Als er einige Jahre später in sein Heimatdorf zurückkehrt, heiratet er die Nachbars-

Jedes dritte Grab auf dem Friedhof von Miková ist ein Varchola-Grab.
In der neuen Heimat seiner Eltern, den USA, mutiert der Name zu »Warhol«

tochter Julia Zawacky. Um der drohenden Einberufung zum Militär zu entgehen, nimmt er nach einiger Zeit einen zweiten Anlauf auf die Neue Welt und läßt, weitere drei Jahre später, seine junge Frau nachkommen: Sein Job in der Pittsburgher Eisenbahnwaggonfabrik *Standard Car Works* wirft genug ab, daß er eine Schiffspassage für Julia buchen kann.

In einer Kleinwohnung des Pittsburgher Arbeiterviertels Soho richtet man sich ein, Vater Andrej arbeitet auf dem Bau. Zwei Söhne kommen zur Welt: Paul und John. Und am 6. August 1928 der dritte: Andrej. Es ist kein gutes Datum: In Pittsburgh tobt eine Hitzewelle, Klimaanlagen sind zu dieser Zeit auch in den USA noch ein Fremdwort, Dutzende ältere Menschen kommen in der Gluthitze um.

Das Leben der Familie Varchola (ab wann sie ihren Namen zu »Warhol« amerikanisieren, ist unklar) spielt sich in landsmannschaftlicher Umgebung ab: Fast alle Nachbarn sind – so wie sie –

Auswanderer aus den ruthenischen Karpaten. Man hält an der Muttersprache fest, läßt keinen Sonntagsgottesdienst aus, der Rosenkranz stammt noch aus dem heimatlichen Übersiedlungsgut. Auch Mutter Julias traditionelles schwarzes Kopftuch bleibt weiterhin in Gebrauch.

Der Vater hat wenig Zeit für seine drei Kinder: Entweder schindet er, um die Familie durchzubringen, Überstunden heraus, oder er ist überhaupt auf Jobsuche. Nesthäkchen Andy wächst als Muttersöhnchen heran. Es wird später viel darüber gerätselt werden, ob es Julia Warhol gewesen ist, die Andy, ohne dessen berufliche Entwicklung oder gar dessen Aufstieg zum Pop-Art-Star auch nur ahnen zu können, zu seinen ersten künstlerischen Gehversuchen angeleitet hat. Tatsache ist, daß Julia Warhols Küchenregal stets mit Suppendosen der Marke Campbell's bestückt ist und ihr Jüngster beim alljährlichen Bemalen der Ostereier assistieren darf. Sogar Andy Warhols spätere Geschäftstüchtigkeit, die einen nicht geringen Teil seines Welterfolges ausmachen wird, könnte von Mutter Julia ererbt sein, die einen schwunghaften Handel mit selbstgebastelten Papierblumen betreibt.

Mutter Julia ist es auch, die all die Jahre die Verbindung mit der alten Heimat aufrechterhält, und so spricht sich ab den fünfziger Jahren auch in und um Miková, wo es von Varcholas wimmelt, herum, daß Andrej alias Andy auf dem Weg ist, in Amerika Karriere zu machen – und zwar als Maler. Die slowakischen Verwandten denken dabei allerdings eher an das Metier eines Fassadenanstreichers oder Zimmermalers. Was sich in der New Yorker *Factory*, die zum Zentrum seines Schaffens als Werbegraphiker, Pop-Art-Künstler und Filmemacher wird, tatsächlich abspielt, geht über den Horizont dieser einfachen bäuerlichen Menschen weit hinaus.

Erst gegen Ende der sechziger Jahre, als Andys Tante Eva Bezeková zu einem Verwandtenbesuch in die USA reist, erhält das

Bild, das man sich in der Ostslowakei von dem angeblich so erfolgreichen Familiensproß macht, klarere Konturen. Tante Eva bekommt zwar den Sohn ihrer Schwester, der sich aus der bürgerlichen Welt zurückgezogen hat und ganz in seinem Künstler-, Intellektuellen- und Bohème-Milieu aufgeht, kaum zu Gesicht, aber auch die spärlichen Einblicke, die sie erhält, reichen aus, ihre Bedenken zu mehren. Verstört, ja entsetzt kehrt sie in ihr Heimatdorf Miková zurück und verschreckt ihre dortigen Verwandten mit Horrorberichten von der »Hölle« Amerika: »Was für ein gottloses Land, wo sie Häuser bis in den Himmel bauen und wo die Straßen so bevölkert sind, daß die Leute einander nicht grüßen!« Wer ihr besonders leid tut, ist Neffe Andy, dessen angeborene Blässe sie darauf zurückführt, daß er »wohl niemals die Sonne gesehen« hat.

Immerhin hat Tante Evas USA-Besuch für sie und die Ihren angenehme Folgen: Erschüttert über das, was sie den amerikanischen Verwandten über die kargen Lebensverhältnisse in der kommunistisch regierten Slowakei erzählt, schickt ihr Schwester Julia fortan regelmäßig Pakete, vor allem Kaffee und andere Luxusgüter, und zuweilen ist den begehrten Sendungen auch ein kleines Erinnerungsstück des Neffen beigepackt: eine Zeichnung von seiner Hand, eine Photographie, einmal sogar ein von ihm bemalter Stöckelschuh. Als Eva Bezeková gegen Ende ihres Lebens von einem amerikanischen Reporter, der sie in ihrem Heimatdorf Miková aufsucht und interviewt, nach dem Verbleib der Andy-Warhol-Memorabilien gefragt wird, zuckt sie bedauernd mit den Achseln: »*Ich hab das Zeug in die Mülltonne geworfen.*« Woher sollte sie auch wissen, daß das »Zeug« eines Tages einen solchen Wert darstellen würde …

Einige Zeit nach Andy Warhols Tod anno 1987 macht sich dessen vier Jahre älterer Bruder John auf den Weg nach Europa, um die Geburtsheimat seiner Altvorderen zu inspizieren. Er stößt bei

dieser Gelegenheit auf einen in der nahen Kreisstadt Medzilaborce lebenden Kunstexperten namens Michael Bycko – mit
dem Resultat, daß die beiden Männer miteinander ins Gespräch
kommen und schließlich den kühnen Plan schmieden, in dem
weltentlegenen Ort nahe der slowakisch-polnischen Grenze ein
Andy-Warhol-Museum zu gründen. John steuert dafür nicht nur
das nötige Geld bei, sondern auch eine Reihe von Exponaten
aus dem von der Familie verwalteten Nachlaß: an die zwanzig
Original-Siebdrucke, ein paar Handzeichnungen aus Warhols
Frühwerk, Standphotos seiner Filme. Auch etliche Habseligkei-
ten aus seinem persönlichen Besitz wandern von New York nach
Medzilaborce: Andys Taufkleid, seine Instant-Kamera, sein
Walkman, eines seiner Sakkos, eine seiner Sonnenbrillen, eine
der berühmten, von ihm eigenhändig gefärbten weißblonden
Perücken.

Ist es schon schwierig genug, die Objekte durch den Eisernen
Vorhang zu schmuggeln, so scheitert der als Kurator des geplanten Warhol-Museums vorgesehene Michael Bycko vollends mit
seinen Bemühungen, für die Exponate einen geeigneten Schau-
raum zu finden: Die örtlichen Parteifunktionäre für Leben und
Werk eines kapitalistischen Künstlers – noch dazu eines amerikanischen! – zu begeistern, scheint ein Ding der Unmöglichkeit.
Man muß also bessere Zeiten abwarten, und diese besseren Zeiten treten ein, als die »samtene Revolution« von 1989 auch hier
den Weg frei macht zur Verbreitung westlicher Kultur. Das noch
von den Kommunisten erbaute Kulturhaus von Medzilaborce,
ein zwar architektonisch grauenhafter, aber immerhin geräumi-
ger Betonkubus gegenüber dem 1947 errichteten Prachtbau der
orthodoxen Kirche, wird als Andy-Warhol-Museum adaptiert.
1991 findet die Eröffnung statt – unter reger Beteiligung der vom
Bürgermeister angeführten Ortsbevölkerung. Auch Ehrengäste
von auswärts, darunter ein Vertreter des slowakischen Kultur-
ministeriums im fernen Preßburg, folgen der Einladung; ein in

*Vor dem
Warhol-Museum
von Medzilaborce:
der Meister als
Bronzeskulptur*

Prag eingesetzter Sonderzug mit 600 zum Teil schrill gewande-
ten Warhol-Fans beschert dem ansonsten tristen Ort ein Spekta-
kel sondergleichen.

Siebzehn Jahre später, im Andy-Warhol-Museum von Medzilaborce ist der Alltag eingekehrt. Man spricht von 17000 Besuchern pro Jahr, von inzwischen eingetretenen Finanzierungspro-
blemen, auch von ersten Schäden. Ich möchte mir von alledem
ein eigenes Bild machen, setze also meine Reise ins fünfzehn
Kilometer von Miková entfernte Medzilaborce fort.
Mit ihren knapp 7000 Einwohnern ist Medzilaborce die nord-
östlichste Stadt der Slowakei; die unansehnlichen Plattenbauten
erinnern daran, daß das meiste der alten Haussubstanz zerstört

ist: Sowohl im Ersten wie im Zweiten Weltkrieg verlief hier, am Fuße der Beskiden-Bergpässe, die Kampflinie, und da blieb kein Stein auf dem anderen. Die wenigen Farbtupfer im grauen Einerlei von Medzilaborce sind dem »großen Sohn« der Stadt zu verdanken: riesige Repliken von Warhols Suppendosenbildern an einigen der Hausfassaden, Andys Konterfei an einer der Bushaltestellen, auf dem Museumsparkplatz die 230 Zentimeter große Bronzefigur mit dem zerschlissenen Regenschirm.

Im Museum selbst registriere ich bei meinem Eintreffen nur weitere zwei Besucher; die Tonbandmusik aus dem Kultfilm »Velvet Underground« ist das einzige Geräusch, das ich vernehme. Die Wärterin, die die Eintrittskarten verkauft, verhält sich mangels Fremdsprachenkenntnissen stumm und hält mir nur einen Handzettel unter die Nase, auf dem ich lese: »Put on the overshoes!« Es sind baumwollene Galoschen, die in zwei Kisten in der Eingangshalle bereitliegen – mit der Aufschrift »clean« die eine, mit der Aufschrift »dirty« die andere. Ein Gehilfe schaltet das Videogerät ein: Die halbstündige Filmbiographie *made in USA* führt geschickt in Leben und Werk Andy Warhols ein. Auch mit Anekdotischem wird nicht gespart: Wenn Mutter Julia, ihr Leben lang nicht voll amerikanisiert, im Gespräch mit den Söhnen in ihren ruthenischen Dialekt zurückfalle, stoppe Andy barsch ihren Redefluß und bestehe auf dem Gebrauch der Landessprache.

Auch unter den Exponaten des Museums haben Memorabilien von Mutter Julia ihren festen Platz: Das große Familienphoto, das einige der Varchola-Sippe in ruthenischer Tracht zeigt, ist von ihrer Hand koloriert. Wichtigstes Motiv unter den ausgestellten Siebdrucken ist der überdimensionale knallrote Lenin. Er ist es, der die zunächst brüsk abweisenden kommunistischen Behördenvertreter schließlich doch freundlich stimmt. Balsam auch für alle Kirchentreuen: ein Schnappschuß von Andys Begegnung mit Papst Johannes Paul II.

Über die Stimmung im Ort erfahre ich Widersprüchliches. Die Warhol-Gegner lassen durchblicken, daß ihnen die Inbetriebnahme der ersten Straßenverkehrsampel im Stadtzentrum mehr bedeutet habe als die Eröffnung des Museums; die Popart-Fans dagegen rühmen jenen jungen Volksschullehrer von Medzilaborce, der sich – unter dem Beifall seiner Schüler – für den Kunstunterricht als Warhol-Double verkleide; und übereifrige unter den politisch Korrekten wollen wahrgenommen haben, daß die (um den Bestand der Sammlung besorgte) Ausstellungsleitung den in der Region massenhaft ansässigen Roma den Zutritt zum Museum verwehre.

Letzte Rückblende nach Amerika. Julia Warhol, schon frühzeitig Witwe, ist aus ihrer Wahlheimat Pittsburgh zu ihrem Jüngsten nach New York gezogen. Andy hält die rechtschaffene, fromme Frau allerdings auf Distanz: Ihr betont einfaches Wesen und sein umso exzentrischerer Lebenswandel sind nur schwer miteinander vereinbar. Braucht er jedoch Hilfe, ist Mutter Julia jederzeit zur Stelle – etwa, als im Juni 1968 eine wirre Frauenrechtlerin ein Schußattentat auf den Vierzigjährigen verübt und eine fünfstündige Operation sein Leben retten soll: Rosenkranzbetend sitzt Julia Warhol an Andys Krankenbett. 1971 übersiedelt die inzwischen in Alkoholprobleme Verstrickte in ein New Yorker Pflegeheim, wo sie im Jahr darauf stirbt. Die alte Heimat im fernen Ruthenien hat sie nicht mehr wiedergesehen.

Auch Andy selber – er stirbt achtundfünfzigjährig am 22. Februar 1987 – hat zeit seines Lebens kein einziges Mal, sollte er es überhaupt je vorgehabt haben, seinen Fuß auf den Boden der Ahnen und Urahnen gesetzt. Das Varchola-Dorf Miková, wo er so viele Verwandte antreffen und sich von ihnen hätte feiern lassen können, hat er bei allen seinen Europareisen ausgespart. Im Shop des Andy-Warhol-Museums von Medzilaborce ist gleichwohl eine Ansichtskarte erhältlich, die den großen Sohn der Gegend vor dem Hintergrund der Hauptstraße von Medzilaborce zeigt. Er ist um die vierzig, ist adrett gekleidet, blickt freundlich lächelnd in die Kamera und schiebt sein Fahrrad vor sich her. Ist er also vielleicht doch irgendwann dagewesen – heimlich und inkognito? Ein Blick auf das Impressum der Karte klärt das Mysterium auf: *Koláz* ist die slowakische Vokabel für *Collage*. Es ist der übermütige Versuch der Konkretisierung eines alten Wunschtraums der ortsansässigen Andy-Warhol-Fans – eine Photomontage.

Kognak für Oberleutnant Lukasch

Natürlich kennen wir ihn alle: den scheinbar phlegmatisch-gemütlichen Typ in der miserabel sitzenden Felduniform des k. u. k. Gefreiten, kurzbeinig und korpulent, stets die Tabakspfeife im Mund und rund um diesen Mund ein einerseits derbes, andererseits hellwaches Gesicht, das die Frage offenläßt, ob sich dahinter wirklich Einfalt verbirgt oder nicht doch Schläue, Durchtriebenheit und Schalk. Heinz Rühmann hat ihn im Kinofilm verkörpert, Fritz Muliar vor der Fernsehkamera: den »braven Soldaten Schwejk«. Über die Aussprüche, die ihm Autor Jaroslav Hašek in den Mund gelegt, und die Späße, die er ihm angehängt hat, ist leicht lachen – überhaupt, wenn man ein Gegner alles Militärischen und Militaristischen ist, sich gegen jegliches Obrigkeitsdenken auflehnt und – noch ist Österreich-Ungarn eine Monarchie! – im Kaiser seinen Feind sieht.
Andererseits braucht man kein Legitimist und schon gar nicht ein unverbesserlicher Kommißschädel zu sein, um an diesem aufmüpfigen Frontsoldaten Josef Schwejk auch eine ganze Reihe unangenehmer Eigenschaften zu registrieren. Mir jedenfalls ist er bei all seiner noch so imponierenden Pfiffigkeit zu verschlagen und vulgär.

Die Tschechen denken darüber anders: Für sie ist Schwejk die klassische Identifikationsfigur in puncto Emanzipation von der Hegemonie des alten k. u. k. Österreich, und da ist es nur folgerichtig, daß sie ihn als einen ihrer Volkshelden verehren. Beide, Schwejk wie sein Schöpfer Hašek, haben an verschiedenen Orten

Tschechiens ihre Denkmäler, ihre Gedenkstätten, ihre Straßennamen; Buchhandel und Bibliotheken halten »Die Abenteuer des braven Soldaten Schwejk« in vielerlei Ausgaben auf Lager, und die tschechische Souvenirartikelindustrie wird nicht müde, die geliebte Gestalt auch in Form von Bierkrügen und Mützen, von Ansichtskarten und Maskottchen auf den Markt zu werfen.

Auch auf meinen Reisen durch die Slowakei begegne ich ihm. Die mannsgroße, aus Lego-Steinen zusammengesetzte Figur in der Abfertigungshalle des Flughafens Košice (Kaschau) trägt eindeutig die Züge des »Braven Soldaten«, und die aus grauem Stein gehauene Statue auf dem Bahnhofsgelände der ostslowakischen Kreisstadt Humenné ist auch für den literaturfernen Betrachter unschwer als Schwejk zu erkennen: Schwejk, wie er leibt und lebt.

Um zu klären, wieso ihm gerade hier derart demonstrativ gehuldigt wird, und vor allem, wieso dem steinernen Schwejk von Humenné die Nachbildung einer im Erdreich verankerten Wasserpumpe zur Seite gestellt ist, bedarf es allerdings der Vertiefung in Hašeks Romantext – und zwar in dessen dritten Teil, der unter dem Zwischentitel »Der glorreiche Zusammenbruch« eine Episode wiedergibt, die in der Tat zu den originellsten und gelungensten des 800-Seiten-Wälzers zählt.

Schwejk, vor einigen Monaten zum Militärdienst bei der k. u. k. Armee einberufen, Oberleutnant Lukasch als Ordonnanz zugeteilt und nun, ein Jahr nach Ausbruch des Ersten Weltkrieges, mit dessen Truppe an die galizische Grenze verlegt, wo die Österreicher in erbittertem Kampf den Russen gegenüberstehen, soll seinem Vorgesetzten, koste es, was es wolle, eine Flasche Kognak besorgen. Angewidert von den Greueltaten, die die örtlichen Gendarmen an einer Reihe verhafteter Russen verübt haben, äußert Oberleutnant Lukasch, »um seinen Weltschmerz zu vertreiben«, das Bedürfnis, sich zu betrinken. Natürlich darf niemand etwas davon wissen; der für seine Schläue bekannte Schwejk soll also sein ganzes Geschick aufbieten, das Begehrte aufzutreiben. Hinter dem von den vorangegangenen Kampfhandlungen devastierten Bahnhof, so habe man gehört, gebe es einen Platz, wo insgeheim mit Kognak gehandelt werde. Fünfzehn Kronen steckt ihm Lukasch zu; mit den Worten *»Seien Sie versichert, Herr Oberlajtnant, daß alles in Ordnung gehen wird, weil ich hab sehr gern verbotene Sachen!«* macht sich Schwejk auf den Weg.

Die Mission scheint einen günstigen Verlauf zu nehmen – Originalton Hašek:

Hinterm Bahnhof, gleich an der Straße, stand eine Reihe mit dem Boden nach oben gekehrter Rückenkörbe, auf denen sich Strohschüsseln befanden; auf diesen Strohschüsseln wieder befanden sich verschiedene Näschereien, die so unschuldig aussahen, als wären diese guten Dinge für die Schuljugend irgendwo auf einem Ausflug bestimmt. Da gab es Zuckerstangen, Bonbons, Röllchen aus Oblaten, einen Haufen saurer Bonbons, hie und da auch ein paar Scheiben schwarzen Brots mit Wurst, die ganz bestimmt von Pferden stammte. Im Innern aber enthielten die Rückenkörbe verschiedene Sorten von Alkohol: Flaschen mit Kognak, Rum, Wacholderbranntwein und andere Liköre und Schnäpse.

Gleich hinter dem Straßengraben stand eine Bude, in der alle diese Geschäfte mit verbotenen Getränken abgewickelt wurden.

Zuerst verhandelten die Soldaten bei den Rückenkörben, dann zog ein Jude mit Schläfenlöckchen unter dem Rückenkorb eine unschuldig aussehende Flasche hervor und brachte sie unter dem Kaftan in die hölzerne Bude, wo sie der Soldat irgendwie unauffällig in den Hosen oder unter der Bluse versteckte.

Hierher steuerte also Schwejk und fing gleich bei dem ersten Rückenkorb an. Er suchte Bonbons aus, die er bezahlte und in die Tasche steckte, wobei der Herr mit den Schläfenlöckchen ihm zuflüsterte: »Schnaps hab ich auch, gnädiger Herr Soldat.«

Die Unterhandlung war rasch abgeschlossen. Schwejk ging in die Bude und zahlte erst, als der Herr mit den Schläfenlöckchen die Flasche geöffnet und Schwejk den Schnaps gekostet hatte. Er war mit dem Kognak zufrieden, und nachdem er die Flasche unter die Bluse gesteckt hatte, kehrte er auf den Bahnhof zurück.

Was Schwejk nicht bedacht hat: Er ist die ganze Zeit über beobachtet worden – und zwar von seinem Gegenspieler Leutnant Dub, dem jede Gelegenheit willkommen ist, Oberleutnant Lukaschs »Putzfleck« zu schikanieren. Dub, von Autor Hašek als klassischer Vertreter der Kategorie »gebildete Dummheit« porträtiert und mit der Standardphrase »Sie kennen mich noch nicht richtig, aber Sie werden mich noch kennenlernen!« ausgestattet, schneidet Schwejk, der gerade im Begriff ist, den verbotenen »Stoff« bei seinem Auftraggeber abzuliefern, den Weg ab. Es entwickelt sich folgender Dialog:

»Wo warst du denn, du Schuft?«

»Melde gehorsamst, Herr Lajtnant, daß ich mir Bonbons kaufen gegangen bin.«

Doch was Dubs scharfem Blick nicht entgangen ist: Unter Schwejks Bluse zeichnen sich die klaren Umrisse einer Schnapsflasche ab. Die Sache spitzt sich also zu:

Leutnant Dub klopfte Schwejk auf die Bluse. »Was trägst du hier, du Schuft? Zieh das heraus!«

Schwejk zog die Flasche mit dem gelblichen Inhalt und dem deutlichen Etikett Kognak heraus.

»Melde gehorsamst, Herr Lajtnant«, antwortete Schwejk unerschrocken, *»daß ich mir in eine leere Kognakflasche ein bißl Wasser zum Trinken pumpen war. Ich hab noch von dem Gulasch, was wir gestern gehabt ham, einen schrecklichen Durst. Nur daß das Wasser dort bei der Pumpe, wie Sie sehn, Herr Lajtnant, bißl gelb is; es wird wahrscheinlich eisenhaltiges Wasser sein. So ein Wasser is sehr gesund und zuträglich.«*

»Wenn du so einen Durst hast, Schwejk«, sagte Leutnant Dub

mit einem teuflischen Lächeln, »*dann trink. Aber tüchtig! Trink das Ganze auf einmal aus!*«

Schwejk entkorkte die Flasche, führte sie an den Mund, und Schluck auf Schluck verschwand in seiner Kehle. Leutnant Dub versteinerte: Schwejk trank vor seinen Augen die ganze Flasche leer, ohne mit der Wimper zu zucken, warf die leere Flasche über die Straße in den Teich, spuckte aus und sagte, als hätte er ein Gläschen Mineralwasser ausgetrunken: »Melde gehorsamst, Herr Lajtnant, daß das Wasser wirklich einen Eisengeschmack gehabt hat.«

Leutnant Dub, wie besessen von der Lust, den Schwindel aufzudecken, verlangt von Schwejk, zu dem ominösen Brunnen geführt zu werden. »Es ist nur ein Stückel von hier, Herr Lajtnant, gleich hier hinter der Holzbude.«

Und siehe da – Schwejk hat tatsächlich Glück: Ergeben in den Willen Gottes, schritt er voran. Aber etwas sagte ihm ununterbrochen, daß ein Brunnen da sein müsse. Ja, es war sogar eine Pumpe da, und als sie bei ihr anlangten und Schwejk pumpte, floß ein gelblich gefärbtes Wasser hervor, so daß Schwejk feierlich erklären konnte: »Hier is das eisenhaltige Wasser, Herr Lajtnant.«

Leutnant Dub muß sich geschlagen geben: Sein Versuch, Schwejk des unerlaubten Schnapserwerbs zu überführen, ist kläglich gescheitert.

Gescheitert ist allerdings auch Schwejks Bemühen, seinen Vorgesetzten, Oberleutnant Lukasch, mit dem gewünschten »Stoff« zu versorgen. Und vor allem: Er selber ist von der in *einem* Zug geleerten Flasche so stockbetrunken, daß er es nur noch bis zum nächsten auf dem Perron bereitstehenden Waggon schafft, dort augenblicks zusammensinkt und seinen unfreiwilligen Vollrausch erst nach Stunden ausgeschlafen haben wird.

Gleichgültig, ob Jaroslav Hašek diese Episode, die an Drastik und Situationskomik nichts zu wünschen übrigläßt, selber erlebt oder sich nur für seinen Roman ausgedacht hat: Schauplatz des Geschehens ist auf jeden Fall der Bahnhof von Humenné, und so ist es nur recht und billig, daß die örtliche Hašek-Leserschaft eines ferneren Tages den Wunsch äußern wird, die literarische Verewigung ihrer Stadt mit der Errichtung eines einschlägigen Denkmals zu würdigen. Bildhauer Jaroslav Drotár erhält den Auftrag, und am 6. Oktober 2000 wird der wasserpumpende Schwejk neben dem Stationsgebäude von Humenné aufgestellt und von den Honoratioren der Stadt mit Sang und Klang enthüllt.

Als ich im Sommer 2008 den Schauplatz inspiziere und nicht der Versuchung widerstehen kann, die in den »Abenteuern des braven Soldaten Schwejk« geschilderte Situation von 1915 mit der von heute zu vergleichen, muß ich zuerst einmal den steinernen Schwejk von seinem Plastiktrinkbecher befreien, den ihm irgendein Scherzbold unter den Arm geklemmt hat. Ihn – der Romanhandlung folgend – mit eisenhaltigem Wasser zu füllen, hätte ich allerdings Schwierigkeiten: Die Pumpe, die Meister Drotár seiner Skulptur zur Seite gestellt hat, ist eine Attrappe. Umso leichter wäre der Zugang zu Kognak (und all den anderen geistigen wie leiblichen Genüssen): Gleich neben dem Bahnhofsgebäude – dort, wo zur Zeit des Ersten Weltkrieges die Buden der Zuckerlverkäufer, der Pferdewursthändler und der Schnapsschmuggler gestanden sind – lädt heute eine *Pizzeria U Švejka* zu zeitgemäßer Stärkung ein, und in der *Potraviny* (der Greißlerei) gleich nebenan steht sogar ein Kognak der Weltmarke *Napoleon* im Regal.

Für die Leute von Humenné ist damit das Thema, denke ich, erledigt. Nicht jedoch für den Literaturdetektiv: Zu gern würde ich wissen, wie Jaroslav Hašek zu seinem Stoff und seinen Figuren gelangt ist: Sind sie allesamt seiner Phantasie entsprungen, oder hat er – wie zu vermuten ist – auf leibhaftige Urbilder zurückgegriffen?

170

Frontsoldat mit Kognakpumpe:
der Schwejk von Humenné

Jaroslav Hašeks berühmte Romanfigur als Werbemittel
der Bahnhofs-Pizzeria von Humenné

Ein Blick in Hašeks Biographie gibt darüber Aufschluß: Der am 30. April 1883 in Prag geborene Lehrerssohn, der seines widerborstigen Naturells wegen sowohl als Drogerielehrling wie als Bankangestellter scheitert, sich daraufhin für ein abenteuerreiches Leben als Landstreicher und Bohemien entscheidet, wegen Alkoholexzessen, Raufhändeln, Vandalenakten und anarchistischen Umtrieben wiederholt mit dem Gesetz in Konflikt gerät und schließlich im Schreiben von Humoresken und Satiren seine späte Erfüllung findet, wird im Februar 1915 zum Militärdienst eingezogen. Das 91. k. u. k. Infanterieregiment, dem der knapp Zweiunddreißigjährige von der Budweiser Assentierungskommission zugeteilt wird, soll an der galizischen Ostfront mithelfen, die im Kampf gegen die Russen erlittenen österreichischen Verluste auszugleichen.

Schon bei der Befragung durch den Regimentsarzt gibt Hašek erste Kostproben seiner Drückebergerei und Schläue: Er stellt sich dumm, behauptet zum Beispiel, nur Tschechisch sprechen zu können (obwohl er durchaus auch im Deutschen, Russischen und Ungarischen bewandert ist) und legt es überhaupt in allem darauf an, nur für die einfachsten Dienstleistungen herangezogen zu werden. Von dem Unteroffizierskurs der Einjährig-Freiwilligen, den er im Ausbildungslager Bruck an der Leitha absolvieren soll, wird er wegen mangelnder Disziplin ausgeschlossen; den Rheumatiker simuliert er so überzeugend, daß er hoffen darf, den Krieg, den er aus tiefstem Herzen verabscheut, in der Krankenstube der Kompanie zu übertauchen. Mit manchen seiner Vorgesetzten im Dauer-Clinch, ist er umso beliebter bei den Kameraden, die ihn als Kartenspielpartner, als Saufkumpan und als Sänger von ihm selbst verfaßter Spottlieder zu schätzen wissen.

Hašeks Fronteinsatz – unter anderem in dem ostslowakischen Humenné, auf dessen Bahnhofsgelände die zuvor geschilderte Kognak-Episode spielt – bleibt auf Wach- und andere Hilfsdienste beschränkt, und als es mit dem offenen Kampf gegen die Russen ernst wird, läßt er sich von diesen bereitwillig in Gefangenschaft nehmen, schließt sich sogar der Roten Armee an und tritt als »Politarbeiter« in die Kommunistische Partei ein.

Als er 1920 nach Prag zurückkehrt, verarbeitet er das Erlebte auf seine Weise: Der mittlerweile Siebenunddreißigjährige schreibt den Roman, der ihn weit über seine Heimat Tschechien hinaus berühmt machen wird – »Die Abenteuer des braven Soldaten Schwejk«. Hašeks Hauptwerk bleibt allerdings unvollendet: Sein chronischer Alkoholismus und das Tuberkuloseleiden, das er sich während des Krieges zugezogen hat, kürzen sein Leben dramatisch ab: Vier Monate vor seinem neununddreißigsten Geburtstag, am 3. Jänner 1923, stirbt Jaroslav Hašek im böhmischen Lipnice nad Sázavou (Lipnitz).

Auch ohne tiefschürfende Exegese des Schwejk-Textes wird auf Anhieb klar, daß die Abenteuer des Josef Schwejk über weite Strecken mit denen des Autors Jaroslav Hašek identisch sind. Manche Züge seiner Hauptfigur entlehnt er allerdings der Person eines Kameraden, der in derselben Kompanie als Offiziersbursche dient; es ist der drei Jahre ältere, aus Hostivice bei Prag stammende František Strašlipka, den Hašek schon von früher her (und zwar von einem gemeinsamen Bordellbesuch) kennt. Statt mit seiner literarischen Verewigung zu prahlen, wird sich dieser František Strašlipka übrigens, als er von dem Buch erfährt, von Hašeks Darstellung distanzieren: Es kränkt ihn, daß ihn – den großgewachsenen Schlanken – der Illustrator des Romans, Hašeks alter Freund Josef Lada, als zwergwüchsigen Dicken karikiert ...

Auch die übrigen Figuren des »Schwejk« sind leibhaftigen Urbildern nachgezeichnet. So verbirgt sich hinter dem umgänglichen Oberleutnant Heinrich Lukasch Hašeks Vorgesetzter Rudolf Lukáš, zu dessen Eigenheiten es zählt, sich seiner tschechischen Abkunft zu schämen und daher seinen Namen eigenmächtig einzudeutschen. Und Schwejks Gegenspieler, »Oberdummrian« Leutnant Dub, ist vor dem Krieg Gymnasiallehrer in einer böhmischen Provinzstadt und heißt in Wirklichkeit František Mechalek. Dringt über dessen späteren Verbleib nichts nach außen, so macht Lukasch (Lukáš) in der Armee der 1919 ausgerufenen Tschechoslowakischen Republik Karriere und bringt es bis zum Major des Generalstabes.

Und Hašek selbst – wie endet seine eigene Militärlaufbahn? Sie endet mit einem am 5. Oktober 1916 von der k. u. k. Polizeidirektion in Prag erlassenen Rundschreiben, das, gestützt auf die von Hašek verfaßten und in einer Kiewer Zeitung veröffentlichten Hetzartikel, zur Fahndung nach dem »monarchiefeindlichen« Überläufer aufruft. Die Anklage lautet auf »Verbrechen des Hochverrates und der Majestätsbeleidigung.«

Mamas Marmelade

Ptičie ist ein Dorf von 660 Einwohnern, liegt neun Kilometer südlich der ostslowakischen Kreisstadt Humenné und fällt auf den ersten Blick höchstens durch seine besondere Adrettheit auf: blitzsaubere Straßen und Gehsteige, schmucke Einfamilienhäuser mit gepflegten Vorgärten, eine frischgeweißelte Kirche und eine nagelneue Bushaltestelle, deren Wartehäuschen einem komfortablen Salettl gleicht. Tisch, Wagenrad und Axt, die drei Embleme im Wappen des vor 736 Jahren gegründeten Ortes, deuten auf eine reiche handwerkliche, Gesangsverein und Trachtengruppe auf eine lebhafte kulturelle Tradition. Spricht man – was für unsereins nicht ganz leicht ist – den Ortsnamen korrekt aus, klingt es ein bißchen wie Vogelgezwitscher, und das hat durchaus einen tieferen Sinn: Ptičie, so klärt man mich auf, leitet sich von einer Spezies Singvögel ab, die seit Urzeiten in den Wäldern ringsum den Ton angibt.

Was das kleine Ptičie jedoch ganz speziell auszeichnet, sind seine Menschen: Ich kenne kein zweites Dorf in der heutigen Slowakischen Republik, in dem die Einheimischen ihren Gästen mit so viel Zutraulichkeit und Hilfsbereitschaft gegenübertreten. Doch darüber später mehr.

Bürgermeister Marián Čorny strahlt übers ganze Gesicht, als ich ihm meine Eindrücke von seinem Ort schildere. Er lädt mich sogleich in sein attraktives Büro im Obergeschoß des Kulturhauses ein, greift nach einem mit dem Dorfwappen geschmückten Plastikbeutel, den er mit Wimpel und Trinkglas, mit Ansichtskarten

*Der Bürgermeister von Ptičie vor dem Gemeindehaus.
An dieser Stelle befand sich das Haus, in dem Paul Newmans
Mutter Terézia Fecková aufgewachsen ist*

und Prospekten vollstopft, und bietet mir einen kräftigen Willkommenstrunk aus seiner umfangreichen Schnapsflaschenbatterie an. Der Starost von Ptičie (so das slowakische Vokabel für
Bürgermeister) erinnert mich in seiner vitalen Erscheinung an
den legendären Kollegen aus den italienischen »Don Camillo
und Peppone«-Filmen – nur fröhlicher und freundlicher als dieser und ganz bestimmt kein Kommunist.

Aus dem reichlichen Informationsmaterial über seinen Ort, das
er mir in die Hand gedrückt hat, fischt Bürgermeister Čorny ein
großformatiges, farbenreiches Faltblatt heraus, dem ich meine
besondere Aufmerksamkeit widmen solle. Es ist sowohl in slowakischer wie in englischer Sprache abgefaßt und stimmt unter

dem Titel »Discover the hidden treasures of Slovakia« auf ein Projekt ein, das gegenwärtig Ptičie und das gesamte Umland in Atem hält: Auf einem 450 Hektar großen Areal am Ortsrand ist einer jener »Themenparks« im Entstehen, die die amerikanische Tradition der Disneylands in Europa fortführen. »Darc Leisure«, ein auf derartige Freizeitprojekte spezialisiertes holländisches Unternehmen, hat die Entwürfe geliefert, die Gemeinde Ptičie stellt den Baugrund zur Verfügung.

Es ist eine dreiteilige Anlage: Der *Báthory Park*, benannt nach der sagenumwobenen Gräfin Erzsébeth Báthory, die im 16. Jahrhundert massenweise junge Mädchen hat einfangen, foltern und umbringen lassen, um sich in deren Blut zu baden, bildet die Horror-Abteilung; der *Jánošik Park*, an jenen Volkshelden erinnernd, der ein Jahrhundert später als eine Art slowakischer Robin Hood zu Berühmtheit gelangt ist, deckt die Bereiche Volkskunst, Natur und Tierwelt ab; und mit dem *Sissi Park* soll die Erinnerung an die österreichische Monarchin wiederbelebt werden, die als Königin von Ungarn für manche Älteren – und sei es nur durch Romy Schneiders Kinofilme – immer noch mythischen Rang genießt. Sechzehn Attraktionen zählt allein dieses Mittelstück des Großprojekts, darunter die Miniatur eines Sissi-Schlosses, ein Altwiener Ringelspiel, ein Riesenrad, eine Reitbahn, ein Gondelteich, ein Märchenwald und ein Labyrinth.

Was mich an den Plänen, die mir Bürgermeister Čorny voll Stolz erläutert, besonders interessiert, ist die zwischen Imbißbude, Souvenirshop und Liliputbahn vorgesehene Zeltstadt, die auf dem liebevoll gezeichneten (aber wohl auch nicht ganz kitschfreien) Grundriß als »Movieworld Playgarden« ausgewiesen ist. Sollte in dieser sogenannten »Filmwelt« neben manchen anderen Großen der Traumfabrik vielleicht auch ein Plätzchen für den am 27. September 2008 verstorbenen Hollywood-Star Paul Newman vorgesehen sein? Es wäre jedenfalls ebenso sinnvoll wie wünschenswert. Der Grund: Der am 26. Jänner 1925 im US-Staat Ohio geborene

Newman hat hier – in dem ostslowakischen Dorf Ptičie – eine seiner Wurzeln. Mutter Terézia geborene Fecková, Tochter des seinerzeitigen Dorfschulmeisters von Ptičie, ist als Vierzehnjährige an der Seite ihrer Eltern nach Amerika ausgewandert – wie so viele in der damals notleidenden Region, die zu Beginn des 20. Jahrhunderts ihre Heimat verlassen und in den Vereinigten Staaten, in Kanada oder in Argentinien ein neues Lebensglück gesucht haben.

Um mir darüber im Detail Klarheit zu verschaffen, sehe ich die gängigen Newman-Biographien durch – mit mäßigem Erfolg. Die Herkunft von Paul Newmans Mutter wird da wie dort nur mit einem einzigen Satz abgehandelt: Vom alten Ungarn ist die Rede und von einem erzkatholischen Elternhaus, mehr nicht. Wieder einmal hilft also nur das Internet weiter, und in der Tat: Google nennt eine Ortschaft namens Ptičie als Geburtsort der Newman-Mutter. Und da auch Ptičie (jawohl, das nur über einige hundert Einwohner zählende Dorf Ptičie) über eine eigene Website verfügt, ist es ein Leichtes, dessen Lage zu eruieren. Es befindet sich in nächster Nähe der ostslowakischen Mittelstadt Humenné, also an einem der äußersten Ränder der einstigen k. u. k. Donaumonarchie. Terézia Fecková ist, als sie am 20. Juni 1895 in Ptičie zur Welt kommt, Untertanin des seit siebenundvierzig Jahren von Kaiser Franz Joseph regierten Vielvölkerreiches Österreich-Ungarn.

Ob ich damit rechnen kann, aus Terézia Feckovás Geburtsort Ptičie Näheres zu erfahren?
Meine Post bleibt unbeantwortet. Ich werde mich also für meine Nachforschungen wohl an Ort und Stelle umsehen müssen. Im *Karpatia Hotel* in Humenné, wo ich die Nacht davor logiere, weist man mir den Weg: Es ist eine der in Südrichtung aus der Stadt hinausführenden Nebenstraßen, keine zehn Kilometer. Ich steuere als erstes das Gemeindeamt an. Doch sämtliche Türen

sind verschlossen, auch in Ptičie ruht am Samstag der Betrieb. Also weiter zum Wohnhaus des Bürgermeisters – eine Köchin aus der Kantine des am Ortseingang gelegenen Klubhauses, die ich um Hilfe bitte, steigt in meinen Wagen ein und dirigiert mich an die gewünschte Adresse. Doch wieder habe ich Pech: Der Bürgermeister ist nicht daheim, im Moment unauffindbar.

Meine Begleiterin, rührend um den ratlosen Fremden bemüht, mag nicht aufgeben. Sie kennt jeden einzelnen im Dorf, weiß also genau, wer als weitere Auskunftsperson in meiner Angelegenheit in Betracht kommt: Martin Dzemján heißt der Mann, dessen Haus wir als nächstes anpeilen. Und diesmal haben wir Glück: Martin, selber zu jung, um in Fragen der Ortsgeschichte bewandert sein zu können, setzt eine Kette der Hilfsbereitschaft in Gang, die ich nicht anders als bravourös bezeichnen kann. Per Mobiltelefon nimmt er die »Fahndung« nach dem Bürgermeister auf, gleichzeitig schafft er – in Gestalt eines am Ortsrand wohnenden, perfekt englisch- und deutschsprechenden Studenten – einen Dolmetscher herbei, und vor allem: Er mobilisiert seinen Vater, von dem er zu wissen glaubt, er habe sich irgendwann einmal zum Thema Paul Newman geäußert. Ihm selber ist der Name nicht geläufig: Die Zeit, da Hollywood-Star Paul Newman seine großen Filmerfolge feierte, liegt nicht nur lange zurück, sondern ist auch durch den strikten Antiamerikanismus des KP-Systems geprägt, das US-Filme jahrzehntelang von den tschechoslowakischen Kinos fernhielt.

Mein Warten lohnt sich: Von Martin Dzemján vorbildlich organisiert, treffen der Reihe nach die gesuchten Informanten ein. Und was das Wichtigste ist: Sie kennen sich in der Causa Newman aus, geben bereitwillig ihr Wissen an mich weiter.

Vater Albert Dzemján, seines Zeichens Ingenieur bei der Autobusgesellschaft SAD, berichtet von seiner vor drei Jahren hochbetagt verstorbenen Mutter, die als Kind die fünfzehn Jahre ältere Terézia Fecková noch persönlich gekannt habe, bevor diese an der Seite ihrer Eltern 1909 Ptičie in Richtung USA verlassen habe. Und Bürgermeister Čorny erinnert sich sogar an das inzwischen abgerissene Haus am Ortsrand, in dem die Feckos vor ihrem Weggang nach Amerika gelebt haben. An dessen Stelle steht heute der Neubau des Kulturhauses von Ptičie, in dem auch der Bürgermeister seine Kanzlei hat. Vater Fecko war als Lehrer ein angesehener Mann, sozial gesinnt und durchaus wohlhabend – jedenfalls bis zu der Zeit, da es auch für ihn und seine Familie in der von Arbeitslosigkeit heimgesuchten Heimat schwieriger und schwieriger wird und schließlich nur die Wahl bleibt zwischen drohender Verarmung oder Auswanderung.

Der Rest ist rasch erzählt. Die Feckos landen in Cleveland, der zweitgrößten Stadt des US-Staates Ohio, und Cleveland ist es auch, wo Tochter Terézia viele Jahre später den einer deutsch-jüdischen Einwandererfamilie entstammenden Jungkaufmann Arthur Newman heiratet. Am 26. Jänner 1925 bringt Terézia einen Sohn zur Welt, der die Namen Paul und Leonard erhält. Vater Newman betreibt ein florierendes Sportartikelgeschäft in Cleveland; der Wohnsitz der Familie ist der Mittelklasse-Vorort Shaker Heights, wo man zur Zeit der Geburt ihres Stammhalters eine stattliche Elf-Zimmer-Villa sein eigen nennen kann.

In Shaker Heights besucht Paul die High School, im hundertfünfzig Kilometer entfernten Gambier das College. Nach dem Wunsch des Vaters soll er eines Tages dessen Geschäft übernehmen (was er nach dessen plötzlichem Tod 1950 tatsächlich für die Dauer von zwei Jahren tut); die Mutter hingegen fördert das früherkannte schauspielerische Talent des Sohnes, läßt den erst Achtjährigen der Kindertruppe des Stadttheaters von Cleveland beitreten und stellt so die allerersten Weichen für eine Karriere, die zwanzig Jahre später mit Paul Newmans Broadway-Debüt in William Inges Schauspiel »Picnic« ihren fulminanten Start, 1958 bzw. 1973 mit Hollywood-Welterfolgen wie »Die Katze auf dem

Paul Newman auf dem Weg zum Hollywood-Star

heißen Blechdach« und »Der Clou« ihre Höhepunkte und 1986 mit der Verleihung des Ehren-Oscars ihre formelle Krönung erfahren wird.

Viel gäbe es noch zu berichten über den feschen Kerl mit den stahlblauen Augen und dem brünetten Haarschopf, der nach den College-Jahren zunächst ein Economy-Studium beginnt, nach seinem Kriegseinsatz bei der US-Marine an die berühmte Yale Drama School überwechselt (wo er in einem der von den Schülern einstudierten Theaterstücke Beethovens Neffen Karl spielt) und schließlich 1954 seinen ersten Filmvertrag erhält. Auch das vom Vater ererbte Unternehmerische bricht immer wieder bei ihm durch – sei es, daß Paul Newman noch zur Zeit seiner Schauspielerausbildung eine Billigwäscherei für Studenten oder 1968 – auf der Höhe seines Ruhms – in Hollywood eine eigene Filmproduktion gründet.

In seiner Freizeit vorwiegend dem Rennsport huldigend, bewährt sich Paul Newman in seinen Filmrollen als Spezialist fürs Einzelgängerisch-Unangepaßte, was ihm immer wieder Vergleiche mit Marlon Brando und James Dean einträgt; seine Ehen mit den Kolleginnen Jackie Witte und Joanne Woodward, aus denen insgesamt sechs Kinder hervorgehen, verlaufen skandalfrei; in puncto Religion schließt er sich – dem Beispiel der schon frühzeitig der katholischen Kirche abtrünnig gewordenen Mutter folgend – den Scientologen an.

Apropos Mutter: Weder sie noch er selber verspüren jemals den Drang, sich im Land seiner Ahnen umzusehen, obwohl es in der näheren Umgebung von Ptičie nach wie vor Verwandte gäbe. Auch der Platz auf dem kleinen Dorffriedhof ist beengt: Die Grabsteine mit dem Namen Fecko sind längst gegen neuere ausgetauscht, und als 1988 Mutter Terézia, schon in jungen Jahren zur »Theresa« amerikanisiert, dreiundneunzigjährig stirbt, wird sie selbstverständlich in ihrer neuen Heimat Cleveland beigesetzt.

In den achtziger Jahren, als es mit dem Filmgeschäft nachzulassen beginnt, hält Paul Newman den Zeitpunkt für gekommen, noch einmal etwas gänzlich Neues auszuprobieren: Der inzwischen Sechzigjährige steigt in die Nahrungsmittelbranche ein, gründet an seinem Wohnsitz im US-Staat Connecticut unter dem Firmennamen »Newman's Own« eine eigene Produktion für Popcorn, Spaghettisaucen und Salatdressings, aus deren Erträgen er eine Reihe von Hilfsprojekten finanziert, die krebskranken bzw. sozial benachteiligten Kindern zugutekommen. Landesweite Berühmtheit erlangen vor allem die Marmeladen der Firma »Newman's Own«. Ob Paul Newman bei deren Herstellung auf die Rezepte seiner Mutter und somit auf deren slowakische Küchentradition zurückgreift, ist nicht bekannt. Aber allein der Gedanke an diese Möglichkeit reicht dazu aus, die Bürger von Ptičie in Entzücken zu versetzen.

Andenken an »ranz«

Sie ist keine Schönheit. Als sie in jungen Jahren dem Maler
Hänisch Modell sitzt, blickt sie ihrem Porträtisten nicht
frontal in die Augen, sondern haarscharf daran vorbei – wie ins
Leere. Die in die streng herabfallenden Korkenzieherlocken
eingeflochtenen Bänder und Blumen verleihen ihrem Antlitz
etwas Betulich-Altjüngferliches. Obwohl sie die jüngere der
beiden Eszterházy-Töchter ist, strahlt ihre zwei Jahre ältere
Schwester Marie ungleich mehr Liebreiz aus: Komtesse Caroline wirkt spröde, melancholisch, in sich gekehrt. Noch mit
dreißig, so erzählt man sich im Bekanntenkreis, wird sie von
ihrer Mutter zu kindlichem Reifenspiel angehalten, und erst
mit achtunddreißig tritt sie in den Stand der Ehe. Daß diese
Ehe – der für sie Auserwählte ist der kaiserliche Kämmerer
Graf Folliot de Crenneville – nur wenige Monate hält, ist ein
weiteres Indiz dafür, daß Komtesse Caroline kaum zum Objekt
erotischer Begierde taugt.

Ist es also »nur« die Musik, die Franz Schubert so sehr an seiner
Schülerin fesselt? Wäre es mehr, hätte er freilich ohnedies keine
Chance: Ein armer Hauslehrer, der eher dem Domestikenstand
zugerechnet wird, und ein feines Fräulein aus erstem adeligem
Hause – das ist zu dieser Zeit höchstens ein Stoff, aus dem die
Träume sind.
Umso besser klappt's mit dem gemeinsamen Musizieren. Schon
im Wiener Stadtpalais (in der heutigen Herrengasse/Ecke Land-
hausgasse), wo Johann Carl Graf Eszterházy und Komtesse Ro-

sine Festetics de Tolna, um eine standesgemäße Ausbildung ihrer beiden Töchter bemüht, den einundzwanzigjährigen Franz Schubert für zwei Gulden pro Stunde als Klavier- und Gesangslehrer engagieren, ist es die erst dreizehnjährige Caroline, der dessen besondere Zuwendung gilt, und das steigert sich noch, als man in den nächsten Monaten enger zusammenrückt: Wie jedes Jahr übersiedelt die Familie von Anfang Juli bis Mitte November 1818 auf ihr Landschloß im slowakischen Zelis, und damit in diesen fünf Monaten der Musikunterricht keine Unterbrechung erfährt, ist auch Franz Schubert die volle Zeit mit von der Partie.

Es ist seine erste »Auslandsreise«: Via Hainburg, Preßburg, Galgóc (das heutige Hlohovec) und weitere zwölf Poststationen erreicht er den Zielort. Sich in der für ihn fremden Umgebung einzuleben, braucht seine Zeit: Erst nach Ablauf zweier Monate greift er zur Feder, um Freund Schober im fernen Wien über seine neuen Verhältnisse zu unterrichten: *»In Zeléz muß ich mir selbst alles sein. Compositeur, Redacteur, Autiteur und was weiß ich noch alles. Für das Wahre der Kunst fühlt hier keine Seele, höchstens dann und wann (wenn ich nicht irre) die Gräfin.«* Immerhin bringt er neben seiner Unterrichtstätigkeit und dem gemeinsamen Musizieren auch einiges an neuen Noten zu Papier: *»Mehrere Lieder entstanden unter der Zeit, wie ich hoffe, sehr gelungene.«*
Fallen schon die geliebten Landpartien mit seiner Freundesrunde aus, so sollen Schober & Co. wenigstens über sein derzeitiges Leben Bescheid wissen; unter dem Zwischentitel »Nun eine Beschreibung für alle« schließt er seinem Brief eine vergnügliche Schilderung von Land und Leuten an: *»Unser Schloß ist keins von den größten, aber sehr niedlich gebaut. Es wird von einem schönen Garten umgeben. Ich wohne im Inspectorat. Es ist ziemlich ruhig, bis auf einige 40 Gänse, die manchmal zusammenschnattern, daß man sein eigenes Wort nicht hören kann. Die*

184

*mich umgebenden Menschen sind durchaus gute. Selten wird ir-
gend ein Grafen-Gesinde so gut zusammen gehen wie dieses. Der
Herr Inspector, ein Slavonier, ein braver Mann, bildet sich viel
auf seine gehabten Musiktalente ein. Er bläst jetzt noch auf der
Laute zwei ³/₄ Deutsche mit Virtuosität. Sein Sohn, ein studie-
render Philosoph, kam gerade auf die Ferien, ich wünsche ihn
recht lieb zu gewinnen. Seine Frau ist eine Frau wie alle Frauen,
die gnädig heißen wollen.«*

Auch das übrige Völkchen, mit dem er es zu tun hat, überzieht
Schubert mit mildem Spott: *»Der Rentmeister paßt ganz zu seinem Amte, ein Mann mit außerordentlichen Einsichten in seine
Taschen und Säcke. Der Doktor, wirklich geschickt, kränkelt mit
24 Jahren wie eine alte Dame. Der Chirurgus, mir der liebste, ein
achtbarer Greis von 75 Jahren, stets heiter und froh. Gott gebe
jedem ein so glückliches Alter. Der Koch ziemlich locker, die
Kammerjungfer 30 Jahr alt, das Stubenmädchen sehr hübsch,
oft meine Gesellschafterin, die Kindsfrau eine gute Alte, der Be-
schließer mein Nebenbuhler.«*

Nebenbuhler – in bezug auf wen? In bezug auf das Stubenmädchen? Oder gar in bezug auf die jungen Komtessen, die er
beide »gute Kinder« nennt? Man wird es nie erfahren. Recht
deutlich dafür sein Urteil über die zwei Stallmeister: *»Sie taugen
viel besser zu den Pferden als zu den Menschen.«*
Und wie denkt Schubert über seine Dienstgeber? Den Grafen
empfindet er als »ziemlich roh«, die Gräfin als »stolz, doch zarter
fühlend.« Insgesamt geht es ihm jedenfalls gut bei den Eszterházys: *»Ich befinde mich recht wohl. Ich lebe und komponiere wie
ein Gott.«*
Auch die wenigen Vergnügungen, die das karge Landleben
zuläßt, spart er nicht aus: *»Ich war eben bei einer Ochsen- und
Kuh-Licitation.«*

Mit dem Sold, den ihm die gräfliche Familie auszahlt, kommt Schubert bequem aus: Zweihundert Gulden beträgt das Grundhonorar, zwei Gulden zusätzlich für jede Unterrichtsstunde. Dazu Kost und Logis. Allerdings wird vom Herrn Musikus ein standesgemäßes Auftreten erwartet – insbesondere, wenn er an der gräflichen Frühstückstafel oder auch an den mitunter mehrtägigen Ausflügen der Eszterházys teilnimmt. So geht schon nach wenigen Wochen ein Bittbrief an seine Stiefmutter, die ihm »einen Nachtrab von Schnupftüchern, Halstüchern und Strümpfen« schicken möge, nicht zu vergessen »zwei Paar casimirne Beinkleider«.

Der Klavier- und Gesangsunterricht, ersterer häufig zu vier Händen, findet im Musikzimmer statt, das sich im linken Flügel des Schlosses befindet; Gräfin und Gouvernante wechseln einander bei der Aufsicht ab.

Schuberts erstem Aufenthalt im Jahr 1818 folgt sechs Jahre später ein zweiter – diesmal von Ende Mai bis Mitte Oktober. Seine beiden Schülerinnen sind unterdessen herangereift: Caroline ist neunzehn, Marie gar schon zweiundzwanzig. Auch Schuberts Status hat sich verbessert: Seine Gage wird erhöht, und statt des einen Zimmers im Schloß bewohnt er nun zwei Räume im hundertfünfzig Meter entfernten Gästehaus, das wegen eines über dem Eingang applizierten Vogelreliefs »Eulenhaus« genannt wird (und seit 1997 – »Hier hat gelebt und geschaffen …« – ein kleines Schubertmuseum beherbergt).

Caroline ist die musikalischere der beiden Komtesserln – man ersieht es daraus, daß die Werke, die er für sie schreibt und die er mit ihr einstudiert, beträchtliche Ansprüche in puncto Fingerfertigkeit stellen. Ob es zwischen Lehrer und Schülerin – wie in manchen Schubert-Biographien spekuliert – auch zu emotionaler oder gar erotischer Annäherung kommt, ist mangels briefli-

Das Schubert-Haus von Zelis

cher oder sonstiger Belege nicht zu beantworten. Gern zitiert wird in diesem Zusammenhang Carolines scherzhafter Vorwurf an Schubert, er habe ihr ja noch kein einziges seiner Werke dediziert, worauf er erwidert habe: Wozu denn, es sei doch ohnehin alles *ihr* gewidmet ...

Auch aus dem Umstand, daß er für Caroline eine Abschrift ausgerechnet jener drei Lieder aus der »Schönen Müllerin« (»Ungeduld«, Morgengruß« und »Des Müllers Blumen«) anfertigt und ihr zum Geschenk macht, die von Liebeslust und Liebesleid künden, hat man eine verschlüsselte Botschaft an die Adressatin herauszulesen versucht. Daß sie ihrerseits eine Sammlung von Schubert-Manuskripten anlegt, die sie auch an ihren späteren Wohnsitz Preßburg (wo sie sechsundvierzigjährig stirbt) begleiten werden, besagt ebensowenig wie Moritz von Schwinds berühmte Zeichnung von jener *Soirée musicale* im Salon des Schubert-Freundes Joseph von Spaun, der auch Komtesse Caroline in Gestalt eines an der rückwärtigen Wand aufgehängten Porträts »beiwohnt«.

Es ist also, was Franz Schuberts Beziehung zu seiner acht Jahre jüngeren Schülerin betrifft, alles im unklaren. Mehr weiß man nur über das gemeinsame Musizieren mit ihr und den übrigen Familienmitgliedern: Der Graf hat eine kräftige Baßstimme, Gräfin und Tochter Caroline singen Alt, Marie, die Ältere, verfügt über einen schönen Sopran. Mit von der Partie außerdem Schuberts Lieblingssänger Baron von Schönstein, der sich zur selben Zeit in Zelis aufhält und bei den Hauskonzerten den Tenorpart übernimmt.

Die Werke, die Schubert während der insgesamt neun Monate bei den Eszterházys komponiert, umfassen eine Reihe von Liedern und Klavierstücken zu vier Händen: Sonaten, Tänze, Divertissements. Eines Morgens im September 1824 ist es Gräfin Rosine, die die Initiative ergreift und ihrem Gast beim

Seiner Schülerin Caroline Eszterházy de Galanta gewidmet:
Franz Schuberts Fantasie in f-Moll op. Nr. 103

gemeinsamen Frühstück die Vertonung eines Gedichtes ans
Herz legt, das ihr besonders lieb ist. Es ist das »Gebet« des Ro-
mantikers Friedrich de la Motte Fouqué. Schubert macht sich
sogleich an die Arbeit, noch am Abend desselben Tages wird
das frische Vokalquartett einstudiert – mit dem Komponisten
am Klavier.
Die Fantasie in f-Moll, sein opus Nr. 103, das er – als einziges seiner Werke – ausdrücklich »Mademoiselle la Comtesse Caroline
Eszterházy de Galantha« dediziert, wird die Widmungsträgerin
erst posthum zu Gesicht bekommen: Musikverleger Diabelli gibt
die Noten »pour le Piano-Forte à quatre mains« im März 1829 in
Druck, und da ist Franz Schubert seit vier Monaten tot.

Ein Faksimile des Titelblattes zählt zu den wenigen authenti-
schen Exponaten des Zeliser Schubert-Museums: Sämtliches

Mobiliar ist von da und dort zusammengetragen, stimmt lediglich in die Atmosphäre der betreffenden Zeitspanne ein.

Noch enttäuschender ist der Anblick des Schlosses, das Schubert in den Jahren 1818 und 1824 beherbergt hat: Ein 1992 erlassener Aufruf an die »Schubertianer in aller Welt«, mit Spenden zur Sanierung der Ruine beizutragen, hat nur zur Errichtung eines Bauzaunes geführt und zur notdürftigen Sicherung des Portikus. Was sollte die an einer der zerbröckelnden Außenmauern installierte Alarmanlage denn auch schützen, seitdem Vandalen sämtliches Inventar weggeschafft, ja sogar die Dachrinnen abmontiert und zu Geld gemacht haben? Nicht einmal die Schubertbüste im Schloßpark ist verschont geblieben; nur für die steinernen Stelen, die den Sockel umschließen, hat man offensichtlich keine Verwendung gehabt. Von dem einstigen Namenszug »Franz Schubert« sind ganze vier Buchstaben übriggeblieben: »ranz«

Das Sacherhaus von Zelis

Wieso gibt es in Želiezovce eine Sacher-Straße und ein Sacher-Haus? Doch zunächst stellt sich die Frage: Wer oder was ist Želiezovce? Und vor allem: Wie kommt man da hin? Hinzukommen ist jedenfalls einfacher, als den Ortsnamen richtig auszusprechen. Es geht irgendwie in die Richtung *Dscheljesoffze* – mit der Betonung auf dem o. (Wieder denke ich mir: Wird es nicht höchste Zeit, daß wir uns wenigstens ansatzweise um die Sprachen unserer Nachbarn kümmern?)

Die Fahrt führt über Preßburg, Nitra und – weiter auf Ostkurs – Richtung Levice. Vor Levice zweigt die Landstraße nach Štúrovo ab. Nach wie vor befinden wir uns auf slowakischem Staatsgebiet, doch von Kilometer zu Kilometer wird's ungarischer, die Donau bildet die Grenze, am jenseitigen Ufer läge Esztergom (Gran), der alte Erzbischofssitz.
Auf halber Strecke zwischen Levice und Štúrovo liegt das Städtchen Želiezovce, das die (mit fünfundfünfzig Prozent Bevölkerungsanteil dominierenden) Ungarn Zelis nennen. Zur Linken haben wir das Atomkraftwerk Mochovce passiert; es ist flaches Land, Sonnenblumenfelder lösen Maisäcker ab, Reklameschilder weisen auf einen *Erotic Club* hin und auf ein *Bistro West*; die Logos von Lidl, Allianz und Uniqa kündigen die Nähe von Želiezovce an, das heute 7500 Einwohner zählt, von 1938 bis 1945 zu Ungarn gehört hat und erst seit 1960 Stadtstatus genießt. Alleebäume säumen die schmale Chaussee – denkt man sich den modernen Straßenbelag weg, kann man sich mit ein wenig Phanta-

sie die rumpelige Postkutsche vorstellen, die hier in alter Zeit von
Dorf zu Dorf gezockelt ist.

Želiezovce ist ein lebhafter Ort mit einer Reihe historischer Ein-
sprengsel, die sich bis heute nicht gänzlich von den 1944/45 erlittenen Kriegsschäden erholt haben. Vor allem das Landschloß
der Eszterházys ist eine Ruine, die auf bessere Tage wartet. Bei
der alten Pfarrkirche mit den gotischen Wandmalereien von
1430 bin ich mit Géza Horváth verabredet, der einer der besten
Kenner der Ortsgeschichte ist. Väterlicherseits Ungar, verdankt
er der sudetendeutschen Mutter sein perfektes Deutsch. Er ist
Mitte fünfzig, Lehrer an der hiesigen Volksschule und zugleich
der Motor des Musiklebens von Želiezovce: Mit den von ihm geleiteten Chören – einem gemischten und einem Kinderchor –
kommt er nicht nur weit herum, sondern heimst bei Wettbewer-
ben auch so manchen Preis ein.
Die Straße, in der Horváth zur Welt gekommen ist, war in früheren Jahren nach kommunistischen Partisanen benannt: Gonda
hieß der erste, Šverma dessen Nachfolger. Daß sie nach der
»Wende« – es ist die längste Straße von Želiezovce – ein weiteres
Mal ihren Namen gewechselt hat, geht nicht zuletzt auf Géza
Horváths Betreiben zurück: Er ist einer der wenigen Einheimischen, die davon wissen, daß Želiezovce der Ort ist, an dem der
Gründer des weltberühmten *Hotels Sacher* geboren worden ist.
Sacherova ulica und *Sacher utca* lese ich auf den Straßenschil-
dern – alles Amtliche ist hierzulande zweisprachig.

Wie aber kommen die Eltern des Wiener Hotelkönigs Eduard
Sacher in dieses hundertachtzig Kilometer von der Kaiserstadt
entfernte Nest?
Franz Sacher, 1816 in Wien geboren, beginnt seinen Berufsweg
als Kochlehrling beim Fürsten Metternich, wo sein Vater unter
dem legendären Haushofmeister Champellier als Schloßverwal-

SACHER – HÁZ

EBBEN A HÁZBAN LAKOTT AZ ESTERHÁZY
ROZINA GRÓFNŐ SZOLGÁLATÁBAN ÁLLÓ
FRANZ SACHER FŐSZAKÁCS HITVESÉVEL,
SZÜL. VEININGER ROZIVAL. FIA, EDUARD
SACHER, AKI E HÁZBAN SZÜLETETT
1834. FEBRUÁR 8-ÁN, Ő VOLT A BÉCSI SACHER
SZÁLLÓ ALAPÍTÓJA ÉS TULAJDONOSA.

AZ EMLÉKTÁBLÁT A CSEMADOK ZSELÍZI
ALAPSZERVEZETE ÉS A ZSELÍZI
RÁKÓCZI BARÁTI TÁRSASÁG
ÁLLÍTTATTA 2003 – BAN.
KÉSZÍTETTE ÉS ADOMÁNYOZTA
TÓTH GYULA KŐFARAGÓMESTER.

PAMÄTNÚ TABUĽU UMIESTNILA ZÁKLADNÁ
ORGANIZÁCIA CSEMADOK ŽELIEZOVCE
A SPOLOČNOSŤ PRIATEĽOV RÁKÓCZIHO
V ROKU 2003.

Am 8. Februar 1843 in Zelis geboren: Eduard Sacher.
Sein Vater war Küchenchef bei den Eszterházys

ter fungiert. Auch auf seinem zweiten Posten – es handelt sich
um den Haushalt einer Gräfin Eszterházy – kann der nunmehrige Jungkoch Franz Sacher von französischer Lebensart profitieren: Ein Monsieur Impère ist es diesmal, dessen Weisungen er
zu befolgen hat. Als Impère an den Zarenhof nach St. Petersburg
berufen wird, läßt sich Franz Sacher an einen anderen Zweig der
gräflichen Großfamilie weiterreichen, und deren Landsitz befindet sich in Želiezovce. Es scheint ein guter Posten zu sein: Franz
Sachers Vorgänger Georg Buchmayer ist mit eintausend Gulden
der Höchstbesoldete des gesamten Personals.

193

1840 hat Franz Sacher geheiratet, der Mittzwanziger und seine Ehefrau Rosa richten sich in einem der Gesindetrakte des Eszterházy-Schlosses ein, und hier kommt am 8. Februar 1843 ihr zweites Kind zur Welt: Sohn Eduard. Genaue Angaben über die Dauer ihres Aufenthaltes in Zelis fehlen, nur eine marmorne Gedenktafel aus alter Zeit, die sich bis heute erhalten hat, hält das folgenreiche Ereignis fest: »*In diesem Hause hat in Diensten der Gräfin Rosine Eszterházy der Küchenchef Franz Sacher mit seiner Gemahlin Rosi geb. Veininger gewohnt. Sein am 8. Februar 1843 geborener Sohn Eduard Sacher war der Begründer und Besitzer des Hotels Sacher in Wien.*«

Am Ruhm eines der glamourösesten Etablissements der internationalen Hotelwelt teilhaben zu wollen, ist ein legitimes Anliegen der Leute von Želiezovce, und ich bin gerührt zu erleben, daß man mir besonderen Dank dafür bekundet, ihnen dabei freudig zu sekundieren. Géza Horváth zeigt mir den historischen Ort: Das *Sacherhaus*, wie er es kurzweg nennt, ist erhalten geblieben – es ist jener kleine Zubau am Rande des Schloßparks, der heute eine Reihe ungarischer Interessenvertretungen beherbergt: den Kulturverein Csemadok, die Geschäftsstelle einer der kleineren politischen Parteien, ein nicht näher definiertes Amtslokal. Und damit es seiner offiziellen Bezeichnung »Ungarisches Haus« gerecht wird, hat man von der deutschsprachigen Gedenktafel auch eine ungarische Version (sowie eine slowakische Kurzfassung des Textes) angefertigt.

Da Umbau und Renovierung alle Spuren von einst ausgelöscht haben, ist man umso glücklicher, wenigstens auf den Keller verweisen zu können, der sich in der ursprünglichen Gestalt erhalten hat: Hier haben die Eszterházys seinerzeit den Wein eingelagert, den ihnen Küchenchef Franz Sacher zu den von ihm zubereiteten Speisen kredenzt hat. Als gegen Ende des Zweiten Weltkrieges in Želiezovce Bomben fielen, fanden Schutzsuchende aus dem Ort in den langen dunklen Gängen Unterschlupf –

*Sacherstraße und Sacherhaus: Auch im heutigen Želiezovce wird
die Erinnerung an den weltberühmten Gastronomen gepflegt*

längs des Flusses Hron verlief eine der strategischen Linien der
regionalen Verteidigung. Dr. Horváth hebt einen der schweren
steinernen Deckel des Brunnens hoch, aus dem die Leute
während ihrer Aufenthalte im Luftschutzkeller ihr Trinkwasser
bezogen haben.

Eine weitere – und rührende – Überraschung erlebe ich im ehemaligen Wohnzimmer der Jungfamilie Sacher: Ágnes Kalló, die
als Mädchen für alles im *Ungarischen Haus* nach dem Rechten
sieht, hat zur Feier meiner Anwesenheit eine kleine Jause vorbereitet. Und was tischt sie auf? Eine selbstgebackene Sacher-
torte! Ihre Kreation mag vielleicht nicht an den Qualitäts-
standard des heute in alle Welt versandten Wiener Originals
heranreichen, aber ein hübscher Gag ist es allemal, und zum
Glück habe ich in meiner Kamera noch ein paar Zentimeter Film
frei, das Ereignis im Bild festzuhalten.

Nicht dienen kann man mir hingegen mit einer Kopie von Eduard Sachers Taufurkunde: Die in der Pfarrkanzlei von Želiezovce verwahrten Matrikeln reichen nur bis zum Jahr 1890 zurück. Der von Horváth eilends telefonisch konsultierte Pfarrer nennt eine Reihe von Archiven, in denen man eventuell fündig werden könnte – ein nach so vielen politischen (und auch kirchenpolitischen) Umwälzungen der inzwischen verstrichenen 165 Jahre wohl aussichtsloses Unterfangen.

Wenden wir uns also stattdessen der lückenlos dokumentierten Sacher-Historie aus der Zeit *nach* der »Episode« von Želiezovce zu. Franz Sacher, in seinem beruflichen Ehrgeiz nicht zu bremsen, übersiedelt mit Weib und Kind nach Preßburg, wird Küchenchef im dortigen »Adeligen Casino«, dem Speisehaus der Offiziere, wechselt sodann in gleicher Funktion nach Budapest und übernimmt schließlich die Restaurationsbetriebe der noch jungen, kräftig aufstrebenden Donaudampfschifffahrtsgesellschaft.
Die Revolutionswirren von 1848 und das damit einhergehende Wiederaufflammen der Nationalitätenfrage lassen es Franz Sacher geraten erscheinen, mitsamt seiner Familie in die Heimat zurückzukehren: Man bezieht ein Wohnhaus in der Schönbrunnerstraße und eröffnet unweit des Stephansdoms, in einem ehemaligen Schusterladen Ecke Weihburg/Rauhensteingasse, ein Traiteurlokal, dessen Delikatessen nicht nur an Ort und Stelle verzehrt, sondern auch frei Haus geliefert werden können: Catering anno dazumal. Mit seinen Austern und Schnecken, seinen Weinen und Champagnern macht sich der inzwischen Dreiunddreißigjährige einen so hervorragenden Namen, daß ihm unter anderem der Festschmaus zur Eröffnung der Kaiserin-Elisabeth-Westbahn übertragen wird: Vierundzwanzig Köche versorgen die 1200 nach Salzburg geladenen Promis, hunderte Kellner und Diener sind für den Service aufgeboten.

Eduard Sacher,
der Wiener Hotelkönig
aus der slowakischen
Provinz

Im Stammgeschäft, das zu jeder Tageszeit so überfüllt ist, daß
selbst feinste Herrschaften sich anstellen und auf einen freien
Platz warten müssen, helfen auch Franz Sachers Söhne mit (die
einzige Tochter ist früh an der Cholera gestorben). Sowohl Franz
junior wie dessen Bruder Carl und vor allem der in Želiezovce geborene Eduard haben das gastronomische Talent des Vaters ge-
erbt. Carl, der Jüngste, macht sich mit einem eigenen Restaurant
nebst angeschlossenem Hotel und Kaltwasserheilanstalt im Ba-
dener Helenental selbständig, Franz versucht sein Glück mit
einer Betriebsgründung in Bukarest, und Eduard, der Tüchtig-
ste der drei, übernimmt mit einundzwanzig Jahren einen Vor-
stadtgasthof in Döbling, dem zwei Jahre darauf ein Gassenlokal
im vornehmen, von Ringstraßenarchitekt Theophil Hansen er-
bauten Palais Todesco in der Kärntnerstraße folgt.
Die von Bürgermeister Andreas Zelinka unterfertigte Konzes-
sion gestattet dem Jungunternehmer nicht nur die »Verabrei-
chung von Speisen und den Ausschank geistiger Getränke mit

Ausnahme des Branntweines«, sondern auch die »Abhaltung erlaubter Spiele mit Ausnahme des Billards«. Die Umsätze erreichen an manchen Tagen die stolze Summe von 1500 Gulden; zu den Stammgästen zählen Staatsminister Anton von Schmerling, die Theaterdirektoren Heinrich Laube und Franz von Dingelstedt sowie Bankier Hugo August von Hofmannsthal (der Vater des Dichters).

Weitere Stationen auf dem Weg zum »Multi«: Eduard Sacher »gastiert« 1863 mit einem von ihm betriebenen Feinschmeckerrestaurant auf der Pariser Weltausstellung, er erobert den Wiener Prater mit einem Lokal auf dem Konstantinhügel und dem *Sachergarten* beim Trabrennplatz, und auch bei der Wiener Weltausstellung von 1873 läuft er der gesamten Konkurrenz den Rang ab: Mit dem großen Rotundenbuffet und drei weiteren in der Maschinenhalle erbringt er den Nachweis, daß er jeder noch so anspruchsvollen Aufgabe gewachsen ist.

Die Krönung seines Lebenswerkes fällt in das Jahr 1876, als nach Abriß des Kärntnertortheaters und der Eröffnung der neuen Hofoper am Ring der große Bauplatz in der Augustinerstraße (der heutigen Philharmonikerstraße) zum Verkauf ausgeschrieben wird. Eine Investorengruppe um den Industriellen Philipp Mauthner erhält den Zuschlag zur Errichtung einer *Maison meublée*, Eduard Sacher erwirbt das auch mit allen innenarchitektonischen Finessen ausgestattete Anwesen und macht daraus einen Luxusbetrieb, dem von der Fachwelt attestiert wird, »sogar ähnlichen Etablissements in London oder Paris überlegen« zu sein: *Eduard Sachers Hôtel de l'Opéra.*

Als der inzwischen Siebenunddreißigjährige 1880 die sechzehn Jahre jüngere Fleischhauerstochter Anna Fuchs heiratet, sind seine Kräfte bereits deutlich dezimiert: Nur zwölf Lebensjahre hat er noch vor sich. Und so ist es die tatkräftige junge Witwe, in deren Händen die Vollendung von Eduard Sachers Lebenswerk liegt: Anna, die nachmals legendäre »Frau Sacher«, tritt ihr Regiment an. Nicht einmal am Tag des Begräbnisses ihres Mannes kommt sie zum Weinen: Ein für 80 Personen bestelltes Gala-Souper verlangt ihren vollen Einsatz.

Dem Andenken ihres Mannes huldigt sie auf ihre Weise: Sie unterschreibt auch weiterhin die Menükarten und sämtliche Briefpost mit *seinem* Namen. Sie selber steigt mit der Zeit zum stadtbekannten Original auf: Auch wer niemals den Vorzug genossen hat, in ihrem Hotel beherbergt oder in ihrem Restaurant verköstigt worden zu sein, kennt das Bild der Zigarre rauchenden, stets von ihren geliebten Zwergbullis umgebenen »Frau Sacher«, und sogar nach ihrem Tod im Februar 1930 – sie überlebt ihren Mann um achtunddreißig Jahre – ist für ihr »Fortleben« gesorgt: Ob Theater oder Film, ob Roman oder Wienerlied – in allen Sparten der zeitgenössischen Kunst sind Person und Schaffen der »Frau Sacher« verewigt.

Anna und Eduard Sacher – zwei Karrieremenschen von Weltrang. Umso bescheidener und glanzloser ihrer beider erste Lebensstation: Anna ist in der alles andere als noblen Rotensterngasse im Wiener Vorortbezirk Leopoldstadt zur Welt gekommen, Eduard im Gesindetrakt der Gutswirtschaft von Želiezovce in der südlichen Slowakei.

Auf dem Zugdach zur Aufnahmsprüfung

W as ist denn das?« fragt sich erstaunt der Fünfjährige, als er, von einer der Anhöhen seines Heimatdorfes aus, zum erstenmal einen Zug vorüberfahren sieht. Sechs Kilometer ist das Bahngleis von Cabaj entfernt. Anton hält die aneinandergeketteten Waggons für ein Gebilde aus zusammengebundenen, riesigen Koffern. Als er dann, einige Zeit später, an der Hand der Mutter auf dem Perron des Bahnhofs steht und aus nächster Nähe den Zug einfahren sieht, sind die »Koffer« hölzerne Häuser mit Türen und Fenstern, die auf gußeisernen Rädern ruhen – Rädern, deren Dimension und Kraft ihm den Atem verschlagen. Schlag nach bei Rosegger: So oder ähnlich muß es dem Waldbauernbub ergangen sein, als er auf der Fahrt über den Semmering »das erste Mal auf dem Dampfwagen saß«.

Sein eigenes Lieblingsvehikel zu der Zeit, da Anton Lehmden in die Schule kommt, ist das vom älteren Bruder aus allerlei Überbleibseln gebastelte Plattenwägelchen, mit dem er durch die Gegend kutschiert. Er ist ein stilles, ein nachdenkliches Kind, das auch beim Spielen Sachverstand entwickelt, ja sogar den praktischen Nutzen im Auge behält: An der Hinterseite des Gefährts hat er ein ausrangiertes Salzfaß montiert, das ihm bei seinen »Ausfahrten« als Proviantbehälter dient – für Butterbrot und Apfel. Nur sonntags muß er auf Geheiß der Mutter seine Karre ruhen lassen: Das Ding macht einen Höllenlärm.

Auch feinsinnigere Spiele denkt er sich aus – etwa, wenn er im elterlichen Obstgarten frische Ästchen zusammenklaubt, sie an einem der Enden spaltet, in die einzelnen Spalten Grashalme einklemmt, eines neben dem anderen ins Erdreich steckt und solcherart »Leitung legt«.

Besonders erfinderisch geht Klein-Anton vor, wenn er sich seine eigene Musik macht: Aus den hohlen Kürbisstengeln werden Trompeten, die, mit Wasser gefüllt und mit kräftigem Blasen zum Tönen gebracht, wunderliche Gurgellaute produzieren. »Land Art« wird es Jahrzehnte später der Kollege Walter Pichler nennen, mit dem Anton Lehmden bei einer ihrer häufigen Begegnungen Kindheitserinnerungen austauscht.

Die Lehmdens bewirtschaften einen Bauernhof zehn Kilometer südwestlich von Neutra, der viertgrößten Stadt der Slowakei. Cabaj heißt das Dorf, in dem der am 2. Jänner 1929 geborene Anton aufwächst. Als »Urlandschaft« erlebt er die ihn umgebende, von sanften Lößhängen geprägte Natur, die um die Mitte des 18. Jahrhunderts deutschen Siedlern zur Fruchtbarmachung anvertraut worden ist.

Als er schon *der* Anton Lehmden ist, also zur Elite der zeitgenössischen österreichischen Graphik und Malerei zählt, macht er sich auf den Weg, das Land seiner Altvorderen zu erkunden. Da es in der betreffenden Region nördlich der niedersächsischen Kreisstadt Oldenburg sogar eine Ortschaft gibt, die seit alters seinen Namen trägt, hat er es leicht, seinen Wurzeln nachzuspüren: Noch immer sind es Familien aus dem Geschlecht der Lehmdens, die das moorreiche Torfland bewirtschaften.

Als das Fernsehen eine Dokumentation über sein Leben und Schaffen dreht, macht das Kamerateam auch in Anton Lehmdens Ursprungsland Station und filmt ihn vor der Ortstafel »Lehmden«. Daß der Drehort ihn so tief beeindruckt, hat allerdings nichts mit Heimattümelei oder gar der sogenannten Stimme des Blutes zu tun, sondern es ist die freudige Entdeckung, daß das Land seiner Vorfahren aufs verblüffendste jener viele Hunderte Kilometer entfernten Region ähnelt, die seit 1966 Lehmdens Lebensmitte ist: das Burgenland. Vor allem der Dümmersee nordöstlich von Osnabrück: der gleiche Schilfgürtel, die gleichen Bleßhühner und Störche wie am Neusiedlersee. Zufall? Fügung?

Doch vorerst nochmals zurück in Anton Lehmdens Geburtsheimat Slowakei (die der Gegenstand dieses Buches ist). Es sind drei Brüder aus der Lehmden-Sippe, die um 1750 dem Ruf folgen, das rundum slowakisch besiedelte Gebiet um Neutra landwirtschaftlich zu erschließen. Der Boden ist billig zu haben, und er verspricht guten Ertrag. Die »Fremden« aus dem deutschen Norden bringen ihre eigenen Bräuche und Gebräuche mit – so etwa die für sie typischen Holzschuhe, die sie gleich auch, falls es zu Streitigkeiten mit den Eingesessenen kommen sollte, als Wurfgeschosse einsetzen können. Doch im Grunde sind sie friedliche Leute, und friedlich geht es zwischen den verschiedenen Ethnien auch zu, als 1929 Anton Lehmden zur Welt kommt. Im Elternhaus wird Slowakisch und Deutsch gesprochen; nur das Idiom der Mutter – Maria Szalay ist ungarisch-österreichischer Abstammung – bleibt den Kindern vorenthalten. Das hat für die Eltern den Vorteil, daß sie, wenn heikle Themen anstehen, sich untereinander verständigen können, ohne daß der vorwitzige Nachwuchs ihnen folgen kann. Anton besucht die slowakische Grundschule und wechselt später ans Internat in der hundert Kilometer entfernten Bezirksstadt Sillein (dem heutigen Žilina).
Als der Zweite Weltkrieg ausbricht, ist Anton zehn Jahre alt. Auch für ein Kind, das an den politischen Verhältnissen und Veränderungen wenig Interesse hat, werden die Zeichen der Zeit spürbar – auf ihre Weise. Anton macht seine Beobachtungen. Nahe dem Heimatdorf Cabaj ist eine Art Durchgangslager für jüdische Mitbürger eingerichtet, die zur Deportation vorgesehen sind. Sie können sich relativ frei bewegen, dürfen einkaufen gehen, ziehen ihr Wägelchen hinter sich her. Doch zum Unterschied von der übrigen Bevölkerung werden sie stets von zwei Soldaten »begleitet«. Bei einem dieser »Ausgänge« bemerkt Anton, wie einer aus der

Gruppe seinem Bewacher versehentlich auf die Ferse tritt. Damit sich der Vorfall nicht wiederholt, setzt er seinen Weg mit kleinen Schritten fort, trippelt übervorsichtig vor ihm her. Da reißt dem Wachesoldaten die Geduld, und er versetzt dem armen Kerl einen Tritt. Was den stillen Beobachter dabei stutzig macht, ist das Alter der an dem Vorfall Beteiligten: Raufhändel unter Buben – das kennt er aus der Schule oder vom Spielplatz. Aber wieso geht hier ein Erwachsener auf einen anderen Erwachsenen los?

Für Anton Lehmden ist von Kind an klar: Er will Maler werden. Und er weiß auch wo: in Wien. Mit fünfzehn entschließt er sich zu einem ungewöhnlichen Schritt: Er hat fleißig gezeichnet in letzter Zeit, Tempera in Schwarz und Weiß, eine Felsschlucht bei Vollmond und ähnliches. Die besten der Blätter legt er zusammen, schnürt daraus ein Paket und schickt es nach Wien ans Künstlerhaus. Antwort erhält er keine. Ist die Sendung überhaupt angekommen? Und außerdem: Es ist das Kriegsjahr 1944 – da hat man in Wien andere Sorgen, als sich um die Talentproben eines Halbwüchsigen aus der slowakischen Provinz zu kümmern.

Doch für Anton steht fest: Er will an einer Kunstakademie studieren. Preßburg kommt dafür nicht in Betracht: Seit Kriegsende gelten die Lehmdens als staatenlos, sind *displaced persons*, müssen gar mit Abschiebung nach Deutschland rechnen. Da kommt ihm zu Ohren, daß die Wiener Akademie am Schillerplatz noch im Herbst 1945 den Unterrichtsbetrieb wiederaufnimmt; zufällig erfährt er sogar den Termin der Aufnahmsprüfung. Anton füllt seine Mappe mit Kohlezeichnungen, stürzt sich ins Gewimmel des Preßburger Bahnhofs und findet in einem der heillos überfüllten Züge einen Platz – allerdings nur auf dem Dach eines Waggons. Bäuchlings und seine Werkproben als Unterlage tritt der knapp Siebzehnjährige die abenteuerliche Fahrt ins zerbombte Wien an.

Am Floridsdorfer Spitz ist Endstation, auch die Straßenbahn

bringt ihn nur zwei Haltestellen weiter, dann heißt es über die Trümmer der zerstörten und durch wackelige Bretterstege ersetzten Donaubrücke klettern. Die beiden ausgeglühten, schon Rost ansetzenden Panzer am Friedrich-Engels-Platz – ein sowjetischer und ein deutscher – lassen ihn erahnen, was ihn in der kriegszerstörten Millionenstadt erwartet. Vor allem das Bild der zerfetzten Leiber russischer Soldaten, die, notdürftig im Burggarten verscharrt, auf ihre Umbettung warten, prägt sich ihm ein.

Als er den Schillerplatz mit dem teilweise von Bomben getroffenen Akademiegebäude erreicht, kommt er gerade zurecht, sich zur Aufnahmsprüfung anzumelden. In einer Woche, so sagt man ihm, möge er wiederkehren, dann würden am Schwarzen Brett die Resultate verlautbart. Für die folgende Nacht verschafft ihm der Portier der Akademie eine Unterkunft im 7. Bezirk, dann geht's zurück nach Preßburg. Als der Kandidat zu dem angegebenen Termin wiederkehrt, kann er aufatmen: Professor Andersen nimmt Anton Lehmden in seine Klasse auf – zusammen mit den Kollegen Arik Brauer und Ernst Fuchs. Das Malstudium kann beginnen; sein nächster Lehrer ist der berühmte Albert Paris Gütersloh.

Mit dem Hauptwohnsitz Preßburg ist es endgültig vorbei, als 1948 die Kommunisten die Macht in der Slowakei übernehmen: Vater Lehmden gründet im Marchfeld eine neue Existenz als Gärtner, Sohn Anton schlägt sich in einer dramatischen Flucht über die frische Grenze nach Wien durch. An seine Kindheitsheimat erinnert ihn nur mehr jenes Kreuzigungsbild von 1946, dem er als Hintergrundmotiv die Ruine der Preßburger Burg eingefügt hat. Er hat es auf Packpapier gezeichnet – mangels schwarzer Tusche mit roter Stempelfarbe, die ihm eine hilfsbereite Büroangestellte geschenkt hat.

Das Studium an der Akademie nimmt Anton Lehmden voll in Anspruch – da bleibt für Abschiedsschmerz wenig Platz. Als er

Vom elterlichen Bauernhof bei Nitra auf die Kunstakademie nach Wien:
Anton Lehmden (hier als Einunddreißigjähriger)

1948 zum erstenmal Venedig sieht und darüber in Begeisterung ausbricht, ist es mit dem Heimweh schlagartig vorbei: Das Kapitel Slowakei ist für ihn abgeschlossen. Noch im selben Jahr werden seine ersten Arbeiten im Wiener Art-Club gezeigt, es folgen Ausstellungen in Turin, bei der Biennale in Venedig, nach und nach in allen Kunstzentren der Welt. Die »Wiener Schule des Phantastischen Realismus« formiert sich, die »Marke Lehmden« erobert den Kunstmarkt, trägt dem »Meister der Weltlandschaften« alle bedeutenden Auszeichnungen und schließlich auch eine eigene Professur ein.

Die Kindheitsheimat Slowakei rückt erst wieder gegen Ende der sechziger Jahre in sein Blickfeld, als Anton Lehmden sich – mit dem Erwerb von Schloß Deutschkreutz – im südöstlichen Burgenland niederläßt. Wieder stellt sich ihm die Frage: Zufall oder Fügung? Als ihm im Zuge der Wiederinstandsetzung des ruinösen Schloßbaues nahe der österreichisch-ungarischen Staatsgrenze zu Ohren kommt, daß Deutschkreutz zu den Orten zählt, an denen in grauer Vorzeit die berühmt-berüchtigte Massenmörderin Erzsébeth Báthory ihr Unwesen getrieben hat, ist mit einem Schlag die Erinnerung an jenes Schauerdrama wiedererweckt, das Anton Lehmden in Kindertagen gefesselt hat, als er in den slowakischen Sagenbüchern die Geschichte von der »blutigen Gräfin« zu lesen bekam.
Wie Schuppen fällt es ihm von den Augen: Da ist sie also plötzlich wieder, die Gestalt der 1560 geborenen Burgherrin von Čachtice, die zwischen 1585 und 1610 an die 600 Jungfrauen aus den umliegenden Dörfern auf ihren zwanzig Kilometer nordwestlich des Kurbades Piešťany gelegenen Besitz lockt, sie dort versteckt hält und töten läßt, um nach vollbrachter Tat in deren Blut zu baden (wovon sie sich ewige Jugend und Schönheit verspricht). Als ihr im Alter von fünfzig Jahren ihr grausiges Handwerk gelegt und der Prozeß gemacht wird, atmet das ganze Land auf. Todesurteil und Hinrichtung bleiben Elisabeth Báthory

gleichwohl erspart: Als Angehörige der herrschenden Klasse wird sie lediglich für den Rest ihres Lebens unter Hausarrest gestellt. Nur die Dienstboten, die ihr bei ihrem schaurigen Treiben assistiert haben, landen am Galgen.

Daß die »blutige Gräfin« auch auf Anton Lehmdens heutigem Besitz, dem Schloß von Deutschkreutz (sowie im nahen Lockenhaus), ihr Unwesen getrieben hat, ist für den Maler allerdings nichts weiter als ein historisches Kuriosum, kein Gegenstand seiner Kunst. Die Schrecknisse, die in seine Bilder Eingang finden, sind anderer, aktuellerer Natur. Da ist – um einige wenige herauszugreifen – jene Kriegsszene aus dem Jahr 1954, die einander zerfleischende Soldaten zeigt, begleitet von einem Vogel, der einen der Männer skalpiert. Oder das Schlachtenbild, auf dem Lehmden die komplette Kriegsmaschinerie auffahren läßt. Trügerisch der Titel »Paradies«: Bombentrichter und Erdrutsch bestimmen den Bildhintergrund. Eine bei Erdölbohrungen im Marchfeld ausgelöste Explosion inspiriert den Maler zu dem Öl/Tempera-Werk »Krater in Niederösterreich«. Kreisky zeigt sich davon so beeindruckt, daß er es sich für zwei Jahre ins Kanzleramt holt.

Mir geht vor allem das Motiv »Flaktürme« unter die Haut: Zwei dieser von der Deutschen Wehrmacht hinterlassenen Betonmonster verstellen mir seit Jahr und Tag den Blick aus meinem Arbeitszimmer auf den sonst so idyllischen Arenbergpark. Und schließlich wieder und wieder Lehmdens berühmte Untergangsszenarien: »Nach der Sintflut« oder »Versinkendes Kolosseum« (dem der Künstler die Gestalt eines in eine Urwaldlandschaft versetzten riesigen Schaffels verleiht).

Wer sich in Anton Lehmdens Werk vertiefen will, ist gut beraten, wenn er an einer jener Führungen teilnimmt, die der Meister von Zeit zu Zeit persönlich leitet. Ich hatte gleich mehrmals dieses Glück: zunächst am Rande einer Autorenlesung, zu der ich vor vielen Jahren ins Schloß Deutschkreutz eingeladen worden war, sodann bei einer Besichtigung der von Lehmden virtuos ausgestaltenen Pfarrkirche seiner Wohngemeinde und zuletzt bei einem Spezialtermin im Unteren Belvedere, wo 2008 die »Phantastischen Realisten« zu einer Retrospektive ihres Schaffens antraten. Und würde es mich nach einer momentanen Auffrischung meines Lehmden-Erlebnisses verlangen, brauchte ich nur in die Wiener U-Bahn einzusteigen und die mit seinen wunderbaren Mosaiken ausgestattete Station Volkstheater auf mich wirken zu lassen.

Schon als Kind, so erzählt er, habe er davon geträumt, Maler zu werden und den »Professor Rembrandt« zum Lehrer zu haben. Denn selbstverständlich müßte Genies wie diesem (aber auch den großen Komponisten von Bach bis Monteverdi, von Telemann bis Händel) ein ewiges Leben beschieden sein, damit sie in der Lage seien, ihr Können an die nachfolgenden Generationen weiterzugeben. Anton Lehmden hat es aus eigener Kraft geschafft.

Daß ihn mit dem Boden, dem vor fünfundsechzig Jahren seine ersten Landschaftsbilder entwachsen sind, heute nur mehr wenig verbindet, ist zu verstehen: Die Slowakei hat er als Flüchtling verlassen müssen. Nur ein einziges Mal ist er besuchsweise in seinen Geburtsort zurückgekehrt – noch zu der Zeit, da die Kommunisten an der Macht und der elterliche Besitz in Cabaj total heruntergewirtschaftet war. Auch an einer künstlerischen Präsenz in der Kindheitsheimat ist ihm wenig gelegen: »Ich bin kein Ausstellungslöwe!« Und so wird es wohl bei jener einen Stippvisite in der Kunstakademie von Preßburg bleiben, wo er vor Jahren bei einem der dortigen Töpfer eine Reihe von ihm modellierter Vasen brennen ließ. Das Ergebnis hat ihn sehr befriedigt. Und *noch* etwas hat ihn in jüngster Zeit gefreut: daß unter den vielen Kunstfreunden, die sich für eine Atelierführung in Deutschkreutz anmelden, auch eine Gruppe aus der Slowakei gewesen ist. Ein ganzer Bus. Lehmden hat seine ehemaligen Landsleute sicherlich besonders gut betreut: Sein Slowakisch ist nach wie vor intakt.

Lehár und der Europaplatz

Zum hundertsten Geburtstag von Franz Lehár am 30. April 1970 bringt die Stadtverwaltung von Komárno eine Festschrift heraus, deren Text mit einer reichen Auswahl einschlägiger Photos illustriert ist. Auch mancherlei, das nicht unmittelbar mit der Lebensgeschichte des Großmeisters der Operette in Zusammenhang steht, rückt bei dieser Gelegenheit ins Bild: das Denkmal des ebenfalls aus Komárno stammenden Dichters Mór Jókai (auf dessen gleichnamigem Roman das Libretto von Johann Strauß' »Zigeunerbaron« fußt), das Standbild des Generals György Klapka (der in den Revolutionsjahren 1848/49 die örtliche Festung gegen die Okkupationstruppen der kaiserlichen Armee verteidigt) oder das Diplom, mit dem, hundert Jahre davor, Maria Theresia die traditionsreiche Siedlung am Zusammenfluß von Donau und Waag in den Rang einer königlichen Freistadt erhebt.

Da Komárno um 1970, noch der ČSSR zugehörig, fest in kommunistischer Hand ist, melden sich in der Lehár-Festschrift auch die Russen zu Wort – und nicht nur mit einer Ansicht vom örtlichen Marine-Denkmal der Roten Armee, sondern sogar mit einem Faksimile der Einmarschpläne von 1945, als die Stadt für die Dauer von fünfundvierzig Jahren dem Sowjetimperium eingegliedert wird.

An Lehár selber erinnert zu dieser Zeit nur eine an seinem Geburtshaus in der Nádor-Straße angebrachte Gedenktafel; das überlebensgroße Standbild des Schöpfers der »Lustigen Witwe« wird erst nach der »samtenen Revolution« von 1989 in Auftrag gegeben und in nächster Nähe des inzwischen abgerissenen Geburtshauses aufgestellt werden.

Befürchtungen, der große Sohn der Stadt könnte in den diversen Publikationen der KP-Ära für deren Ideologie eingespannt und zum Volkshelden des Arbeiter- und Bauernstaates stilisiert worden sein, erweisen sich als unbegründet: Auch die von Moskau gesteuerten Kulturfunktionäre unterlassen es, »korrigierend« in Lehárs Biographie einzugreifen. Ich kann mich also, als ich im Frühjahr 2008 Komárno aufsuche, um Franz Lehárs frühesten Lebensspuren nachzugehen, ohne weiteres auch auf die damalige Literatur stützen.

Beginnen wir mit dem Vater. Wie die Eltern Franz Schuberts stammen auch die Lehárs aus dem altösterreichischen Mährisch-Schlesien: Es sind Kleinbauern, Gastwirte, Tischler und vor allem Glaser. Franz Lehár senior ist freilich für Höheres bestimmt: Er verläßt in jungen Jahren seinen in der Nähe von Mährisch-Neustadt gelegenen Geburtsort Schönwald, um sein Leben ganz der Musik zu weihen. Violine, Cello und Kontrabaß beherrscht er ebenso wie Trompete und Posaune, wie Klarinette und Horn. Schon mit siebzehn schlägt er sich als Geiger bei diversen Tanzkapellen durch, unter anderem in Wien. Und im Theater an der Wien darf er sogar, als Franz von Suppé seine Operette »Das Pensionat« aus der Taufe hebt, unter dessen Dirigentenstab das Waldhorn blasen.

Mit seiner Einberufung zum Militärdienst entscheidet sich Lehárs weiteres Schicksal: Er schließt sich dem Musikcorps seiner Truppe an und wird sechs Jahre darauf – als Jüngster seines Faches in der gesamten k. u. k. Armee – Militärkapellmeister beim Infanterieregiment Nr. 50 »Großherzog von Baden« – eine Position, die allerdings mit häufigem Ortswechsel verbunden ist. Franz Lehár senior wird von einer Garnison in die andere ver-

210

legt; im Spätherbst 1868 landet er mit seinem Regiment in Komárno, dem damaligen Komorn.

Hier, in der zweihundert Kilometer südöstlich von Wien gelegenen Festungsstadt am Nordufer der Donau, lernt der Dreißigjährige die elf Jahre jüngere Christine Neubrandt kennen. Die Neubrandts (ursprünglicher Familienname: Neubrandenburger) sind vor langer Zeit aus Preußen zugewandert, haben sich nach und nach zu waschechten Ungarn gemausert und betreiben in Komorn eine Seifensiederei und Kerzenfabrikation.

Keine zwei Monate verstreichen – da stehen Franz Lehár senior und Christine Neubrandt vor dem Traualtar, und weitere elf Monate später kommt ihr erstes Kind zur Welt. Für die Taufe des Neugeborenen wartet man den Jahrestag der Eheschließung ab: Am 4. Mai 1870 nimmt der Feldkurat des Infanterieregiments Nr. 50 die Zeremonie nach römisch-katholischem Ritus vor. Die Vornamen, die der Bub erhält, sind die seiner Eltern: Franz bleibt Franz, und aus Christine wird Christian. Es gibt Lehár-Biographen, die von dieser Namensgebung (und wohl noch mehr von der innigen Liebe des Sohnes zu seiner strenggläubigen Mutter) dessen lebenslang praktizierte Frömmigkeit ableiten: Auf seinen Konzertreisen wird er stets einen Altarkoffer mit sich führen, den er zum »Vaterunser« im jeweiligen Hotelzimmer aufstellt.

Die Lehárs führen ein harmonisches Familienleben. Frau Christine ist eine sparsame Wirtschafterin, eine exzellente Köchin und auch für die Stammhalter Franz nachfolgenden sechs Geschwister eine vorbildliche Mutter. Das ist umso bedeutsamer, als der Vater fast jeden Abend beruflich außer Haus ist und oft erst am Vormittag zum Schlafen kommt: Seine Musiker bestreiten die regelmäßigen Standkonzerte im Promenadepavillon, treten bei Straßenumzügen, im Komorner Hafen und in der Militärkirche auf, und da Lehár senior sich auch aufs Komponieren versteht, dirigiert er mitunter sogar seine eigenen Werke, zum Beispiel die Polka »Liebe und Wein«. Wenn in späteren Jahren im Freundeskreis die Rede auf Lehár seniors Melodien kommt, wagen Vorwitzige schon mal die flapsige Bemerkung: »*Aber sein bestes Werk ist halt doch der Franzi!*«

Was die Umgangssprache im Elternhaus betrifft, herrschen bei den Lehárs die für viele Familien im Österreich der Habsburger-Monarchie typischen Verhältnisse: Es ist ein unentwirrbares Gemisch von Idiomen. Die Mutter spricht Ungarisch, der aus Mährisch-Schlesien stammende Vater das beim Militär vorherrschende »Armee-Deutsch«. Über den magyarisch anmutenden Familiennamen ist viel gerätselt worden – angeblich gehe »Lehár« auf die Verballhornung des französischen »Le Harde« zurück: Ein Offizier dieses Namens sei als Kriegsgefangener in Mähren hängengeblieben, habe auf der Flucht bei einem dortigen Bauernmädel Unterschlupf gefunden und habe, um die drohende Abschiebung abzuwenden, seine Herkunft durch Slawisierung des Familiennamens verschleiert.

Was den Akzent auf dem *á* betrifft, wird Franz Lehár übrigens in späteren Jahren mit einer plausiblen eigenen Erklärung aufwarten. Als er mit zwölf sein Studium am Prager Konservatorium aufnimmt, gerät er ungewollt in den dortigen Nationalitätenstreit zwischen den scharf voneinander getrennten Lagern der tschechischen und deutschen Mitschüler. Er schreibt: »*In beiden Lagern hatte ich gute Freunde, und beide suchten mich für ihre nationalen Ideen zu gewinnen. Doch ich hatte wenig Verständnis für derartige Streitigkeiten. Musik soll die Völker einigen, nicht trennen. So fand ich leicht einen Ausweg aus dem Dilemma. Als Ungar konnte ich, ohne anzustoßen, die kollegialen Beziehungen zu beiden Teilen aufrechterhalten, und so betonte ich durch die Schreibweise ›Lehár‹ mein Ungarntum.*«

Christine Lehár und der kleine Franz. Das erste Werk,
das der Sechsjährige komponiert, widmet er seiner Mutter

Doch zurück zu Lehárs Kindheit. In Komorn bleibt die Familie
nur bis zu seinem zweiten Lebensjahr, dann wird Militärkapellmeister Lehár nach Preßburg versetzt. Es folgen die Stationen
Ödenburg, Klausenburg, Karlsburg, Sarajewo, Kronstadt, Prag
und Wien. Am Ende werden es zweiundzwanzig Übersiedlungen
sein, die die sich laufend vermehrende Familie zu bewältigen
hat – und alles per Bahn, immer mit Sack und Pack.

»Tornisterkind« Franz lernt sprechen, bringt, wenn er seine Wünsche kundtut, statt »Franzi« nur ein »Lanzi« hervor, erweist sich überhaupt als eigensinnig. Was sich schon frühzeitig ankündigt, ist seine Hinneigung zur Musik. So wie einst sein Vater in Kindertagen mit Glockenläuten im Kirchturm »debütiert« hat und mit dem Absingen von Wiegenliedern für die ihm anvertrauten Nachbarskinder, ist es beim Junior das Klavier, an dessen Tasten er sich, noch bevor er in die Schule kommt, versucht. Obwohl er noch keine Oktave greifen und noch kein Pedal treten kann, sucht er sich die ihm vertrauten Melodien auf dem Klavier zusammen. Auch wenn's stockfinster ist im Zimmer, hat er damit nicht die geringste Mühe.

Während der überstrenge Vater nur wenig von den »Künsten« seines Erstgeborenen hält, spart die Mutter nicht mit Zuspruch und Lob, und so ist es denn auch sie, der der knapp Sechsjährige seine erste eigene Komposition widmet. Besonders kindlich klingt allerdings nicht, was der Dreikäsehoch da vertont: »Ich fühl's, daß ich tief innen kranke …« Es ist eines jener von Weltschmerz triefenden Gedichte, die er seiner Mutter abgelauscht hat, wenn sie, um ihre Sprachkenntnisse zu vertiefen, nach ihrem Deutsch-Lesebuch greift. Franzi will, daß sie die Verse in Hinkunft nicht mehr aufsagt, sondern singt.

Vater Lehár legt es anspruchsvoller an, wenn er das musikalische Gehör seines Sohnes zu schärfen versucht: Er nimmt den Achtjährigen in den Dom von Klausenburg mit, wo eines schönen Tages Franz Liszt das örtliche Kirchenorchester dirigiert. Ist es für den Buben schon Aufregung genug, aus dem ihm zugewiesenen Winkel im Chorgestühl das temperamentvolle Agieren des Meisters zu beobachten, so ist er vollends platt, mit anzusehen, wie Liszt nach dem Konzert Vater Lehár begrüßt und dieser sich daraufhin ehrfürchtig zum Handkuß neigt.

Als Franzi es wagt, bei einem der nächsten Weihnachtsfeste auch seinen Vater mit einer Eigenkomposition zu beehren, erhält er

214

als Gegengeschenk Klavierauszüge von »Carmen«, »Faust« und »Lohengrin«. An Vaters Begleitworte wird er sich noch in späteren Jahren genau erinnern: *»Diesen Meistern mußt du nacheifern, dann wirst du es zu etwas bringen.«*

Mit elf Jahren lernt Franzi seine Geburtsstadt bewußter kennen: Der Vater hat wieder einmal das Regiment gewechselt, kehrt für eine Weile nach Komorn zurück. Daß er sich bald darauf nach Pest versetzen läßt, liegt an dem dortigen Piaristengymnasium, das einen vorzüglichen Ruf genießt: Hier soll sein Ältester auf die Matura vorbereitet werden. Doch die »trockenen« Fächer Algebra, Physik und Geographie verleiden ihm den Unterricht: Vater Lehár erkennt, daß der Filius im Konservatorium besser aufgehoben ist als im Gymnasium.

Zur Wahl stehen Wien und Prag. Daß man sich für letzteres entscheidet, hat einen einfachen Grund: Hier ist – im Gegensatz zum teuren Wien – das Studium kostenfrei. Mit Erfolg besteht der Kandidat die Aufnahmsprüfung. Und hier, in den nunmehr folgenden sechs Jahren, erhält Lehár junior jenes musikalische Rüstzeug, das er für seine nach der Jahrhundertwende einsetzende Weltkarriere als Komponist und Dirigent brauchen wird.

An dieser Weltkarriere hat übrigens auch das kleine Komorn Anteil: Lehár ist vierzig, als »Der Graf von Luxemburg« auch in seinem Geburtsort aufgeführt wird; es folgen »Zigeunerliebe«, »Die lustige Witwe« und »Das Land des Lächelns«. 1941 berichtet das Lokalblättchen über einen (heute manchen Lehár-Adoranten peinlichen) Auftritt des Meisters im von der Deutschen Wehrmacht besetzten Paris: Es handelt sich um einen »Wiener Abend« der NS-Organisation »Kraft durch Freude«.

Auch die privaten Kontakte mit der alten Heimat reißen nicht ab, und wann immer im Komorner Stadttheater die Arie »Dein ist mein ganzes Herz« erklingt, mag dies so manchen aus dem Konzertpublikum zu der Illusion verleiten, mit Sou-Chongs berühmter Liebeserklärung sei nicht nur Lisa, die Tochter des Grafen Lichtenfels gemeint, sondern ein ganz klein wenig auch Komorn: die Stadt, die zu Beginn seines Lebens auch seine – Lehárs – Stadt gewesen ist.

Das heutige Komárno dankt es seinem großen Sohn, indem es alle Jahre ein Lehár-Festival und alle drei Jahre einen Lehár-Gesangswettbewerb veranstaltet; außerdem gibt es im ehemaligen Zichy-Palast im Zentrum der 40 000 Einwohner zählenden slowakisch-ungarischen Grenzstadt eine Lehár-Gedenkstätte, die Operettenfreunde aus der ganzen Welt anzieht.

Die neueste Attraktion von Komárno, deren Besichtigung mir die Damen von der *Informačná kancelária* ans Herz legen, ist der im Jahr 2000 eröffnete Europaplatz. Dieses Kuriosum aus 43 für den Baustil der verschiedenen Länder typischen Häusern mag nicht nach jedermanns Geschmack sein. Architekturkritiker könnten ihm ein Allzuviel an Künstlichkeit sowie mangelnde Treffsicherheit vorhalten, und speziell der Gast aus dem Nachbarland Österreich mag Mühe haben, in dem *seinem* Haus applizierten Erker das Innsbrucker Goldene Dachl wiederzuerkennen. Auch Franz Lehár, befände er sich unter den Besuchern, würde vielleicht beim Anblick der einen oder anderen Fassade die Nase rümpfen. Was ihn jedoch mit Sicherheit mit dem Experiment Europaplatz versöhnen würde: Ob Zypern, Grönland oder Malta – in jedem dieser Länder kennt man seinen Namen, spielt man seine Werke, liebt man seine Musik.

Dr. Stress

Sogar unsere lieben Kleinen berufen sich darauf – etwa, wenn sie von der geplagten Mutter dazu angehalten werden, endlich wieder mal ihr Spielzimmer aufzuräumen: Noch bevor sie überhaupt das Wort schreiben können, reden sich die Kids auf den »Stress« aus, dem sie ausgesetzt sind. Ganz zu schweigen von uns Älteren und Alten, die ihn pausenlos im Munde führen: »Stress« ist eine der meiststrapazierten Vokabeln unserer Zeit.

Tatsächlich haben Studien der Weltgesundheitsorganisation WHO ergeben, daß fast sechzig Prozent aller Krankenstände stressbedingte Ursachen haben. Und dreißig Milliarden Euro machen die Kosten aus, die der Wirtschaft der EU-Staaten alljährlich aus dem Überdruck des Arbeitsalltags erwachsen. Als unmittelbare Stressfaktoren werden Terminzwang und Jobunsicherheit genannt, überlange Arbeitszeit, Mobbing sowie mangelnde Kompatibilität von Berufs- und Familienleben. Die Tendenz ist weiter steigend: Nennt der Schlagwortkatalog der Österreichischen Nationalbibliothek für die Jahre 1930–1991 noch 153 Buchtitel zum Thema, so sind es ab 1992 bereits 1306, und es werden ihrer täglich mehr.

Schlägt man im Lexikon nach, so trifft man auf voneinander abweichende Definitionen. In der einen ist von »Belastung« die Rede, »die der Körper durch zu lang andauernde oder ihm unangemessene Reize erfährt«, in der anderen von einem »Anpassungssyndrom«, mit dem »Mensch und Tier auf erhöhte Beanspruchung reagieren«. Magengeschwüre, Bluthochdruck und Herzinfarkt werden als hauptsächliche Folgeerscheinungen angeführt.

Ist es ein gutes Lexikon, so wartet es überdies mit dem zugehörigen Namen auf: Hans (János) Selye sei derjenige, der den aus dem Englischen stammenden Begriff »Stress« in die Medizin eingeführt habe – und zwar mit einem vierundsiebzig Zeilen langen Aufsatz in der renommierten englischen Fachzeitschrift »Nature«, erschienen am 4. Juli 1936.

Wer ist dieser Mann?
Über 1500 Artikel hat er zum Thema »Stress« verfaßt und über dreißig Bücher; in siebzehn Sprachen sind sie übersetzt, einige wurden zu Bestsellern, und sogar Selyes 1979 erschienene Autobiographie kommt nicht ohne den ominösen Begriff aus: »The Stress of my Life«. Die Fachwelt rühmt Hans Selye als den »Vater der Stressforschung« oder gar als »Einstein der experimentellen Pathologie«, der Genies wie Louis Pasteur, Paul Ehrlich oder Sigmund Freud an die Seite zu stellen sei. Nicht weniger als zehn Mal wurde er zum Nobelpreis nominiert – allerdings ohne Erfolg.

Hans Selye kommt am 26. Jänner 1907 in Wien zur Welt. Mutter Felicia ist die Tochter des Hof- und Gerichtsadvokaten Heinrich Langbank; Vater Hugo ist zu dieser Zeit als Militärarzt 1. Klasse dem k. u. k. Infanterieregiment Nr. 85 zugeteilt. Er ist ungarischer Abkunft, die korrekte Aussprache des Familiennamens wäre demnach *Schej*.
Mit Ausbruch des Ersten Weltkrieges wird Hans Selye nach Komorn (das heute slowakische Komárno) versetzt, wo Österreich-Ungarn mit der am Zusammenfluß von Donau und Waag errichteten Festung über einen seiner umfangreichsten militärischen Stützpunkte verfügt. Sohn Hans besucht in Komorn Volksschule und Gymnasium, und auch, als er längst die Stadt seiner Kindheit und Jugend hinter sich gelassen und an der deutschen Universität von Prag das für seine berufliche Zukunft bestimmende Medizinstudium aufgenommen hat, bleibt der Name Selye in

Komorn unvergessen, und das gilt vor allem für die Zeit nach 1990, als der internationale Nachruhm des »Vaters der Stressforschung« auch ins nunmehrige Komárno dringt.

Die zu fünfundsechzig Prozent von Magyaren bevölkerte Stadt erinnert sich ihres großen Sohnes – und das in einem Ausmaß, das ohne Beispiel ist. Was immer es in Komárno an Bildungsstätten und anderen öffentlichen Institutionen gibt, ist nach ihm benannt: »sein« Gymnasium, die 2004 eröffnete Universität, das 1945 zum städtischen Krankenhaus umgewandelte Schloß der Grafen Gyürky am jenseitigen Ufer der Donau. In einem der Außenbezirke der 40 000 Einwohner zählenden Stadt gibt es außerdem eine Selye-Straße, selbstverständlich ist am seinerzeitigen Wohnhaus der Familie in der Pohranicna/Határôr-Straße eine Gedenktafel angebracht, und sogar in den E-Mail-Adressen sämtlicher Universitätsangehöriger – vom Portier über die Studenten bis zur Professorenschaft – ist der Name Selye verewigt (zwischen dem @ und dem Landeskennzeichen sk).

Vom Krankenhaus bis zur Universität – alle wichtigen Institute von Komárno sind nach dem Stress-Forscher Hans (János) Selye benannt

Eine derart massive Würdigung – wie man sie an anderen Orten nur von Größen wie Goethe oder Mozart kennt – ist, so denke ich, einen Lokalaugenschein wert, und so entschließe ich mich zu einer Besuchsreise nach Komárno, die mir das ungewöhnliche Phänomen erklären soll.

Katalin Kiss von der örtlichen Touristeninformation deckt mich nicht nur mit einschlägigem Material ein, sondern vermittelt mir auch einen englischsprachigen City-Guide. Attila Vörös ist Student an der János-Selye-Universität und steht kurz vor seiner Diplomprüfung im Fach Betriebswirtschaft. Der ebenso alerte wie hilfsbereite Mittzwanziger stammt vom Land, die Eltern sind Bauern in der fünfzehn Kilometer östlich gelegenen Donauufergemeinde Radvaň. Was das Thema Stress betrifft, erklärt er sich allerdings für unzuständig: Attila ist Sportler, trinkt und raucht nicht; zur Entspannung hilft er in der Landwirtschaft mit, treibt sich in den umliegenden Wäldern mit den Hofhunden herum, geht zum Fischen an die Donau.

Wir entwerfen einen Plan, nach dem wir bei unserem Stadtrundgang im Zeichen Selyes vorzugehen gedenken: Es ist darauf zu achten, daß wir an den einzelnen Stationen auch die entsprechenden Auskunftspersonen antreffen, Komárno ist zweisprachig: Nicht nur sämtliche Straßenschilder sind slowakisch und ungarisch beschriftet. Mit Deutsch käme ich nicht einmal im Selye-Gymnasium in der Biskupa-Királya-Straße durch, obwohl die weitum renommierte Schule auch Deutschunterricht anbietet, dafür sogar auf Lektoren aus dem Bundesland Baden-Württemberg zurückgreift und in ihren alljährlich erscheinenden (und in ungarisch abgefaßten) Rechenschaftsberichten auch mit einer Kurzfassung in deutsch aufwartet.

Der Name Selye ist auf unserem Rundgang durch das ansehnliche Schulgebäude allgegenwärtig – und nicht nur der Name, sondern auch das Porträt des Verehrten sowie das eine und andere persönliche Erinnerungsstück. In der Eingangshalle des 1649 von Jesuiten gegründeten, später vom Benediktinerorden übernommenen, nach Inkrafttreten der berüchtigten minderheitsfeindlichen Beneš-Dekrete 1945 stillgelegten und erst 1950 wiedereröffneten Instituts erinnert eine Gedenktafel an die Jahre 1918 bis 1924, da »Hansi« – wie ihn seine Kameraden nennen – hier die Schulbank drückt. Fünfundvierzig Schüler sind in seiner Klasse; unter ihnen finden sich auch deutsche Namen: Stenger, Wolfsthal, Urstein, Thurn. Die Zeugnisse weisen den Sohn des Militärarztes Hugo Selye als guten Schüler aus, der sich nur mit Mathematik und Latein schwertut: In Naturkunde und Geographie erhält er eine 2, in Religion (er ist römisch-katholisch getauft) und in Betragen eine 1. Zeichnen kann er beidhändig; auch Fremdsprachen liegen ihm – er wird in späteren Jahren deren sechs beherrschen.

Im Dienstzimmer des Direktors hängt eine Kopie von Hans Selyes Geburtsurkunde an der Wand, seit 1995 auch das Dekret, mit dem das Preßburger Unterrichtsministerium die Benennung der Schule nach deren berühmtestem Schüler verfügt. Auch der alljährlich an die besten der knapp siebenhundert Zöglinge verliehene Schulpreis trägt den Namen Selye; den Schwerpunkt bilden die Fächer Physik, Biologie und Mathematik. Die Unterrichtssprache ist Ungarisch; das Hans-Selye-Gymnasium in Komárno ist das größte seiner Art in der gesamten Slowakei. Daß es mit der Durchsetzung der Minderheitsrechte dennoch nach wie vor hapert, habe ich zuvor schon von Attila erfahren: Auch er, obwohl slowakischer Staatsbürger, fühlt sich als Ungar.

Das meiste von dem, was wir über Selyes weiteren Lebensweg und seine internationale Karriere ermitteln, ist auch für Attila Vörös neu: Er hört aufmerksam zu. Es ist wie mit so vielen Großen der Kulturgeschichte, deren Kenntnis selbst am Ort des Geschehens in keiner Weise Schritt hält mit den Werbemechanismen ihrer offiziellen Ausschlachtung.

1924 legt Hans Selye in Komárno die Maturaprüfung ab, zum Medizinstudium wechselt er nach Prag, es folgen Gastsemester in Rom und Paris. Mit einem Stipendium der Rockefeller-Stiftung geht er in die USA, sein eigentliches Ziel ist Kanada.

Schon mit siebenundzwanzig Jahren hält er an der Universität von Montreal seine ersten eigenen Vorlesungen, und hier, in der mehrheitlich französisch geprägten Hauptstadt der Provinz Québec, findet Selye auch sein Lebensthema: die experimentelle Erforschung eines zwar keineswegs neuen, doch im Zuge des zivilisatorischen Fortschritts in rasanter Zunahme befindlichen Phänomens, dem er den Namen »Stress« gibt. Da Selyes Arbeit supranational ausgerichtet ist, führt er den Begriff alsbald auch in die anderen Weltsprachen ein: *le stress* heißt es im Französischen, *lo stress* im Italienischen, *el estrés* im Spanischen und so weiter und so fort.

Die positiven Seiten des von der Wissenschaft »Adaptionssyndrom« genannten Phänomens – »Um im Leben etwas zu erreichen, muß der Mensch bis zu einem gewissen Grad auch Stress auf sich nehmen!« – behält Selye dabei ebenso im Auge wie die negativen des Verschleißes, die der Therapie bedürfen. Tierversuche, die er und seine fünfzig Mitarbeiter in dem 1945 gegründeten Speziallabor (vorwiegend mit Ratten) anstellen, klären ihn über die verschiedenen Abwehr- und Notreaktionen, über die möglichen Behandlungsarten und über die zu beachtenden Verhaltensweisen auf – mit dem Resultat, daß das gewonnene Material alsbald solchen Umfang annimmt, daß es nicht mehr nur bei Einzelveröffentlichungen bleibt: Ab 1951 bündelt Professor Selye seine und die Forschungsergebnisse seiner Kollegen in dem von ihm regelmäßig edierten »Jahrbuch des Stress«. Selye will mit seinen Erkenntnissen jedoch nicht nur die Fachwelt erreichen, er will auch die interessierte Öffentlichkeit aufrütteln. Das Ergebnis ist sein in siebzehn Sprachen übersetztes Standardwerk »Stress beherrscht unser Leben«. 1957 bringt es der

Der Mann, der den Begriff »Stress« in die Medizin eingeführt hat: Dr. Selye

auf die neue Sparte »Sachbuch« spezialisierte Econ Verlag auch in einer deutschsprachigen Fassung heraus, die binnen kurzem mehrere Großauflagen erzielt.

Montreal bleibt Selyes Wahlheimat bis zu seinem Tod am 16. Oktober 1982. Nicht weniger als dreiundvierzig Universitäten haben sein Lebenswerk mit der Verleihung von Ehrendoktoraten gewürdigt. Und vollends unüberschaubar ist die Zahl der Zeitungs-, Rundfunk- und Fernsehinterviews, mit denen er um Auskunft über sein »Rezept« für Stressbewältigung ersucht wird. Einer dieser Interviewer will es ganz genau wissen, will aus Professor Selyes Mund hören, wie denn er selber mit dem Phänomen Stress zurechtgekommen sei. Die Antwort des großen Weisen: »Reine Übungssache. Schon als Student habe ich mich dadurch abzuhärten versucht, daß ich meinen Lehrstoff auch an den widrigsten Orten gebüffelt habe: in den überfülltesten Straßenbahnen und den lärmreichsten Kaffeehäusern von Prag!«

Tornisterkind

M an muß aufpassen, daß man sich nicht verheddert, nicht die Namen durcheinanderbringt. Die alte Festungsstadt Komorn, bis 1918 einer der massivsten militärischen Außenposten der Habsburger-Monarchie, ist heute eine Art *Twin City*: Der größere und bedeutendere Teil, am linken Ufer der Donau gelegen, gehört zur Slowakei und heißt *Komárno*; sein Vis-à-vis gehört zu Ungarn und heißt *Komárom*. Der Strom bildet die Grenze (wenn sie denn – im Zeichen der EU – noch als Grenze anzusehen ist). Ethnisch ist da sowieso alles eins: Auch im slowakischen Komárno besteht die Bevölkerung mehrheitlich aus Magyaren.

Wenn man, von dort kommend, auf der Elisabethbrücke die Donau und nach Erreichen des jenseitigen Ufers auch die Gleise der alten österreichisch-ungarischen Staatsbahn überquert und in gerader Richtung die breite Igmándi-Straße weiterfährt, landen Autolenker wie Fußgänger auf dem (nach dem berühmtesten Dichter der Region benannten) Jókai-Platz. Aus dem ursprünglichen Vorortbezirk Új-Szöny ist seit der Zusammenlegung von 1977 das Zentrum von Komárom geworden; an alten Bauten haben sich die neoromanische Kirche der Reformierten, die ehemalige Poststation der Strecke Wien-Budapest sowie ein in einem nahen Park verstecktes Reiterstandbild Feldmarschall Radetzkys erhalten.
Die Geschäfts- und Bürohäuser rund um den Jókai-Platz sind durchwegs Nachfolgebauten aus neuerer Zeit. Auch das vierstöckige Wohnhaus vor der Einbiegung zur Czucor-Gergely-

Straße verrät durch keinerlei Hinweis, daß hier am 24. April 1873 ein Mann zur Welt gekommen ist, der es als Achtundsiebzigjähriger bis zum Bundespräsidenten des Nachbarstaates Österreich bringen wird: Theodor Körner.

Die Versuchung ist groß, über Dimensionen und Mobilität der Donaumonarchie nachzusinnen: Ist es nicht im höchsten Grade bemerkenswert, daß die ersten drei Repräsentanten der Zweiten Republik alle miteinander nicht auf deren heutigem Territorium geboren worden sind, sondern in den ehemaligen Kronländern: Karl Renner im südmährischen Untertannowitz, Adolf Schärf im benachbarten Nikolsburg und Theodor Körner im nordungarischen Új-Szöny? Auch ihre in Wien bzw. Niederösterreich gebürtigen Nachfolger Jonas, Waldheim und Klestil haben böhmi-

Der Bundespräsident aus Komorn. In einem dieser Wohnhäuser beim Jókai-Platz (die inzwischen Neubauten gewichen sind) ist am 24. April 1873 »Tornisterkind« Theodor Körner zur Welt gekommen

sche Urahnen – ganz zu schweigen von all der anderen Prominenz des 1918 zum Kleinstaat geschrumpften Landes, deren Abkunft auf das Völkergemisch des alten Österreich-Ungarns verweist.

Doch bleiben wir bei Körner. Hier ist es der Beruf des Vaters, der über den Geburtsort des Stammhalters entscheidet: Hauptmann Theodor Karl Körner ist seit 1871 in der Festung Komorn stationiert, dient im Range eines Hauptmanns 1. Klasse als Batteriekommandant beim k. u. k. Artillerie-Regiment Nr. 4. Den kurzen Weg von der Dienstwohnung beim Jókai-Platz zum Militärstandort in der Festung legt er zu Fuß zurück; Mutter Karoline hütet mit der 1872 geborenen Rosa und dem im Jahr darauf nachfolgenden Theodor das Haus. Die junge Familie lebt in bescheidensten Verhältnissen: Jeden Monatsersten wird Vater Körner von seinem Sold die Hypothek abgezogen, die er hat aufnehmen müssen, um eine Eheschließung und Hausstandsgründung ins Auge fassen zu können.

Beide Elternteile stammen aus Nordböhmen: Kratzau ist ein Städtchen von 5000 Einwohnern im Bezirk Reichenberg. Theodor Karl Körners Vater ist ein angesehener »Wund- und Geburtsarzt«, der sich unter anderem mit der von ihm erfundenen, für die Babypflege bestimmten »Körner-Salbe« einen Namen macht; er selber ist für den Kaufmannsberuf bestimmt, zieht jedoch letztlich die Militärlaufbahn vor. Bei den Feldzügen von 1848/49, 1859 und 1866 zeichnet er sich durch bemerkenswerte Tapferkeit aus. Seine Dienstbeschreibung hebt »Fechten, Schwimmen und Turnen« als »besondere Geschicklichkeiten« hervor. Eher durchschnittlich sind seine Sprachkenntnisse: »Deutsch geläufig und korrekt, Ungarisch notdürftig, Böhmisch zum Dienstgebrauch genügend.« Wohl auch deshalb hapert es mit den Beförderungen – Begründung: »Streben nach höherer Ausbildung wurde nicht beobachtet.«

Auch Eheschließung und Familiengründung lassen auf sich warten: Erst nach fünfundzwanzig Jahren Militärdienst tritt die zwanzig Jahre jüngere, bildhübsche Kratzauer Gastwirtstochter Karoline Fousek in Theodor Karl Körners Leben. Die für die Heirat österreichischer Offiziere obligate Kaution wird vom Schwiegervater aufgebracht – in Gestalt einer Hypothek auf dessen florierende Gastwirtschaft.

Hauptmann Körner, nun also im Stand der Ehe, tritt seinen Dienst im vierhundertfünfzig Kilometer vom heimatlichen Kratzau entfernten Komorn an. Als Offizier der k. u. k. Armee ist er an das Herumziehen von Garnison zu Garnison gewöhnt. Schwerer ist es für seine junge Frau, die im elterlichen Betrieb alles gehabt hat, was sie zum Leben braucht. Jetzt hingegen muß sie jeden Heller, den sie ausgibt, dreimal umdrehen: Die Hypothek, die der Vater für sie aufgenommen hat, frißt das halbe Haushaltsgeld auf. Die kostbaren Toiletten, mit denen die anderen Offiziersfrauen prunken, bleiben ihr ebenso versagt wie ihrem Gatten die prahlerischen Zechereien im Offizierskasino.

Noch angespannter wird die Situation bei den Körners, als im Jahresabstand die drei Kinder zur Welt kommen: zuerst Tochter Rosa, dann der nach dem Vater benannte Theodor und schließlich (aber da ist Vater Körners Regiment schon wieder an den nächsten Einsatzort, ins ostböhmische Josefstadt verlegt) Sohn Richard.

Wo Karoline Körner Stammhalter Theodor zur Welt bringt, bleibt unklar: Auch, als er, einundzwanzig Jahre später, selber in die Armee eintreten, bis zum General aufsteigen und nach dem Zweiten Weltkrieg als Bürgermeister von Wien sowie als Präsident der Republik Österreich die höchsten Ämter einnehmen wird, die sein Land zu vergeben hat, wird er sich bei den Interviewfragen zu seiner Kindheit auffallend wortkarg verhalten.

Auch meine eigenen Nachforschungen an Ort und Stelle lassen die Frage offen, ob es sich um eine Hausgeburt gehandelt hat oder um eine Entbindung im Militärlazarett. Der Pförtner, der in der heute zum Museum umgewandelten Festung von Komorn die Besuchergruppen ihren jeweiligen Führern zuteilt, berichtet von einem vor langer Zeit verstorbenen Armeeangehörigen, der es als eine besondere Auszeichnung angesehen habe, in der Krankenstation der Festung zur Welt gekommen zu sein. Ich werde also bei meinem Rundgang durch die riesige, sechs Kilometer lange Anlage darauf drängen, auch zu diesem Trakt Zutritt zu erhalten.

An eine komplette Besichtigung der Basteien, Erdschanzen, Kasematten und Kasernenhöfe ist ohnehin nicht zu denken: Das Festungssystem von Komorn ist auf 200 000 Mann zugeschnitten, soll nach den Wünschen Kaiser Franz II. zur Nummer eins unter den Bastionen der gesamten Donaumonarchie ausgebaut werden. »Nec arte nec marte« lautet die historische Inschrift an einem der Eingangstore: »Weder durch List noch durch Gewalt« solle es dem Feind gelingen, das Bollwerk einzunehmen. Noch die Register aus dem Jahr 1914, die die in Komorn stationierten Truppenteile auflisten, lesen sich wie ein Konglomerat sämtlicher Waffengattungen – von den Feldkanonen bis zu den schweren Haubitzen, von den Husaren bis zur Reiterartillerie.

Um mir einen ersten Überblick zu verschaffen, klettere ich auf das für die Touristen errichtete Aussichtsplateau. Hinter mir die einzelnen Abschnitte der grasbewachsenen Festungsbauten, vor mir die träge dahinfließende Donau, am jenseitigen Ufer die Kirchtürme von Szöny, in deren Schatten sich irgendwo der Nachfolgebau von Theodor Körners Geburtshaus verbirgt. Für die Besichtigung der Innenanlagen werden festes Schuhwerk und Taschenlampe empfohlen: In die endlos langen Gänge und leeren Räume dringt nur durch die Schießscharten Tageslicht ein. Aus dem Mauerwerk der Treppenaufgänge hängen die Reste alter Elektroleitungen heraus: Die Russen, die zwischen 1946 und 1990 in Komorn eines der größten Waffenlager der Roten Armee unterhalten haben, haben beim Verlassen ihres Verstecks alles, was nicht niet- und nagelfest war, mitgehen lassen. Die Schulklassen, die mit ihren Lehrkräften durch die Festung geschleust werden, interessieren sich vor allem für die kurvenreichen Gleise der ausrangierten Schmalspurbahn, die vormals durch die einzelnen Trakte geführt hat; die hölzernen Überreste der im Kreisrund angelegten Latrinen animieren die Kids unter lautstarkem Jubel zum Probesitzen. In der ehemaligen Militärbäckerei erfahren wir, daß dies der Ort ist, an dem einst das legendäre »Kommissbrot« kreiert worden ist; von den Krankenstationen des »Kórház«, also des Lazaretts, haben sich nur die Türnummern erhalten und die Sgraffiti der Touristen, die seit 1998 Zutritt zur Festung haben.

Der Spurensucher, der sich in die Zeit von Theodor Körners Geburt versetzen will, wird an die Schausammlung verwiesen, die beim Eingang zur Monostor-Festung – also auf der ungarischen Seite der riesigen Anlage – installiert ist: Uniformröcke, Munitions- und Waffenproben, nachgestellte Schützengrabenszenen und die im umständlichen Ärar-Deutsch abgefaßten Militärdokumente lassen erahnen, wie es hier vor über hundertdreißig Jahren zugegangen sein mag. Überflüssig zu erwähnen, daß weder hier noch irgendwo sonst in der Festung von Komorn der Name Körner aufscheint: Hauptmann Theodor Karl Körner ist nur einer unter Tausenden. Und schon gar nicht fällt an diesem Ort ins Gewicht, daß der Fünfundvierzigjährige am 24. April 1873 Vater eines Sohnes wird, der achtundsiebzig Jahre später vom österreichischen Volk zum Ersten Mann im Staat gewählt werden wird.

»Tornisterkind« Theodor ist nicht viel älter als ein Jahr, da wird das Regiment seines Vaters von Komorn in die ostböhmische Garnison Josefstadt (das heutige Josefov) verlegt – ein Ortswechsel, der für den knapp Fünfzigjährigen den Beginn seines Abstiegs bedeutet. Zweimal innerhalb kurzer Zeit stürzt Hauptmann Körner vom Pferd, zieht sich eine Gehirnerschütterung und eine Reihe weiterer Verletzungen zu, bleibt wochenlang ans Lazarettbett gefesselt. Aber es kommt noch schlimmer: Der gesundheitlich Angeschlagene kann nicht mehr auf seinen Posten zurückkehren, wird für dienstuntauglich erklärt und in den Ruhestand geschickt. Um unter diesen Umständen seine inzwischen fünfköpfige Familie durchzubringen, bleibt Körner nichts anderes übrig, als die Nähe seiner Kratzauer Verwandten zu suchen, von denen er sich einst so hoffnungsvoll verabschiedet hatte, um fern der Heimat Karriere zu machen.

Für die Kinder ist das beschauliche Städtchen im Bezirk Reichenberg allerdings ein Paradies: Statt in der armseligen Zinswohnung im Vorort Kretscham verbringen sie die meiste Zeit draußen in der herrlichen Landschaft am Fuß des Lausitzer Gebirges, und da ihre Spielkameraden durchwegs Arbeiterfamilien entstammen, die sich ebenfalls weder teure Kleidung noch raffiniertes Spielzeug leisten können, kommt untereinander keinerlei Neid auf.

Erst als die beiden älteren Körner-Kinder in die Schule kommen, sieht sich Frühpensionist Theodor Karl Körner gezwungen, sich um einen Zusatzverdienst umzusehen: Er verlegt sich aufs Zeichnen von Landkarten. Sohn Theodor, der inzwischen in Reichenberg die Realschule besucht und seiner hervorragenden Lernerfolge wegen an die berühmte Militär-Oberrealschule Mährisch Weißkirchen wechseln soll (die wenig später auch den jungen Rainer Maria Rilke zu ihren Schülern zählen wird), gibt seinen ursprünglichen Berufswunsch, Ingenieur zu werden, auf und peilt nun doch auch, dem Beispiel des Vaters folgend, eine Militärkarriere an.

Dabei kommt ihm zustatten, daß die Familie neuerlich den Wohnsitz wechselt: Hauptmann i. R. Theodor Karl Körner

*Familie Körner und ihr berühmter Sproß
(im Bild: Sohn Theodor neben dem Vater)*

nimmt das Angebot an, als »Diurnist« des Finanzministeriums in den öffentlichen Dienst zurückzukehren, und das bedeutet: Die Körners übersiedeln nach Wien, wo zugleich für Sohn Theodor ein Studienplatz an der Militärakademie in der Stiftskaserne frei wird.

Noch ein weiteres Mal hat die Familie Körner Grund zum Jubeln: Am 9. April 1900 – der inzwischen siebenundzwanzig-jährige Theodor gehört bereits als sogenannter »Zugeteilter« dem Generalstab der k.u.k Armee an – wird sein Vater mit dem Prädikat »Edler von Siegringen« in den Adelsstand erhoben – eine kaiserliche Auszeichnung, die selbstverständlich auch auf die nächste Generation übergeht, obwohl es manchem heutigen Betrachter schwerfallen mag, sich vorzustellen, daß der spätere SPÖ-Abgeordnete, SPÖ-Bundesrat, Schutzbundberater und »rote« Bürgermeister von Wien Theodor Kleofas Gustav Körner eine Zeitlang tatsächlich den Titel »Edler von Siegringen« führt. Sein »Damaskus«, nämlich die Wandlung zum glühenden Repu-blikaner, der für seine Gesinnung sowohl in der Ständestaat- wie in der NS-Ära mit Gefängnishaft büßt, erlebt Körner 1918, als er, zuletzt k.u.k. Oberst und Generalstabschef der Isonzo-Armee, vor den Trümmern des Kaiserreiches steht und für sein darnie-derliegendes Volk und Vaterland um einen Neuanfang ringt.

Ist es diese Abkehr vom Althergebrachten, daß aus Körners vom Historischen Archiv der Stadt Wien gehütetem Nachlaß der Taufschein des nunmehrigen Agnostikers verschwunden ist? Mit großer Wahrscheinlichkeit ist anzunehmen, daß ihn seine Eltern, damals im Frühjahr 1873 in Új-Szöny, haben taufen lassen. Doch in keiner der dafür in Betracht kommenden Kirchen vor Ort fin-det sich dafür ein Nachweis. Auch Körners Biographen schwei-gen zu diesem Thema. Nur soviel läßt sich sagen: Der erklärte Freidenker ist zu keiner Zeit seines Lebens ein militanter Kirchenfeind. Im Gegensatz zu seinem Vorgänger Karl Renner ist in Theodor Körners (pompöses) Begräbnis im Jänner 1957 auch die katholische Kirche eingebunden. Das Verhältnis des zweiten Bundespräsidenten der Zweiten Republik zum vorherrschenden religiösen Bekenntnis seines Staatsvolkes ist zwar distanziert, doch korrekt, ja sogar von einer Art gütigem Humor geprägt: »Herr Kardinal«, sagt er zu Theodor Innitzer, dem amtierenden Erzbischof von Wien, bei einem der zahlreichen Zusammentreffen der beiden (in Anspielung auf ihre Dienstkleidung), *» Sie sind außen rot und innen schwarz, ich bin außen schwarz und innen rot.«*

Vertreibung und Aussöhnung

Da die Familie Schwarz am 5. Juli 1945 Hals über Kopf ihre Heimat verlassen muß und nur das, was man am Leibe trägt bzw. sich im Handgepäck verstauen läßt, mitnehmen darf, erübrigt sich die Frage nach einem Kinderbild, mit dem ich meinen Bericht über die slowakischen Jahre des heutigen Linzer Diözesansbischof gern illustrieren würde: Ein solches Bild existiert nicht. Ludwig, der Erstgeborene des Landwirts Jakob Schwarz, ist zu dieser Zeit fünf Jahre alt, vor einem Monat hat er Geburtstag gefeiert. Überhaupt wird in jenen dramatischen Tagen des gerade erst beendeten Weltkrieges kaum photographiert, und sollte der Knirps tatsächlich von seinen Eltern im Bild festgehalten worden sein, befindet sich dieses unter jenem Hab und Gut, das man bei der Vertreibung aus der Heimat auf seinem Besitz zurücklassen muß.

Schauplatz des Geschehens ist das vierzehn Kilometer östlich von Preßburg gelegene Bruck an der Donau, wo Vater Jakob Schwarz und Mutter Theresia eine Landwirtschaft betreiben. Bruck, das heutige Most pri Bratislave, ist ein Dorf von 1800 Einwohnern und liegt am Südufer der sogenannten Kleinen Donau, fünfzehn Kilometer vom Hauptstrom entfernt. Es ist, abgesehen von einigen wenigen Ungarn und Kroaten, die durch Heirat zugezogen sind, rein deutsch besiedelt – und das seit Menschengedenken. Auf neunhundert Jahre blickt die Ortschaft Bruck zurück; nur die Türkeneinfälle haben den Bevölkerungsstand zwischenzeitlich dezimiert.

Die Schwarz-Sippe ist seit vielen Generationen in Bruck ansässig; Mutter Theresia, eine geborene Krigovsky und Sproß einer Zimmererfamilie, stammt aus dem habsburgischen Kronland Galizien. Ludwig ist das erste der insgesamt neun Kinder, die aus der Ehe von Jakob und Theresia Schwarz hervorgehen. Am 4. Juni 1940 kommt er in einem Preßburger Krankenhaus zur Welt. Während andere Neugeborene der Einfachheit halber in der Spitalskapelle getauft werden, wird Ludwig das Sakrament in der Preßburger Dreifaltigkeitskirche gespendet.

Auf dem elterlichen Besitz in Bruck wächst Ludwig auf: Kindergärten kennt man zu dieser Zeit noch kaum, überhaupt im ländlichen Raum. Die Schwarz sind fromme Katholiken: Vier Mal am Tag findet man sich zu gemeinsamem Gebet zusammen – nach dem Aufstehen, beim Mittagsmahl, beim Abendläuten und vor dem Schlafengehen. Auch am kirchlichen Alltag nimmt die Familie lebhaften Anteil; zu Mutter Theresias Pflichten zählt das regelmäßige Läuten der Kirchenglocke, die nicht nur zu den Gottesdiensten ruft, sondern auch bei allen Begräbnissen erklingt.

Wie in den anderen Häusern des Dorfes ist Deutsch die Umgangssprache; Ungarisch und Slowakisch lernt man nur, um sich mit den Landarbeitern und Mägden verständigen zu können, die ihrerseits die Gelegenheit nutzen, sich in den deutschen Gemeinden ein paar Brocken der Sprache ihrer Dienstgeber anzueignen. Der zu dieser Zeit in Bruck amtierende ungarische Pfarrer löst das Sprachproblem auf seine Weise, indem er der in seiner Muttersprache gehaltenen Predigt eine Kurzfassung auf deutsch folgen läßt.

Dies alles erfahre ich aus dem Mund des am 6. Juli 2005 von Papst Benedikt XVI. ernannten und zehn Wochen darauf in sein Amt eingeführten Diözesanbischofs von Linz, Ludwig Schwarz, der sich auf mein Ersuchen freundlich bereit erklärt, mich über den slowakischen Abschnitt seiner Biographie zu unterrichten.

Es ist ein Zeitraum von nur fünf Jahren – und doch ein Erinnerungspotential, das im Charakterbild des späteren Linzer Oberhirten so manche wesentlichen, vielleicht sogar prägenden Spuren hinterläßt: Zeitgeschichte pur.

Zeitgeschichte – das heißt in diesem Fall leider Kriegs- und Nachkriegsgeschichte. Ein dunkles Kapitel im Leben eines Men schen, der gerade erst begonnen hat, sich in der Welt zurechtzufinden – ein Jahr vor seinem Schuleintritt.

Auch das kleine Bruck an der Donau bleibt ab 1944 nicht von den Kriegsereignissen verschont: Die Ostfront rückt näher, die Deutsche Wehrmacht holt bei der Preßburger Regierung die Ermächtigung ein, für ihre Truppenverlegungen auch slowakisches Territorium nutzen zu dürfen. Die Soldaten, die auf ihrem Rückmarsch in Bruck Station machen, müssen also im Dorf einquartiert werden; sogar von weiteren Rekrutierungen hört man. Einer von Ludwigs Onkeln wird von SS-Männern gezwungen, sich den deutschen Truppen anzuschließen – einen Monat darauf wird er von der Roten Armee gefangengenommen. Ein zweiter Onkel, der sich gegen seine Einberufung wehrt, wird von den Deutschen erschossen.

In Preßburg fallen die ersten Bomben: Bis nach Bruck sieht man die Rauchschwaden der in Flammen aufgehenden Ölraffinerie. Die Bauern der Gegend machen sich daran, mittels selbstgebauter Bunker Schutzvorrichtungen anzulegen: Auch auf einem der Felder des Landwirts Schwarz wird in aller Eile ein Erdloch ausgehoben, eine Traverse bildet das Schutzdach.

Von Bombenabwürfen bleibt Bruck zwar verschont, dafür droht eine andere Gefahr: bewaffnete Partisanen, die des Nachts ins Dorf einfallen und die Höfe plündern. Wer sich ihnen entgegenstellt, wird mit dem schußbereiten Gewehr in Schach gehalten. Als nächste kommen die Russen: Zwölf Mann werden allein der Familie Schwarz zur Beherbergung und Verköstigung »zugeteilt«. Mutter Theresia muß für sie kochen. Nur der ihnen nachgesagte Vandalismus bleibt Bruck erspart: Die Burschen sind von ihren Kriegseinsätzen ausgelaugt, wollen nur ihre Ruhe haben.

Das Schlimmste kommt erst mit der Ausrufung des neuen Staates Tschechoslowakei, der auf der Grundlage der menschenverachtenden Beneš-Dekrete die lückenlose Ausweisung der deutschsprachigen Bevölkerung verfügt. Da es keine Lautsprecher gibt (beziehungsweise keinen Strom für Lautsprecher), obliegt es dem Gemeindetrommler, die entsprechenden Anweisungen bekanntzugeben. Innerhalb von drei Stunden – so verkündet er am 3. Juli 1945 – haben alle 1800 Dorfbewohner ihre Anwesen zu räumen, sämtliche Habe zurückzulassen und sich auf dem Hauptplatz einzufinden, von wo – zu Fuß und unter strenger Aufsicht – der Abmarsch in das für sie vorgesehene Sammellager erfolgt.

Hier, in der ehemaligen Patronenfabrik nördlich von Preßburg, werden sie für die Dauer von fünf Wochen zusammengepfercht – es sind fünf Wochen ohne eigenes Bett, ohne hygienische Mindeststandards, ohne ärztliche Versorgung. Man schläft auf dem blanken Boden oder – da zum Glück Sommer ist – auf einer der Wiesen ringsum; die tägliche Kost besteht aus einem Schöpfer Suppe und einer Schnitte Brot; und da es keinerlei Medikamente gegen die ausbrechenden Lagerseuchen Typhus und Ruhr gibt, häufen sich unter den Insassen die Todesfälle. Erst das Eingreifen des Internationalen Roten Kreuzes schafft Besserung: Das Lager wird aufgelöst, der Vertriebenentreck über eine Pontonbrücke in die Donauauen abgeschoben – Richtung österreichische Grenze.

Die Familie Schwarz landet in dem niederösterreichischen Grenzort Berg. Wirklich willkommen sind die Vertriebenen allerdings auch hier nicht: Man sähe es lieber, wenn sie nach Deutschland weiterzögen. Doch dazu fehlt es an den nötigen Zügen: Der Eisenbahnverkehr ist zusammengebrochen. Immerhin findet man in Berg provisorischen Unterschlupf: Seitdem die sowjetischen Besatzungstruppen den Ort geplündert und den Bauern ihre Kühe weggenommen haben, stehen die Stallungen leer und können als Notquartier genützt werden. Erst im November kommt die Rettung: Es spricht sich herum, daß in Wien Arbeitskräfte gebraucht werden, die bei Schutträumung und Wiederaufbau mithelfen sollen.

Das ist der Neuanfang in der künftigen Wahlheimat des vertriebenen Landwirtes Jakob Schwarz: Endlich kann er nun wieder seine Familie ernähren – als Hilfsarbeiter am Bau. Eine der ehemaligen Siemens-Zwangsarbeiterbaracken im Unterbezirk Erdberg ist ihre erste Wiener Bleibe. Und hier, im Notquartier in der Schlachthausgasse, bringt Mutter Theresia Schwarz noch ein weiteres Kind zur Welt. Die kleine Maria stirbt allerdings nach drei Monaten. Es ist nicht der einzige Todesfall, der die Familie heimsucht: Auch Tochter Theresia wird nur zweieinhalb Jahre alt – dahingerafft von der Ruhr, mit der sie sich im Preßburger Sammellager angesteckt hat.

Im Leben des Erstgeborenen, des mittlerweile sechsjährigen Ludwig, tritt endlich so etwas wie Normalität ein: Er besucht ab 1946 in Wien die Volksschule, wechselt ans Gymnasium in der Fichtnergasse und maturiert 1959 im Aufbaugymnasium der Salesianer Don Bosco im niederösterreichischen Unterwaltersdorf. Und hier, im dreißig Kilometer südlich von Wien gelegenen Unterwaltersdorf, werden auch die Weichen für seinen weiteren Lebensweg gestellt: Ludwig Schwarz tritt in den 1858 von dem Turiner Jugenderzieher Don Giovanni Bosco gegründeten Salesianerorden ein (der in Österreich über vierzehn Niederlassungen verfügt).

Nach dem Philosophie- und Theologiestudium in Klagenfurt und Benediktbeuern wird er mit vierundzwanzig Jahren zum Priester geweiht; nach Einsätzen als Hilfskaplan und Kranken-

Der Linzer Diözesanbischof Ludwig Schwarz als Schulbub (rechts im Bild, zusammen mit Freunden auf einer Bergtour in der neuen Heimat Österreich)

hausseelsorger setzt er in Wien sein Universitätsstudium fort und wird zum Dr. phil. promoviert. Im niederösterreichischen Horn wirkt Ludwig Schwarz als Rektor eines Priesterseminars für Spätberufene, in Wien als Provinzial seiner Kongregation, in Rom als Lehrer an der Salesianer-Universität. In die österreichische Hauptstadt zurückkehrend, wendet er sich dem päpstlichen Missionswerk zu, wird 2001 von Papst Johannes Paul II. zum Wiener Weihbischof und vier Jahre darauf von dessen Nachfolger, Benedikt XVI., zum Bischof von Linz ernannt. »Servite Domino In Laetitia« lautet sein Wahlspruch: Dienet dem Herrn in Freude.

Aufschlußreich auch das nach seinen Anweisungen gestaltete Bischofswappen: Das goldene Kleeblattkreuz auf blauem Grund weist auf das seiner Führung anvertraute Bistum hin; die Beschützergestalt mit den stilisierten Kinderfiguren, das Logo der Salesianer Don Boscos, erinnert an seine geistliche Herkunft; die zwei silbernen Pfähle auf rotem Grund stehen für Diözese und Bundesland; aus dem weißen L auf schwarzem Grund lassen sich sowohl die Namen Ludwig und Schwarz wie der Ortsname Linz herauslesen; und die Wappenumrahmung mit dem grünen Bischofshut und den zwölf Quasten gemahnen an die zwölf Apostel, als deren Nachfolger die Bischöfe angesehen werden.

Eine Stunde ist für die Audienz vorgesehen, die mir Bischof Schwarz in seinen schönen Amtsräumen, einen Steinwurf vom Linzer Dom entfernt, gewährt. Ich muß mich also beeilen, zum Ausklang unseres Gesprächs noch einmal auf das Einstiegsthema und dessen eigentlichen Anlaß zurückzukommen: auf sein Verhältnis zur Geburtsheimat Slowakei. Ich spüre, daß es Bischof Schwarz – überhaupt nach der ungeschönten Schilderung seiner von Krieg und Nachkrieg bestimmten Kindheitserlebnisse – Genugtuung, ja Freude bedeutet, auf jene vollkommene Harmonie verweisen zu können, die ihn heute – als Bischof von Linz – mit der verlorenen Heimat, mit dem Land seiner Altvorderen verbindet.

Schon zu Zeiten der KP-Herrschaft, da es Priestern unmöglich gemacht war, den Eisernen Vorhang zu überwinden, tritt er wieder und wieder – natürlich streng geheim und mit falschem Paß – Kurzreisen zu seinen unterdrückten Glaubensbrüdern jenseits der Staatsgrenze an, um das nicht immer einfache Werk der Aussöhnung zwischen den einstigen Feinden voranzutreiben. Daß dies heute so einfach geworden ist, so selbstverständlich und frei von allen Ressentiments, beglückt den Gast aus Österreich. Bischof Schwarz strahlt übers ganze Gesicht, wenn er von den Gottesdiensten berichten kann, zu denen er von slowakischer Seite und auf deren Boden eingeladen wird. Gemeinsam feiern sie das Meßopfer: Vertriebene und Neubürger, Ortsansässige und Wallfahrer. Ihre Sprache ist ein buntes Gemisch aus Slowakisch und Deutsch, und sollte es trotz allem zu Verständigungsschwierigkeiten kommen, bleibt ihnen immer noch das gemeinsame Idiom ihres Glaubens – das gute alte Kirchenlatein.

Trauung im Exil

Es ist keine gute Zeit, die sich Constanze Mozart und der Königlich dänische Etat-Rat Georg Nikolaus von Nissen für ihre Heirat ausgesucht haben. Am 9. April 1809, elf Wochen vor dem Trauungstermin, hat Österreich Frankreich den Krieg erklärt. Wien bereitet sich auf die Verteidigung der Stadt gegen die vorrückenden feindlichen Heerscharen vor. Am 11. Mai fallen die ersten Bomben, Napoleon hält in Schönbrunn Einzug. Die kaiserlichen Truppen haben die Stadt aufgegeben. Daß sie zuvor die Donaubrücken in Brand gesteckt haben, hat das weitere Vordringen des Feindes nicht stoppen können.

In der Schlacht von Aspern gelingt es den Österreichern zwar, sich ein wenig Luft zu verschaffen, jedoch nicht auf Dauer: Anfang Juli erfolgt bei Wagram der Gegenschlag.

Die Situation in Wien ist katastrophal: Der Kapitulation gehen Massenflucht und Lebensmittelnot voraus. Brennmaterial ist nur gegen sogenannte Holzanweisungsscheine erhältlich; die Backhäuser werden von der hungerleidenden Bevölkerung gestürmt, Müller und Fleischhauer wagen es nur mehr, unter dem Schutz bewaffneter Wachen ihre Läden zu öffnen.

Wer es sich leisten kann, flieht aus der besetzten Stadt. Der Hof zieht sich nach Preßburg zurück, Adel und Diplomatie folgen. Auch die siebenundvierzigjährige Mozart-Witwe und ihr ein Jahr älterer Lebensgefährte Nissen schließen sich dem Flüchtlingsstrom in die Nachbarstadt an. Die Schmach, daß der Trauerkondukt des am 31. Mai verstorbenen Joseph Haydn von der Generalität der französischen Besatzungsmacht angeführt wird, bleibt

der Witwe des nun schon achtzehn Jahre unter der Erde ruhen-
den Kollegen Mozart ebenso erspart wie das widerliche Spekta-
kel der erstmaligen Hinrichtung einer Frau: Es ist der Galgentod
der wegen Gattenmordes verurteilten Theresia Kandl, den die
schaulustige Menge auf dem Richtplatz am Wienerberg zum
Volksfest macht.

Am 26. Juni 1809 treten die beiden Endvierziger Constanze
Mozart und Georg Nikolaus von Nissen in der Hauptkirche ihres
Ausweichquartiers Preßburg vor den Traualtar. Es ist eine
schlichte Feier, die da im fast menschenleeren Martinsdom abläuft: Ein Musiklehrer und ein Hauptmann, beide Wien-Flüch-
tige wie das Brautpaar, fungieren als Trauzeugen; nicht einmal
die beiden Mozart-Söhne wohnen der Zeremonie bei.

Nichts von dem ungeheuren Prunk, den die ehrwürdige Kathe-
drale zu normalen Zeiten aufzubieten hat: Sie ist über beinahe
drei Jahrhunderte die Krönungskirche der aus dem Hause Habsburg hervorgegangenen Könige von Ungarn. Die auf dem fünf-
undachtzig Meter hohen Turm von St. Martin ruhende, dreihundert Kilo schwere, rundum vergoldete und auf ein steinernes
Kissen von fünf mal zweieinhalb Meter Umfang gebettete Nachbildung der Stephanskrone erinnert daran, daß es zehn Monarchen und acht königliche Gemahlinnen sind, die an diesem er-
habenen Ort gekrönt worden sind. Die Tafel an der linken Seite
des Hauptaltars verzeichnet ihre Namen.

Den Altar selbst hat einer der Größten seiner Zunft, der Wiener
Bildhauer Raphael Donner, geschaffen: Elf Jahre lang steht er in
den Diensten des Primas von Ungarn, Erzbischofs Emmerich
von Eszterházy, in Preßburg hat er seine Werkstatt. Die Hauptfigur, das Reiterstandbild des in ungarische Tracht gehüllten Heiligen Martin, steht noch heute, 274 Jahre nach ihrer Enthüllung,
in einem der Seitenschiffe des ursprünglich gotischen, später
barockisierten und schließlich regotisierten Gotteshauses, das
auch als Aufführungsort bedeutender Musikwerke Berühmtheit

26. Juni 1809,
Witwe Constanze
Mozart und Legations-
sekretär Georg Niko-
laus von Nissen treten
im Preßburger Dom
vor den Traualtar
(hier ein Blick ins
Kircheninnere)

erlangt (man denke nur an die vom Meister persönlich dirigierte
Krönungsmesse von Franz Liszt).
Zehn Monate vor Constanze Mozarts und Georg Nikolaus Nis-
sens Trauung, nämlich am 7. September 1808, hat im Dom zu
St. Martin eine der letzten Krönungen stattgefunden – es betrifft
Maria Theresias Enkelin Maria Ludovika, die dritte Frau von
Kaiser Franz I. Auch Maria Theresia selber ist an diesem Ort zur
Königin von Ungarn gekrönt worden; der Preßburger Historiker
Štefan Holčik schreibt über jenen 25. Juni 1741: *»Die künftige*
Königin kam mit ihrem Gemahl und einem kleinen Gefolge von
Wien her in Preßburg an. Man war bereits am 19. Juni in Wien
aufgebrochen, hatte im Schloß Petronell übernachtet und wurde
an der Landesgrenze zwischen Hainburg und Kittsee von den un-
garischen Ständen willkommen geheißen. Unter Trommel- und

Flötenklängen begab sich der festliche Zug in die Stadt. Zur Begrüßung feuerte die Burgbesatzung aus allen Kanonen Salven ab. Die Königin fuhr in einer prunkvollen Kutsche, zu ihrer Rechten ritt ihr Gemahl auf einem edlen Pferd. Eine eigens eingerichtete Pontonbrücke führte über die Donau. Von den Stadttürmen erklangen Fanfaren und Glockengeläut zur Begrüßung der hohen Gäste. Der Erzbischof von Gran stimmte unter freiem Himmel das Te Deum an.«

Über den eigentlichen Krönungsakt lesen wir: *»Die Königin nahm Platz auf dem Thron, der sich inmitten des Chorraumes auf einem erhöhten Podium vor dem großzügig gestalteten Hochaltar befand. Im Verlauf der Messe wurde Maria Theresia der Sankt-Stephans-Mantel umgelegt; ebenso umgürtete man ihr das Schwert. Fürsterzbischof Emmerich Esterházy gab ihr das Szepter in die rechte Hand und den Reichsapfel in die linke. Gemeinsam mit dem Palatin Pálffy setzte er ihr die Krone aufs Haupt.«*

Auch die Bevölkerung von Preßburg soll an dem Freudenfest vom 25. Juni 1741 teilhaben; Štefan Holčik berichtet: *»In den Vorstädten briet man Ochsen für das dort versammelte Volk, und aus eigens präparierten Prunkfontänen flossen Rotwein und Weißwein.«*

Still und von den Preßburgern unbemerkt geht jene andere Zeremonie vonstatten, die fast auf den Tag genau achtundsechzig Jahre später im Dom zu St. Martin abläuft: Constanze Mozarts und Georg Nikolaus von Nissens Eheschließung in den Morgenstunden des 26. Juni 1809. Bleibt nur die Frage: Wie haben die Brautleute, die beide schon auf den Fünfziger zugehen, überhaupt zueinander gefunden?
Blenden wir kurz zurück. In einem Alter, wo manche andere erst in den Brautstand tritt, wird Constanze Mozart Witwe. Als ihr

18 Jahre läßt Constanze Mozart verstreichen, ehe sie eine zweite Ehe eingeht. In Wien geht's seit Napoleons Einzug in Schönbrunn drunter und drüber, also weicht man für die Zeremonie ins ruhigere Preßburg aus

Mann am 5. Dezember 1791 stirbt, ist Constanze neunundzwanzig, in genau einem Monat wäre ihr dreißigster Geburtstag zu feiern. Doch nach Feiern ist der sechsfachen Mutter, von deren Kindern allerdings nur die Söhne Carl und Franz Xaver Wolfgang am Leben geblieben sind, nicht zumute: Hat sie sich nicht aus Verzweiflung über den Verlust des geliebten Mannes gar in dessen Bett gelegt, um angesteckt zu werden und ihm in den Tod zu folgen?

Nun also diese erschreckende Leere in der auf einmal viel zu großen Wohnung: Die Beletage im Kleinen Kayser-Haus, Stadt Nr. 970 (heutige Adresse: Wien I., Rauhensteingasse 8), umfaßt sechs Zimmer, zwei Küchen, Dachboden, Keller und Holzgewölb. Dazu kommt die akute Geldnot der Mozarts: Seit acht Jah-

ren auf Pump lebend, hat Wolferl seiner Familie – der ältere der
beiden Buben ist knapp sieben Jahre, der jüngere gar erst vier-
einhalb Monate alt – einen wahren Schuldenberg hinterlassen.
Einer der Gläubiger verübt einen Selbstmordversuch.

Um sich und die beiden unmündigen Kinder durchzubringen,
muß sie also zu der vom Kaiser gewährten Gnadenpension dazu
verdienen. Sie versucht es mit Konzerten – zuerst in Wien, dann
auch in Leipzig, Dresden und Prag. Und am 28. Februar 1796 –
da ruht Mozart bereits über vier Jahre unter der Erde – steht
Constanze sogar als Sängerin auf der Bühne: Im Königlichen
Opern-Theater zu Berlin übernimmt die inzwischen Vierund-
dreißigjährige eine der Partien in »La Clemenza di Tito«.
Aber sowohl die Erträge aus den Konzerten wie die aus dem ge-
legentlichen Verkauf von Partituren aus dem Mozart-Nachlaß
sind nur ein Tropfen auf den heißen Stein: Constanze Mozart
muß sich um regelmäßige Einnahmen umsehen. Wie wär's, wenn
sie einen Teil ihrer Wohnung an zahlungskräftige Zimmerherren
vermietet?
Constanze ist umgezogen – zuerst in ein bescheideneres Quartier im Judengäßchen, nun in die geräumige Wohnung im ober-
sten Stockwerk des Michaelerhauses. Hier kann sie endlich auch
wieder Gäste empfangen, musikalische Soireen arrangieren.
Einer ihrer Stammgäste im Michaelerhaus ist der Diplomat
Georg August von Griesinger. Selbst Legationssekretär an der
sächsischen Gesandtschaft in Wien, ist er mit einem Kollegen
von der dänischen Vertretung befreundet, der seit 1793 in Wien
amtiert. Georg Nikolaus von Nissen mit Namen, aus Haders-
leben in Nordschleswig stammend und Sproß einer französischen
Mutter, wird von Georg August von Griesinger anläßlich einer
der Soireen der Saison 1797/98 bei Constanze Mozart eingeführt. Legationssekretär Nissen ist unter allen Gästen des
Abends der mit Abstand dankbarste: Selber hochmusikalisch,

schon als Kind am Klavier ausgebildet, nun aber die Flöte bevorzugend, kennt er viele der Mozart-Kompositionen, hat etliche der Opern gehört, liebt vor allem die »Zauberflöte« und ist selig, in Gestalt der Mozart-Witwe seinem Idol nahe zu sein.

Auch Constanze zeigt sich von dem um ein Jahr Älteren, seinem Enthusiasmus und seiner weichen Stimme mit dem angenehmen dänischen Akzent angetan, und als man nach erster Konversation über Fachliches, etwa übers Sonatenspiel, auch auf Persönliches zu sprechen kommt und sich herausstellt, daß der ebenso artige wie hochgebildete Fremde auf Wohnungssuche ist, bietet ihm Constanze ein Untermietzimmer in ihrer geräumigen Bleibe am Michaelerplatz an.

Kurz darauf bezieht Nissen sein neues Logis hinter der Hofburg, Tür an Tür mit Constanze Mozart, und da deren Kinder, die inzwischen dreizehn bzw. sechs Jahre alten Buben, ohne Vater sind, springt der hilfsbereit-fürsorgliche Untermieter von Stund an überall ein, wo männlicher Rat gefragt ist. Er lehrt sie lateinische Grammatik und französische Aussprache, plagt sich mit ihnen in Algebra und geometrischen Beweisen, und wenn die Musikstunde ansteht, schiebt er »Wowi«, dem Knirps, drei Sitzkissen unter, damit die kleinen Hände zu den Klaviertasten hinaufreichen.

Die Gefühle, die Georg Nikolaus von Nissen vom Tag des Kennenlernens an für die Mutter der beiden Halbwaisen empfindet, muß er zunächst noch für sich behalten: Nur zu deutlich spürt er, daß er für die ersehnte Annäherung eine Menge Geduld wird aufbringen müssen. Immerhin ist auf dem Umweg über die Kinder mancherlei Andeutung möglich – etwa, wenn er den offensichtlich dem Vater nachgeratenden, hochmusikalischen »Wowi« dazu anhält, zu Mutters Namenstag ein kleines Rondo zu komponieren, sein Opus Nummer eins fein säuberlich abzuschreiben und der freudig überraschten Jubilarin auf den Gabentisch zu legen.

Nissen ist ein ernster, grundsolider Mann. Und er sieht passabel aus – trotz der leicht fliehenden hohen Stirn und des schon frühzeitig schütteren fahlblonden Haupthaares. Aber auch Constanze ist bei allem Liebreiz keine Schönheit. Nissen ist größer von Wuchs als Mozart, sein eigentliches Kapital sind die blauen Augen, die zugleich Klugheit und Güte ausdrücken. An die Frau, die einmal sein Leben teilen soll, stellt der junge Diplomat so hohe charakterliche Ansprüche, daß die zwei Kandidatinnen, die seinen bisherigen Weg gekreuzt haben, sich verschreckt von ihm zurückgezogen haben.

Auch Constanze verhält sich ihrem Verehrer gegenüber spröde. Andererseits ist sie des Alleinseins müde: Es ist also zunächst ein Gefühl tiefer Dankbarkeit, das sie schließlich doch zu dem ein Jahr Älteren hinzieht. Zum vertrauten »Du« mag sie sich nur durchringen, weil auch die Kinder ihn duzen, ja mit der Zeit sogar von der Anrede »Onkel« zu der Anrede »Vater« übergehen.

Es ist also keine stürmische Leidenschaft, die sich da zwischen den beiden Enddreißigern anbahnt, und auch, als ihr Zusammenleben längst eheähnlichen Charakter hat, lassen sie beinahe zwölf Jahre verstreichen, bis sie vor den Traualtar treten. Das liegt allerdings nicht nur an Constanzes Zurückhaltung, sondern hat auch handfeste praktische Gründe: Als Diplomat im Dienst des Königs von Dänemark ist Georg Nikolaus von Nissen niedrig besoldet, und Constanze verlöre im Fall einer Eheschließung ihre Witwenpension. Obwohl es beiden jedesmal wie ein Stich durchs Herz geht, nehmen sie in Kauf, daß sie in den Pausen der Konzerte, die sie gemeinsam besuchen, von ihren Freunden als »Herr Nissen und Frau Mozart« herumgereicht werden.

Da alles noch so beharrliche Werben um die auch formelle Besiegelung ihres Bundes weiterhin an Constanzes Widerstand scheitert, greift Nissen zu einem Mittel, das ihm vor allem von seiner stolzen Mutter, als sie davon erfährt, eine strenge Rüge einträgt: Er schreibt der Frau, mit der er in einem und demselben Haushalt lebt, zärtliche Briefe. »Liebste Freundin« und »Liebe Mozartine« nennt er sie abwechselnd in den fein gedrechselten Episteln, die er ihr neben das Bett, auf die Kommode oder auch auf den Küchentisch legt. Und da die Adressatin die amourösen *Billets doux* ihrem Verehrer wortlos zurückgibt, nimmt deren Ton nach und nach an Schärfe zu: »*Hasse mich, aber liebe mich nicht halb!*« steht in einem der Briefe. Und er endet mit den Worten »*Dein dich verzweifelt suchender N.*«

Wenn es also schon mit dem Gang zum Traualtar so übermäßig lange dauert, bemüht sich Nissen mit um so größerem Eifer, sich seiner störrischen Geliebten in den Dingen des Alltags unentbehrlich zu machen. Er bringt ihr bei, Briefe zu schreiben, vor allem Geschäftsbriefe, die ihr, der Hüterin des Mozart-Nachlasses, den Umgang mit den ausbeuterischen Verlagen erleichtern sollen; er lehrt sie mit dem vorhandenen Geld hauszuhalten; er weitet, wofür sie bislang nicht das geringste Interesse aufgebracht hat, sogar ihren Blick fürs Politische; er hält sie dazu an, in die Papierstöße, die überall in der Wohnung herumliegen und unter denen sich so manche Kostbarkeit von Mozarts Hand befindet, Ordnung zu bringen; er sorgt dafür, daß die Bittschreiben ehrgeiziger junger Musiker, die der Witwe ihres Idols ihre Erstlingswerke vorlegen und sich von ihr Zuspruch erhoffen, nicht unerledigt bleiben; ja er schafft es sogar, aus der Frau, die es mit der Verantwortung fürs Fortkommen der mittlerweile heranwachsenden Söhne nicht immer allzu ernst nimmt, eine gute Mutter zu machen.

Im Spätsommer 1808 unternimmt Georg Nikolaus von Nissen einen weiteren Anlauf, seine Gefährtin zur Legalisierung ihrer noch immer »unordentlichen« Beziehung zu drängen. Behutsam wie kein zweiter Mann nimmt er dabei Bedacht auf die komplizierten Gefühle der Geliebten, schreibt ihr in einem der Briefe, die er ihr diskret auf die Kommode legt: »*Du sollst Frau Mozart bleiben in meinem Herzen und, wenn du willst, vor dir selbst; du brauchst auch meinen Namen nicht zu tragen, aber vor dem Gesetz und vor der Kirche sollte unser Zusammensein zu Recht bestehen. Wenn es dich also nicht gar zu sehr molestiert, deinen Eigensinn zu überwinden, heirate mich, und es wird sich nichts ändern zwischen dir und mir und den Kindern.*«

Vier Monate später – das Jahr, das ihm ein weiteres Mal die Erfüllung seines Herzenswunsches versagt hat, geht bereits zur Neige – wird Nissen noch deutlicher: »*Geliebte Mozartine, nun naht sich die Adventzeit, und das Kind wird, eh' es in die Krippe kommt, in unseren Herzen geboren. Erwartung weckt die alten Lieder auf, und die Öchslein und Eselein suchen Wärme im Stall. Ich habe einen Ring gekauft und ihn dir in die obere Schublade deines Schreibtisches gelegt. Nun brauche ich dich nicht mehr zu fragen, ob du heiraten willst. Wenn der Tag gekommen ist, streif ihn über den Finger und sei gewiß, das Zeichen wird ein glückbringendes sein. Es scheint mir undenkbar, daß wir uns je wieder trennen, dazu haben wir beide den Mozart zu lieb.*«

251

Der slowakische Großvater

In den Prager Antiquariaten, die schon zu Zeiten des Kalten Krieges von zahlungskräftigen Sammlern aus dem Westen geplündert wurden, wird allmählich die Ware knapp. Besser sieht es in Preßburg aus: Hier kann einem noch der eine oder andere Fund gelingen, der Erinnerungen an das alte Österreich-Ungarn weckt.

Bei einem der Trödler in der Altstadt war es, wo mein Blick auf ein Dokument aus dem Jahr 1830 fiel, das vom »Magistrat der königlichen freien Krönungsstadt Preßburg« ausgestellt war und den seltsamen Titel »Wanderbuch« trug. Sollte es unter den Ausflüglern und Bergsteigern von anno dazumal Brauch gewesen sein, über die von ihnen absolvierten Touren Buch zu führen?

Das Deckblatt des zweiunddreißig Seiten starken, von einer geflochtenen rotweißen Seidenschnur zusammengehaltenen und auf der Rückseite mit einem Amtssiegel versehenen Büchleins klärte mich darüber auf, was es mit diesem auf den Namen »Johann Seszler, Schuhmachergeselle« ausgestellten Dokument für eine Bewandtnis hat: »*Gegenwärtiges Wanderbuch*«, so las ich in gestochen klarer Kurrentschrift, »*vertritt die Stelle eines Passes und gewöhnlicher Kundschaften.*«

Welche Art von Kundschaften? Mein Blick blieb an einem Wort hängen, zu dessen Deutung ich mein altes Konversationslexikon heranziehen mußte: Unter dem wappengeschmückten Siegel des Preßburger Magistrats wurde dem Inhaber des »Wanderbuches« die »Instradierung nach Wien« erteilt. Instradierung –

Stadtschreiber von Preßburg: Mary Vetseras Großvater Georg Bernhard
(hier seine Signatur samt Amtssiegel)

so lautete in alter Zeit die amtliche Bezeichnung für Einreise.
Was ich da in Händen hielt (und für einige wenige Kronen erwarb), war also nichts anderes als der Reisepaß eines auf
Wanderschaft befindlichen Handwerksburschen, der sich – wie
es das damalige Gesetz verlangte – an jedem seiner Aufenthalts-
orte an- und abzumelden hatte.

Doch das eigentlich Elektrisierende an meinem Fund war der
Namenszug des Beamten, der diese Bewilligung zur Weiterreise
in die Reichshaupt- und Residenzstadt erteilt und unterfertigt
hatte: Vetsera.
Vetsera – da denkt unsereins selbstverständlich an Mayerling –,
denkt an Kronprinz Rudolf und den Doppelselbstmord vom

30. Jänner 1889. Und vor allem an die unglückliche Baronesse Mary Vetsera, die im Alter von knapp achtzehn Jahren an der Seite ihres Geliebten, des österreichischen Thronfolgers, an jenem Wintermorgen im Jagdschloß der Wienerwaldgemeinde Mayerling durch Kopfschuß aus dem Leben schied.

Mein Verdacht, daß da vielleicht ein familiärer Zusammenhang bestehen könnte, sollte sich sehr bald bestätigen: Dieser Vetsera – Georg Bernhard mit Vornamen und seines Zeichens Stadtschreiber von Preßburg – war niemand anderer als Mary Vetseras Großvater. Sollte ich also meine Entdeckung weiter vertiefen und darüber gar eine Geschichte schreiben wollen, wüßte ich jedenfalls, welchen Titel ich ihr (in Anlehnung an mein 2005 erschienenes Buch »Die böhmische Großmutter«) zu geben hätte: »Der slowakische Großvater«.

Das zweite Dokument, das mich in meiner Absicht bestärkte, das Thema Vetsera aufzugreifen, stammte aus späterer Zeit – genauer: aus dem Jahr 1885, als Mary Vetsera vierzehn geworden (und Großvater Bernhard bereits seit fünfzehn Jahren tot) war. Es war eine in einer der Vetsera-Biographien wiedergegebene Photokollektion, die seinerzeit im Auftrag von Marys Mutter angefertigt worden ist: Baronin Helene Vetsera geb. Baltazzi veranstaltete in ihrem Palais in der Wiener Salesianergasse ein Kostümfest, zu dem nicht nur die Freunde der Familie, sondern auch etliche Spitzen der Gesellschaft, darunter keine Geringere als die Fürstin Metternich, geladen waren. Das »Wiener Salonblatt«, das anderntags über das illustre Ereignis berichtete, hob vor allem die »superben Costüme« hervor, die bei diesem Anlaß zu bestaunen waren. Besonderes Augenmerk galt dabei dem Outfit der drei Vetsera-Sprößlinge, die an jenem festlichen Abend in die feine Gesellschaft eingeführt werden sollten: Hanna, die ältere Tochter, trat in Linzer Tracht auf, Sohn Franz als Spanier und Mary – wir ahnen es bereits – als Slowakin.

*Mary Vetsera in
slowakischer Volks-
tracht*

Das Bild, das sich davon erhalten hat, zeigt die frühreife Vierzehnjährige, malerisch an einen Birkenholzzaun gelehnt, in
einem prächtigen Ensemble aus buntbestickter, weitärmeliger
Bluse, Faltenrock und feinseidener Schürze, um den Hals das
obligate Kropfband gelegt, das volle Haar kunstvoll zum Chignon
aufgesteckt und mit einem Diadem geschmückt.
Sollte in ihrer slowakischen Kostümierung vielleicht gar zum
Ausdruck gebracht werden, daß Mary Vetsera väterlicherseits aus
dem östlichen Nachbarland stammte? Nicht nur Großvater
Bernhard (der vorerwähnte Stadtschreiber und spätere Stadt-
hauptmann), sondern auch Vater Albin sind in Preßburg aufgewachsen – und das unter einem Namen, der zweifelsfrei slawi-

schen Ursprungs ist: Vetsera (oder genauer: Večera) bedeutet
Abendstunde, Abendessen. Die Ahnenreihe der Preßburger Vet-
sera-Sippe läßt sich über einen Zeitraum von achtzig Jahren
zurückverfolgen.

Sie beginnt mit Urgroßvater Josef, der es vom einfachen Schu-
stergesellen zum Hausbesitzer bringt, gefolgt von Großvater
Bernhard, der – wie wir gehört haben – im öffentlichen Dienst
Karriere macht, und schließlich Vater Albin, der als Siebenjähri-
ger an der Seite seiner Eltern Preßburg in Richtung Wien verläßt, dort die k. k. Orient-Akademie absolviert, in den diplomatischen Dienst eintritt und 1864 als Legationssekretär in
Konstantinopel die sechzehnjährige Helene Baltazzi heiratet,
Sproß einer wohlhabenden Sippe von Geschäftsleuten, Reedern
und Bankiers, in deren Adern nicht nur italienisches und grie-
chisches, sondern auch englisches Blut fließt.

Aus der Ehe Albin Vetseras mit Helene Baltazzi gehen vier
Kinder hervor. Als Mary, das drittälteste, am 19. März 1871 zur
Welt kommt, lebt die Familie längst in Wien. Ihr herrschaftli-
cher Besitz am praterseitigen Ufer des Donaukanals, neben
einer Dampfmühle und einer Zuckerraffinerie gelegen, verfügt über eine imposante Einfahrt und einen weitläufigen Garten mit altem Baumbestand; die zuständige Pfarrkirche, in der
die Neugeborene am 19. März 1871 auf die Namen Marie
Alexandrine getauft wird, ist St. Nepomuk in der Praterstraße.
Vater Albin dient zu dieser Zeit seinem Vaterland Österreich-
Ungarn als Gesandter am hessischen Hof zu Darmstadt. Im
Jahr darauf zwingen ihn gesundheitliche Gründe, in den vor-
zeitigen Ruhestand zu treten und zu seiner Familie nach Wien
zurückzukehren.

Als Mary neun Jahre alt wird, übersiedeln die Vetseras in ein von
den Grafen Salm vermietetes Palais in der Salesianergasse, in
dem Mutter Helene, assistiert von Kammerzofe und Butler,
Köchin und Hausdiener, Hof hält. Für Betreuung und Erzie-

mandierten Handschreibens, er teile »das lebhafte Verlangen«
seiner jugendlichen Adorantin, und so kommt es binnen kurzem
zu jenem ersten streng geheimen Rendezvous in der Hofburg,
dem in den nächsten Wochen weitere folgen und an deren Ende
die Katastrophe von Mayerling stehen wird ...

In späteren Jahren wird viel darüber gerätselt werden, wie es
möglich gewesen sei, daß ein Backfisch von siebzehn Jahren zu
einer Zeit, da die österreichische Hofetikette zu den strengsten
in ganz Europa zählt und Emanzipation noch ein Fremdwort ist,
den Mut aufbringt, sich über alle gesellschaftlichen Konventio-
nen hinwegzusetzen und aus eigenem Antrieb eine Liaison an-
zustreben, die angesichts des hohen, ja höchsten Ranges des
Wunschpartners – Erzherzog Rudolf ist der präsumtive Erbe
eines Weltreiches und überdies ein verheirateter Mann – nur
fatal enden kann: mit Zurückweisung, Skandal oder Verzicht.
Oder gar – was zu diesem Zeitpunkt freilich keiner der Beteiligten voraussehen kann – mit dem gemeinsamen Tod.

Die abenteuerlichsten Überlegungen zu den möglichen Moti-
ven Mary Vetseras stellt 1931 der Genealoge Herbert Fuhst an,
der – in seiner heute als antiquarische Rarität geltenden Studie
über die Familiengeschichte derer von Vetsera und Baltazzi –
Marys *Abstammung* zur Erklärung ihres Verhaltens heranzieht.
Nach all dem Schindluder, das wenige Jahre später die Natio-
nalsozialisten mit der sogenannten Rassenfrage treiben werden,
kann der »politisch korrekte« Leser von heute nur erschauern,
wenn er sich auf Herbert Fuhsts Deutungsversuche einläßt. *»Es
kann nicht zweifelhaft sein«*, so schreibt der ominöse Gelehrte,
*»daß der Charakter Mary Vetseras sich zum großen Teile auf
Grund ihres ererbten Blutes so herausgebildet hat, daß er, mit
deutschem Maßstabe gemessen, schwer verständlich erscheint.«*
Und weiter: *»So wird es auf viele befremdend wirken, wie unbe-*

denklich, ja geradezu vergnügt sie ihr junges Leben weggewor-
fen hat, ohne sich auch nur im geringsten die für ihre Angehöri-
gen katastrophalen Folgen ihrer Handlungsweise klarzumachen.
Niemand wird glauben, daß ein Mädchen von rein deutscher
oder nordländischer Abstammung an ihrer Stelle ebenso gehan-
delt hätte.«

Ein deutsches Mädel tut das nicht – so lautet die Quintessenz
dessen, was sich Genealoge Fuhst da in seinen wilden Spekulationen zusammenreimt. »Fünf verschiedene Nationen«, so liest
er aus ihrer Ahnentafel heraus, hätten sich in Mary Vetseras Blut
vermischt, darunter die slawisch-slowakische, die italienische
und die griechische. Und nicht genug damit, seien in der Familiengeschichte der beiden Elternteile auch noch drei verschiedene »Glaubensbekenntnisse« zusammengeprallt: das römisch-
katholische, das griechisch-orientalische und das anglikanische.
Fuhsts Schlußfolgerung: »*Eine so starke Mischung von Nationen*
in einer Person gehört zu den größten Seltenheiten. Wenn sie
daher besondere Charaktere erzeugt, darf man an solche auch
nicht einen Durchschnittsmaßstab anlegen.«

Und welche besonderen Charaktereigenschaften wären dies?
Autor Herbert Fuhst nennt sie (in seinem umständlichen
Deutsch) beim Namen: »*das rücksichtslose Verfolgen eines Zie-*
les ohne das geringste Verantwortungsgefühl für die sich daraus
ergebenden Folgen sowie die leichte Auffassung vom Sterben in
Verbindung mit einer geradezu freudigen Schicksalsergeben-
heit.«
Das zielt eindeutig auf Marys Mutter Helene Baltazzi, deren
beide Eltern griechisch-orientalische Wurzeln gehabt hätten. Es
könne also nur »*das orientalische Blut gewesen sein, das sich hier*
mit einer Stärke zum Siege verholfen hat, die alle übrigen Ein-
flüsse, die etwa noch warnend zur Verständigkeit hätten mahnen
können, vollständig zunichte machte.«

Den Sockel des Denkmals schmückt ein Flachrelief mit zwei Szenen aus dem »Don Giovanni«; auf seiner Rückseite sieht man den sechsjährigen Mozart am Klavier, Vater Leopold streicht die Geige, Schwester Nannerl singt. Dazu noch eine kleine Lektion in Instrumentenkunde: Das metallene Stillleben zu Füßen des Meisters vereinigt Geige, Trompete, Klarinette und Papagenopfeife, dekorativ zusammengehalten von der Klaviatur eines Spinetts. Für den obligaten Violinschlüssel sorgen andere: Aus der dem Denkmal vorgelagerten Rasenfläche ist er von Gärtnerhand kunstvoll herausgeschnitten.

Bleibt nur die Frage: Wer hat diesen Mozart entworfen, modelliert, gebaut? Es ist der über viele Jahre meistbeschäftigte Bildhauer Wiens: Victor Tilgner. Kaum einer der Großen aus Kunst und Wissenschaft, aus Medizin und Politik, der nicht unter seinen Händen in Stein gemeißelt worden wäre: Beethoven und Gluck, Bruckner und Liszt. Dem Burgtheater liefert er die Büsten der Dichter Calderón und Shakespeare, Lessing und Molière, Goethe, Schiller und Hebbel; fürs Künstlerhaus entwirft er eine Rembrandt-Statue, fürs Parlament das antikisierende Dreigespann Archimedes/Phidias/Homer, für die Wiener Poliklinik Porträtmedaillons der weißen Götter Oppolzer, Rokitansky und Hyrtl. Sisi und Kronprinz Rudolf fehlen in Tilgners Kollektion ebensowenig wie Seine Majestät der Kaiser, und letzterer, Franz Joseph I., ist es auch, der Victor Tilgner in dessen Atelier auf der Wieden, Wohllebengasse 3, einen Besuch abstattet, bei ihm mehrere Ankäufe tätigt und nach dem frühen Ableben des Künstlers auch als erster dessen Witwe kondoliert. Was den Abschied von Tilgner besonders trübt, ist, daß er die Einweihung seines Hauptwerkes, des Mozart-Denkmals auf dem Albrechtsplatz, nicht mehr selbst erlebt: Sein Tod ist fünf Tage vor der Enthüllungszeremonie eingetreten.
Unter den zahlreichen Trauergästen, die den Leichnam des nur

Der Meister in seinem Wiener Atelier:
Victor Tilgner ist der meistbeschäftigte Bildhauer im k. u. k. Österreich

Einundfünfzigjährigen auf dem Weg zu dessen Ehrengrab auf dem Wiener Zentralfriedhof begleiten, fällt eine besonders hochkarätige Delegation aus Preßburg auf, und das hat zwei Gründe: Erstens ist Preßburg Tilgners Geburtsort, und zweitens hat er der Nachbarstadt eines seiner reifsten Werke hinterlassen. Es ist der den weiten Platz vorm Nationaltheater beherrschende Ganymed-Brunnen. Der als Adler dargestellte Göttervater Zeus hebt ab, auf seinen weit geöffneten Flügeln den knabenhaften Mundschenk in Richtung Olymp zu entführen. Ganymed hält die Trinkschale in der hocherhobenen linken Hand, Putten und Wassertiere stehen zu seiner Verabschiedung bereit. Ähnlich dem Raphael-Donner-Brunnen auf dem Neuen Markt in Wien, zählt Victor Tilgners Ganymed-Brunnen zu jenen herausragenden Denkmälern Preßburgs, die bis heute als Treffpunkt der örtlichen Jugendszene gute Dienste leisten, auch wenn sie während der kalten Jahreszeit (als ich ihnen einen Besuch abstatte) einen

… und zur Melange ein Beugel

W o heute der Staatspräsident der Slowakischen Republik seinen Amtsgeschäften nachgeht, ist bis zum Zusammenbruch der Donaumonarchie anno 1918 der Chef einer habsburgischen Nebenlinie Hausherr: Erzherzog Friedrich. Vom Palais Grassalkovich aus lenkt er sein imposantes Wirtschaftsimperium, das vor allem aus umfangreichem Grundbesitz besteht. Dem Kaiser dient er als Oberbefehlshaber der österreichisch-ungarischen Armee, und auch als Familienvater ist der 1856 in Böhmen Geborene ein Mann der Superlative: Erzherzogin Isabella, seine Gemahlin, hat ihm sieben Kinder geschenkt, durchwegs Töchter. Wenn es die Prinzessinnen, allesamt im Palais Grassalkovich aufgewachsen, vom Hof am Nordrand von Preßburg ins Stadtinnere zieht, ist das *Café Mayer* in der Sedlarska-Straße ihr Lieblingsziel. Hier trinken sie ihre »Chocolade«, hier knabbern sie an ihren Mohnbeugeln, hier nehmen sie im Schutz ihrer Hofdamen die Jause ein. Die Chefin des altehrwürdigen Lokals kümmert sich persönlich um die hohen Gäste.

Nur einmal im Jahr, wenn Prinzipalin Mayer ihren eigenen Geburtstag feiert, kommt es zu einem ungewöhnlichen Rollentausch: Die Jubilarin wird für zwei Stunden an den Hof geladen, und bei diesem für sie arrangierten Damenkränzchen sind es nicht die Lakaien des Palais Grassalkovich, die ihr mit Leckerbissen aufwarten, sondern die Prinzessinnen selbst bedienen den hochgeschätzten Gast. Daß einer Bürgerlichen so viel Ehrerbietung zuteil wird, ist mit dem besonderen Rang zu erklären, den das *Café Mayer* innerhalb der Preßburger Gastronomie einnimmt – nur vergleichbar der Wiener Hofzuckerbäckerei Demel oder dem Budapester Mehlspeistempel Gerbeaud.

Auch Kronprinzessin Stephanie, die Witwe des Thronfolgers, die nach der Katastrophe von Mayerling im Schloß Rusovce nahe Preßburg residiert, zählt zu den Stammgästen, für die im *Café Mayer* ein eigener Salon reserviert ist. Sogar dem Kaiser, so heißt es, werden die Produkte der 1878 gegründeten Konditorei nach Wien geliefert; die Preßburger Schokoladekrapfen haben es Seiner Majestät besonders angetan.

Inzwischen ist mehr als ein Jahrhundert verstrichen, doch das *Café Mayer* gibt es nach wie vor, und auch an seinem neuen Standort am Hauptplatz führt man den Titel »k. u. k. Hoflieferant« im Firmennamen – freilich ergänzt um das kleine Wörtchen »vormals«. Sowohl die Kaffeehäferln wie die Würfelzuckerstückchen, die Getränkekarte wie das Firmenbriefpapier tragen, wie wenn aus der einstigen ungarischen Königsstadt nicht in der Zwischenzeit die Hauptstadt der Slowakischen Republik geworden wäre, unverändert den noblen Aufdruck.

Unverändert – das gilt allerdings nur für den Namen: Vom originalen Biedermeier-Mobiliar hat sich kaum etwas erhalten, seitdem der Betrieb 1948 verstaatlicht und 1980 modernisiert worden ist. Die eleganten Vitrinen, Schränke und Stellagen, die, für Konditoreizwecke adaptiert, noch auf jene altehrwürdige Buchhandlung zurückgehen, die in früheren Jahren an diesem Platz gestanden ist, landeten im Antiquitätenhandel, und da die Preßburger Stadtverwaltung, am Erwerb des historischen Inventars brennend interessiert, nicht das dafür nötige Geld aufbrachte, ging der kostbare Schatz in Privatbesitz über.

Einer, der die alte Pracht noch selber erlebt und in bewegten Worten gepriesen hat, ist der englische Schriftsteller Patrick Leigh Fermor, der 1933 auf seiner zweijährigen Fußreise von Rotterdam nach Konstantinopel auch in Preßburg Station macht,

kreisförmiger Gestalt ist, sind für das echte Beugel der zweifache Knick charakteristisch sowie jene spezielle Glasur, die nach dem Backen ein an einen Schildkrötenpanzer erinnerndes Muster ergibt. Es entsteht, indem man das mit gequirltem Ei bestrichene Teigteil vor dem Backvorgang eine Weile trocknen läßt.

Auch in der lokalen Brauchtumsgeschichte hat das Preßburger Beugel seinen festen Platz: Am Tag vor der Hochzeit – so liest man in den alten Chroniken – treffen sich die Burschen und Mädchen zum gemeinsamen »Beigel-Essen«, wobei an die Kranzeljungfern kleinere Exemplare ausgeteilt werden, an die Brautleute dagegen ein mit Rosmarinzweigerln geschmücktes riesengroßes, das sodann in einzelne Teile gebrochen und so unter den Hochzeitsgästen verteilt wird.

Was die Schomlauer Nockerln für Ungarn sind, die Dalken und Liwanzen für die Länder der böhmischen Krone und die Salzburger Nockerln für Österreich, sind die Preßburger Beugel für die Slowakei (von wo sie sehr bald auch nach Wien »auswandern«). Jede ambitionierte Bäckerei und Konditorei wetteifert um den Ruhm, ihre Kunden für den Nachmittagskaffee mit den besten Nußbeugeln zu verwöhnen, und vor allem zwei sind es, die sich damit in der Wende vom 19. zum 20. Jahrhundert über Preßburg hinaus einen Namen machen. Die Firma Wendler in der Stefaniestraße offeriert in ihren mit Budapester, Amsterdamer und Chikagoer Prämienmedaillen geschmückten Zeitungsannoncen sogar »Probekistchen von zehn Stück aufwärts«, die per »interurbanem Telefon« geordert werden können, und Konkurrent Schwappach preist seine Ware mit einer buntfarbigen Postkarte an, die neben der Abbildung eines besonders wohlgeratenen Beugels die Silhouette von Preßburg zeigt und in dem gereimten Werbespruch kulminiert: »Kommst du nach Osten, kommst du nach Westen – sind Schwappachs Beugel die allerbesten.«

Wer das berühmte Gebäck selber herstellen will, findet übrigens in dem jüngst erschienenen Buch über 2000 Jahre Preßburger Kochkünste, das der slowakische Kulturhistoriker Vladimír Tomčik herausgebracht hat, das genaue Rezept. Allein die Vielfalt der Zutaten ist imponierend: Für den Teig werden Mehl, Milch, Wasser, Trockenhefe, Butter, Zucker, Ei und Salz benötigt, für die Füllung gemahlener Mohn bzw. Walnüsse, geriebene Zitronen- und Orangenschale, Nelke, Zimt und Vanillezucker, Butter, Honig und Rum.

Einen eigenen Weg nimmt das gute alte Beugel aus den Backstuben der ostjüdischen »Schtetl« in Richtung Amerika, wo es ab dem frühen 20. Jahrhundert unter dem leicht abgewandelten Namen *Bagel* neue Triumphe feiert und heute neben Doughnut und Pancake zu den Klassikern der Mehlspeisküche zählt. Hier – in den USA und Kanada – ist es allerdings nicht mehr das mit Mohn oder Nuß gefüllte Mürbteiggebäck Preßburger Machart, sondern wird aus einer Art Semmelteig hergestellt, dessen Teile zu geschlossenen Ringen geformt, in siedendem Wasser gargekocht und erst in einem zweiten Arbeitsgang gebacken werden. Was dabei herauskommt, ist eine – für meinen Geschmack – etwas trockene Angelegenheit, die denn auch, in der Mitte halbiert, der entsprechenden Füllung bedarf. Bei letzterer sind der Phantasie des Bäckers oder Imbißverkäufers keine Grenzen gesetzt: Es werden Bagels mit Schinken oder Käse, mit Thunfisch oder Lachs, mit Tomaten, Gurken und Zwiebel angeboten, auch mit Mayonnaise und Erdnußcreme wird nicht gespart, und in den von irischen Immigranten bevölkerten Wohnvierteln wird der St. Patrick's Day, der Nationalfeiertag der Grünen Insel, gar mit Bagels begangen, die durch und durch grün sind.
Daß der Bagel-Absatz vor allem in Städten mit starkem jüdischen Bevölkerungsanteil, also etwa in New York oder Los Angeles, floriert, hat einen plausiblen Grund: Jüdische Einwanderer waren